日本国憲法論

小林昭三・土居靖美 編著

東　裕・山崎博久・八木秀次・池田　実・野畑健太郎
下條芳明・吉田直正・齋藤康輝 著

嵯峨野書院

まえがき

日本国憲法は、施行されてからすでに半世紀を超えて続いている。しかも一字一句の修正もなく、憲法典としてはできたときのままである。明治憲法も半世紀以上、一度の改正もなく続いていた。改正となったとき、日本国憲法にとって代わられた。どうも、憲法改正ということに対し特異な思い込みがわが国にはあるようである。憲法に手を加えることは、憲法に対する冒瀆、といった気持ちでもあるのだろうか。不磨の大典といわれた明治憲法の貴重品感覚が、日本国憲法の場合にも引き継がれたようである。

しかし半世紀、それも敗戦、被占領、戦後復興、経済発展と続いた激動のわが国二〇世紀後半は、われわれに思いもかけなかった変化を経験させた。われわれ日本人の生活環境は大きく変わった。憲法を取り巻く状況、また憲法を支える条件は、「新憲法」と騒がれた頃とはまったく違ってしまった。憲法条項の言葉である「健康で文化的な最低限度の生活」(憲二五条)水準の変化をみればいい。食べるものにも事欠いた敗戦直後の厳しい生活の場合の「最低限度」と、飽食をいわれるわが国現在の場合の「最低限度」とは明らかに違う。

つまりは、憲法ができた頃の社会権の意味や、諸人権の中での社会権の位置は、今日大きく変わっているのではないか、そして社会権に対するもともとの要請との違いを招いているのではないか、ということになろう。そうした変化は、社会権の発展なのか、それとも社会権の役割終了と新たな可能性模索ということになるのか。気になるところである。憲法ができたときの立法趣旨と違った現実が現れてしまっているのは、憲法第九条の場合だけではない。あらためて、日本国憲法の昔と今が検討されていい。

すなわち、日本国憲法は何であったか、そして何であるか、が問い直されるべきだということ。こうした問い直しは占領が終わったとき、つまり独立直後の時期に主張されたいくつかの日本国憲法改正論の動機になっていた。焦点の合わせ方の違いにより、第九条改正論、明治憲法復元論、自主憲法制定論、首相公選論などのかたちをとって主張され、刺激的な問題提起がなされた。しかし、問題提起のままに終わってしまった。それがその後、日本国憲法をめぐる規範と現実とのずれ助長の原因にもなった。

そうであれば、独立後初期の諸改憲論による問題提起を顧みることは、無意味でなくなろう。そこでの問題意識は、今のわれわれにとっても示唆的である。そこで、それらを念頭におきながら、今日風の——それも、西洋近代憲法の現在の息切れ（?）に伴う——問題意識とともに、日本国憲法の問題点整理になる憲法概説のようなものができれば……が、われわれ同人のかねてからの気持ちだった。この気持ちに土居靖美教授の共感と支援を得、嵯峨野書院社長、中村忠義氏の理解と厚情を得て、本書の企画・出版となったのである。

出版のきっかけを用意し、積極的な応援と御配慮を頂いた土居靖美教授・中村忠義社長に深甚の謝意を表したい。しかも、土居教授には、分担執筆の協力を得ることができた。この本に共著のかたちで参加した同学の仲間の努力に喜びを感じるとともに、とくに執筆分担の調整や、土居教授・中村社長はじめ嵯峨野書院編集部の方々との打ち合わせなどに中心的な役割を果たした下條芳明君の努力に御礼を申し上げる。また、出版に当たって全面的に御協力・御尽力を頂いた嵯峨野書院編集部の鈴木亜季さんには感謝の念を禁じえない。ありがとうございました。

平成一二年三月

編者の一人として　小林　昭三

目次

序章

日本国憲法への視座

小林　昭三

第一節　家憲・国憲・憲法

「これが、わが家の憲法」という言葉に接することがある。わが家で一番大事にしている決まりという程度の意味なのだろう。つづめて、家憲といわれたりする。そうであれば、一国のとくに大事な決まりとして国憲という言葉があってもいいはずである。事実、明治五年に国憲制定の提言（「立国憲議」）がなされ、明治九年には「国憲編纂ノ勅命」が発せられて元老院がその作業を行った。

このとき国憲という言葉が使われたのは、当時一般的な憲法用語法との違いを意識させるためだったという。たとえば十七条憲法は政治生活における基本的留意事項についてだけでなく、人間生活・社会生活の基調をなす倫理などを含め、直接には為政者の、さらにそれを通して国民一般の基本的な心構えを述べていた。また、たとえば明治七年に議院憲法が作られたが、それはいってみれば国会基本法で、だから憲法施行法のうちの国会に関する基本的法律ということだった。日本国憲法の下で作られた教育基本法、中小企業基本法などのような基本法が、このときの憲法の一般的用語法だった。これとの次元の違いを示すために、国憲という言葉が選ばれたのである。

国憲草案の作成に当たって明治九年の勅命は、何よりも心掛けるべきこととして、二つの指標を提示した。すなわち、「我カ建国ノ体ニ基」くことと、「広ク海外各国ノ成法ヲ斟酌」することである。わが国の本来的な持味を生かし、表現しうるような比較憲法のすすめといっていい。いいかえれば和魂洋才の要請である。国憲の最終案は、明治一三年一二月に元老院議長に報告された。しかしそれは、欧米先進諸国憲法の比較による作品という色彩を濃くしていて、洋才偏重、和魂考慮不充分の印象を与えた。

そのため、この作品は、当時の日本がおかれていた国際的後進に伴う危機的状況にそぐわないのではないか、と政府主流派の間で不安がられた。明治一四年の政変に至る紆余曲折の後、改めて現実の後進国的状況に合わせて先進化を目指すにふさわしい憲法の制定が、伊藤博文らを中心にして目指されることになった。しかも国憲草案の不評判と、また憲法を大事に思い、最高次元の規範とする認識の広がりもあって、わざわざ国憲という言葉を使うまでのこともなくなった。そして、憲法という言葉が使用されるようになった。そのようなところにでき上がったのが、明治二二年発布の大日本帝国憲法（通称、明治憲法）であった。

第二節　近代化狙いの明治憲法的試みと日本国憲法的試みと

このように、憲法は国家秩序の基本的法規範ということで、一般に国家の新生ないし再生をきっかけに作られる。そのとき憲法には、新しい国作りの指針や理念が掲げられ（あるいは、それが基調・前提にされ）て、新しい秩序作り用の制度の基本的枠組みが示される。現行の日本国憲法も、大日本帝国憲法も、それぞれに新しい日本の出発を刻印づけるものだった。

そしていずれの場合にも、わが国の近代化が意図され、憲法が作られた。日本の立憲主義化はしたがって、西洋近代憲法の手法を頼り、それぞれの時代の条件や要求に見合った憲法をまとめ上げることだった。条件や要求の違いは当然に、作られた憲法の内容や特性に反映した。一番の違いは、欧米産の近代的憲法を輸入するに当たって、それを日本の伝統的なものとどのように調整したかの点にみられた。

明治近代化の場合には、明治維新が王政復古を掛け声としたところからも明らかなように、鎌倉幕府以来の天皇と将軍という二元的政治体制より以前の、昔の秩序理念を回復ないし確認して、それの新展開を、という路線にのっとって、憲法が作られた。明治憲法の公的注釈書『憲法義解』はその趣旨を述べて、さらに日本的な発想の特徴にまで言及している。

こうした路線の選択には、先進欧米諸国に比べてずっと後進的な日本の現実に対する危機感が決め手になった。権力集中による国作りが構想され、富国強兵策がとられた。この政策は、西洋先進国なみを狙って、先進国に追いつくための国是であり、当時の列強の政策の模倣であった。そのために、日本的なものを基調にして、なかんずく復古王政に見合う西洋立憲主義の手法が探された。探し当てられたのが、ドイツ一九世紀立憲主義であり、それをモデルにし、日本的脚色を加えて、明治憲法が作り出されたのである。

だから、たとえば明治憲法の天皇の制度について、それが西洋近代の君主制的装いをみせながら、しかしそれと必ずしも同一視できない日本的特徴が説かれることにもなった。天皇が総攬するとして憲法第四条が定めた統治権は、本来闘争的な契機をもつ主権という言葉をいいかえたようなものではない、つまり両者は同義異語ではない、といった趣旨の説明など、それの一例である。もちろん、君主制一般の概念を使って西洋近代的な憲法学説、たとえば国家機関説により天皇の地位を説明する議論が展開されもした。だがそうした議論でも、日本の伝統的な天皇の制度に対する特別の愛着が消えることはなかった。

これに対し、現行日本国憲法は明治憲法体制流の近代化方式を否定した上での新たな国作り構想に基づいて作られた。憲法の解説・普及に当たって、そのことが強調された。それだけでなく、日本的なもの、ないし日本の伝統的なものまで、たとえば封建遺制とレッテル張りをしたりして、否定的ないし消極的に扱われた。日本的なものは近代化を歪めるとみなして批判する知的雰囲気が憲法教育の面でもみられさえした。

そこで行われているのは、日本的なものは西洋近代立憲主義の思考法に当てはめて、それに見合うように整理され、その限りにおいて容認されるという接近法である。天皇制に関する解説も、西洋近代的君主制における有用性評価に合わせたものになっている。また戦後日本に進駐してきた連合国占領軍は、占領政策の円滑な遂行と成功のために、天皇の地位はきわめて有用と判断し、これを利用した。もっとも、このことが天皇制存続の有力な要因になったともいわれている。

とはいえ、占領軍にとって天皇制は明らかに便宜的にしか考えられていなかった。天皇制本来の価値、そして日本的なものの意味などは考慮されることなどなく、占領統治の都合が優先していた。しかも天皇制に執着する日本国民の特別の感情は無知の現れとされ、いずれは啓蒙を必要とされるが、とりあえず利用した方が得策であるという判断があった。そのようにして天皇制はじめ伝統日本的なものを利用しながら、しかし基本的にはそれらに否定的な姿勢が、占領軍による憲法構想の基調とされていた。

第三節　新憲法制定と普及における占領軍の指導

同じように日本の近代化を指標にしながら、日本国憲法と明治憲法とでは重点のおきどころ、そして日本的なものに対する扱い方の基本が違っていた。このような違いがもたらされたについては、日本国憲法は、戦争（第二次世界大戦）に負けて、占領下に占領軍の指導の下で作られたことの影響が大きかった。

戦争中は大東亜戦争といい、敗戦後には太平洋戦争とよばれるようになったこの戦争は、日本がポツダム宣言を受諾して終わった。ポツダム宣言の受諾に当たって受諾の条件に対する日本政府の了解と連合国側の理解との間にはずれがあったが、それを取り立てて問題にしないまま受諾が決まった。だがこのずれは、占領が始まって、とくに憲法改正問題が政治の課題になって表面化した。

このことに関連のある二つの条項がポツダム宣言にあり、それのどちらにウエイトをおくかでこの問題への対応に違いがでて来たのである。この二つの条項は、一〇項と一二項で、以下に、それぞれにおける関連部分を拾い出す。

「……日本国国民ノ間ニ於ケル民主主義的傾向ノ復活強化ニ対スル一切ノ障礙ヲ除去スベシ。……」（一〇項）

「……日本国国民ノ自由ニ表明セル意思ニ従ヒ平和的傾向ヲ有シ且責任アル政府ガ樹立セラルルニ於テハ、聯合国ノ占領軍ハ、直ニ日本国ヨリ撤収セラルベシ。」（一二項）

これらは、一方は民主主義的傾向の復活強化路線となり、他方は自由に表明された民意依拠路線となる。前者は復活強化されるべき民主主義的傾向が明治憲法下にも見い出されるということで、たとえば大正デモクラシーが思い合わされていただろう。そうであれば、明治憲法の民主的運用の可能性を明確にする憲法改正で充分という結論になる。

一九四五年一〇月はじめに成立した幣原内閣は、早速に憲法問題調査委員会を設置したが、この路線を憲法改正の基本にしていた。憲法問題担当の国務大臣松本烝治は、委員会での検討の経過を参考に憲法改正の意見をまとめた。それを相補うように、一九四六年一月一日に発せられた詔勅（一般に、「人間宣言」といわれる）も、明治憲法の民主的運用路線にのっとったものだった。この詔勅は、冒頭に（明治改元の年に発せられた）五ヵ条の御誓文を掲げて、日本的民主主義の可能性を確認していた。

しかし占領軍総司令部は、日本政府のこのような対応に納得しなかった。自由に表明された民意依拠の路線が直接かつ明確に保障されているような憲法に馴染んでいる人々だったからである。彼らには、復活強化されるべき民主主義的傾向は明治憲法の下では例外的ないし偶発的な現象と理解されていたのだろう。それでも、アメリカ的民主主義生活方式を植えつけるのに格好の素地になると考えられていたのだろう。そうした素地を生かして、民意依拠を基調にする主権在民の憲法作りが、総司令部の意図だったし、アメリカ政府の考えであった。明治憲法の基本原則に対しては、否定的だったのである。

だから総司令部は、日本政府の憲法改正案を拒否して、憲法の原案作りを決断した。一九四六年二月はじめ、総司令部民政局が総司令官マッカーサーの指示でその作業を開始し、一週間あまりで脱稿した。総司令官の了承を得て、二月中旬日本政府に手交された。これが、マッカーサー憲法原案といわれるものである。この原案の翻訳をもとにして、日本政府と総司令部との実務担当者の間で折衝・協議がなされたあと、三月六日に憲法改正草案要綱を日本政府が発表した。

その後、この要綱を条文化し、また文語調であった表現方法を口語調にして、四月一七日、憲法改正草案として発表された。この日の一週間前に衆議院議員総選挙が行われ、五月一六日に第九〇帝国議会が召集された。この議会に憲法改正草案が提出され（六月二〇日）、衆議院と貴族院で審議をくりひろげて、一〇月七日帝国議会を通過・成立した。一〇月二九日には、枢密院もこれを可決した。こうして帝国憲法の「改正」として、「国民の総意に基いて確定」された日本国憲法が公布された。一九四六年一一月三日で、施行されたのはそれから六ヵ月後の一九四七年五月三日である。

明治憲法体制に否定的な占領軍の姿勢にはまた、連合国と戦った相手の国の体制を倒して戦争勝利を確認し確保しようという狙いもあったろう。国連憲章は、第二次世界大戦中の枢軸国（ドイツ、日本など）を敵国として警戒し、その趣旨を明示していた（国連憲五三・一〇七条）。それに合わせて、日本の平和国家化・民主化の達成は、連合国にとってだけでなく、日本国民にとっても好ましいという判断に基づき日本人啓蒙に意気込むアメリカ人の「使命感」も、そこには働いていただろう。

このようにして、日本国憲法歓迎のムードが用意された。日本側の新憲法解説でも、新憲法の素晴らしさが強調され、それにひきかえ明治憲法は必要以上に悪評にさらされた。新旧両憲法の対照図式が作られ、単純化されて、しかも明と暗の、あるいは善と悪の対照で語られるのが普通になった。明治憲法は、日本国憲法の引き立て役にされた。

そこでは、明治以来の西洋近代化路線にのっとった旧憲法方式は、近代化の誤解または近代化の虚構とされ、敗戦がそれを証明したといわんばかりの解説さえなされた。だから、新憲法によってはじめて近代的憲法に恵まれたといった理解が、広がりもした。新しいものを宣伝するために、それ以前のものをマイナス評価するのはよくあることであるが、それにしても度が過ぎていた。宣伝の効果は大きかった。そのため、明治憲法の真実、また明治憲法が日本国憲法のための下地作りに役立ったことなどは顧みられなくなった。明治憲法に代わって日本国憲法が「不磨の大典」になった。

ここで、近代的憲法という言葉に込められた特別の意味に触れておく。「国家である以上、憲法がある」という場合の憲法と区別して、とくに近代的という特徴を付していわれる憲法について、近代的意味における憲法、つづめて近代的憲法がいわれる。そこでは、時代的な限定、また憲法価値としての特別性が考えられているのであるが、今では憲法といえば近代的憲法とまず考えられるようになっている。それは、社会秩序の成立と存続に当たって社会の構成メンバーがのっとるべき基本的ルールという意味（の憲法）に加えて、近代的といわれるにふさわしい特別な内容を要件にしている。

この特別な内容としては、人権保障・権力制限という自由主義的要素と、国民参加による議会制度に重点をおく民主主義的要素があげられる。そしてこれら二つの要素の充実と徹底が、立憲化・民主化、つまりは近代化の助長というようにみられてきた。そのため、近代化の度合いの進んだ憲法を基準にして、それほどでない憲法を近代的憲法でないかのように批判したりすることが起こりもする。金持ちが貧しい者、それも懸命に生きている貧しい者を軽蔑するようなものである。

そしてこのような近代的憲法の内容的要件を保障するのに、成文憲法と最高法規性が、近代憲法の形式的要件とみなされた。ただ口約束あるいはいいっぱなしにしておくのではなく、成文の形でまとめて明示しておく方が、保障を確実にするということで、成文憲法が頼られ、当たり前になったのである。不文法から成文法への動きが法の近代化のメルクマールとされていたことも、この手法を助長した。またこのような成文憲法を、みんなが守るべき法規範・ルールの最高法規と位置づけておけば、憲法の内容はよりよく保障されると考えられた。法の支配、法治主義の思想が、憲法の最高法規性を支えていたのである。

第四節　朝鮮戦争を契機とする〝強兵なき富国〟策推進

日本国憲法ができた。だがそれと前後して、国際情勢の変化が顕在化した。第二次世界大戦を一緒に戦った連合国の陣営が分裂し始めたのである。それは、西側自由民主主義連合国群とソ連東欧社会主義連合国群とに区分けされ、事毎に対立するようになった。対立・抗争は恒常化し、米国とソ連をそれぞれの陣営の主導的立場において、冷戦といわれる状況が現われた。これら両陣営の主要国が直接に戦火を交えることはなかった（そのため冷戦とよばれた）が、これら主要国の応援を得て局地戦争がしばしば起こった。アジアにおける最初の紛争が、一九五〇年六月に起こった朝鮮戦争である。

この戦争は、北朝鮮軍が中国人義勇兵の応援を得て、朝鮮半島の南北の境界線を突破し南進して起こった。このとき在日米軍は朝鮮半島に展開し、日本国内の占領米軍はほんのわずかになった。国内の治安について懸念が生じた。対応措置を指示したマッカーサー書簡が吉田首相に届けられた。政府は政令により国家警察予備隊を創設した（一九五〇年八月一日）。それは国内の「警察力を補うため」に設けられるのであり、「治安維持のため特別の必要がある場合に……行動する」ことが、その政令で明らかにされた。

しかしこれに反対する声がすぐに起こった。これは軍事国家化への傾斜の始まりであり、憲法の平和主義原則を侵し違憲だ、と論じられた。何よりも憲法第九条で保持しないと定めた戦力になるから、とんでもない、というのである。政府は当然、警察予備隊は戦力に当たらない、と反論した。わが国の防衛力が政治問題となる度にくり広げられてきた憲法第九条をめぐる論争は、このときが最初であった。

もっとも、再軍備の意図は、当時の政府首脳にはなかった。軍事力を整え、充実するだけの経済力が日本にないことを説いて、吉田首相は何よりもまず経済復興により富国への準備を、という考えを折りに触れて述べていた。その場合、日本は戦力を保持しなくても、「平和を愛する諸国民の公正と信義に信頼して」いれば、「われらの安全と生存を保持」できるはずとする憲法前文の趣旨が連想され、いわば逆用された。「諸国民の公正と信義」は占領下の日本では、占領軍に期待されることになった。こうして占領軍に守られてもっぱら経済復興に努力する図式ができ上がった。

かつてのような富国強兵策でなく、強兵なき富国が、政府の施策の指標になった。バターか大砲かの二者択一が議論の前提になった。バターも大砲も（つまり、富国強兵）は、もちろん考慮からはずされた。大砲のことを顧慮しないバター選択が、既成事実のようになった。占領の厳しさよりも、占領軍に守られていることの好都合が、人々の気持ちに溶け込んだ。

第五節　独立後の改憲論と護憲論――冷戦の国内版

日本占領は、同じように第二次世界大戦を戦って負けたドイツが米英仏ソの四ヵ国により四つの地域に分割されて占領統治されたのと違い、米国を主役にして行われた。東西両陣営に分裂した冷戦の激化に伴い、それぞれの連合国陣営の再編成が試みられ、その影響が占領統治にも及んだ。ドイツは、ソ連占領の東ドイツと米英仏占領の西ドイツに分裂して、ドイツ民主共和国とドイツ連邦共和国ができた。アメリカ占領軍に守られていたわが国は、西側、とくにアメリカの陣営に属することになった。

わが国には、ドイツに作られたような東側と西側を分断する国境線はなかった。だが冷戦の影響は、日本国内にも現れ、いわゆる革新社会主義勢力と自由民主的な保守勢力との対立・抗争がくり返された。占領終結、つまり独立をもたらす講和条約締結に当たって、(対日講和に消極的な)ソ連も入った全連合国との「全面講和」なるものを、革新勢力は主張し、西側連合諸国との条約締結を「片面講和」として反対した。まさに、冷戦の日本国内版であった。

こうした対立・抗争は、さらに独立(一九五二年四月二八日)とともに主張された日本国憲法改正論をめぐってくり広げられることになった。改憲論は何よりも日本国憲法の〝異常〟の確認に基づき、独立国にふさわしい憲法を、と説き、求めた。〝異常〟はまず、憲法第九条に向けられた。独立に当たって講和条約と一緒に発効した日米安全保障条約(いわゆる旧安保条約)はその前文で、米軍が日本防衛の任に当たる旨を明らかにし、それが次のような判断に基づくことを示した。すなわち「日本国は武装を解除されているので、平和条約の効力発生のときにおいて固有の自衛権を行使する有効な手段をもたない」という判断。第九条のせいでこうなっている。独立国になった以上、国を守る武装力をもつのは当然で、だから再軍備のための憲法改正を、と論じられた。

また占領下という〝異常〟に注目して、占領中の作品である日本国憲法の無効を説いて、明治憲法復元を主張する現行憲法廃棄論が現れた。同じように占領下の〝異常〟に注目しながら、しかし自分たちの手で独立国にふさわしい憲法を作ることを目指し、しかも第二次世界大戦後の立憲主義の傾向に見合った憲法作りを強調する自主憲法論がいわれ、注目された。

この議論のイニシアチヴをとった憲法学・政治学の学者が中心になって、一九五五年五月、自主憲法期成同盟が結成された。その提言、改憲の論理は、保守系政治勢力に影響を与え、改憲論の主流になった。その路線に従った、しかし特異な主張が、首相公選論であった。こうした動きに対し、社会党など革新勢力は、憲法改正・再軍備は戦争への道だとし、戦前の暗い時代の再現になると説いて、憲法改正に反対した。つまりは平和憲法擁護ということであり、一九五四年には憲法擁護国民連合の結成となった。

こうして改憲をめぐって推進と阻止の動きが活発になり、政治の争点として注目を集めた。改憲勢力は憲法改正を政治日程に乗せる第一歩として公的な憲法検討機関作りを目指して憲法調査会設置を求め、これに反対する革新勢力と激しく争った。憲法改正は国会が発議することになっている（憲九六条）手前、憲法調査会ははじめ国会におくつもりであった。だが折り合いがつかず、結局、内閣におかれる憲法調査会法の成立となった（一九五六年五月）。しかし護憲をいう人々が委員を送らないこともあって人選に手間どり、一年余りが過ぎて一九五七年八月に発足した。

ここで、憲法改正手続について述べる。成文憲法が時代の要請に合わなくなり、規定の非現実性が明確になって、変更を余儀なくされることがある。そうした変更のうち、明文の規定の変更を、革命やクーデターといった非合法的な方法によってでなく、法的継続性に留意し合法的に行うため、成文憲法は変更手続、つまり改正手続を定めている（改正でない変更の一つに憲法の変遷がある——後述）。日本国憲法では第九六条がそれで、憲法改正は国会の各議院の議決（それぞれ、総議員の三分の二の賛成を必要とする特別多数決）による発議と国民投票での承認（投票の過半数の賛成による）とにより成立する旨、定めてある。

このような手続は、通常の立法の手続よりも難しいのが今日では普通である。日本国憲法の改正手続も、すでに明らかなように議決のための表決数を通常の立法の場合の議会手続よりも厳しくし、また衆議院の優越を認めない上、さらに国民投票による承認をも要件にしてある。このように通常の立法手続と違う難しい憲法改正手続を定める憲法を硬性憲法という。ちなみに、憲法改正手続が通常の立法手続と同じにされている憲法は、軟性憲法といわれた。しかし今日、成文憲法は大抵が硬性憲法である。硬性・軟性の区別は、他の憲法と比べて改正しにくい手続か、それとも改正しやすい手続かという比較用語として硬性か軟性かがいわれるようになった。つまり、硬性度あるいは逆に軟性度が論じられるのである。

ところで憲法改正は、成文憲法典の改正であり、しかもその憲法の改正手続規定を使っての変更であるので、その憲法典がその上に成り立っている基本原則を否定するような改正はしてはならないという解釈がある。つまり、憲法改正には限界があるというのである。これに対し、基本原則といっても、それの在りようは時代の変化により変わるし、基本原則の発展的変化もあるし、何よりも改憲手続にのっとって議論や審議が重ねられているのであれば、改正できない規定はないという解釈がある。いわゆる改正無限界説である。ちなみに、日本国憲法は明治憲法の改正手続にのっとって、つまり改正として、確定（つまり制定）された。一九四六年一一月三日の日本国憲法公布記念式典における勅語には、そう述べられている。

先に触れたように、憲法第九六条は憲法改正は国会が発議すると書いている。しかしそれの前段階である憲法改正草案の作成・提案、つまり発案のことについては書いていない。発議権が国会にあるから、発案権も国会の各議院にあることは考えられる。しかし法律案の提出権が内閣に認められているところから、憲法改正について内閣の発案権が認められてもおかしくはない。独立直後の憲法調査会の設置について、はじめ国会への設置が考えられたのは国会による憲法改正の発議に直接つながるからという理由からだった。それが無理となったので、憲法改正案作りはともかく内閣でということになり内閣におかれることになったのである。

第六節　内閣憲法調査会の憲法政治史的位置と意味

憲法調査会の調査活動は、日本国憲法制定経過の検討から始まり、ついで憲法運用の実際についての調査に及んだ。しかし改憲論者がメンバーのほとんどであることを気にする向きが、調査会内部にもあった。憲法に関する世論が公平に反映されていないと一般に思われかねないし、そのことは憲法改正の実現の妨げになりはしないか、が懸念されたのである。しかも改憲反対の学者らは、憲法調査会発足の翌年（一九五八年）の六月に憲法問題研究会を作り、護憲を掲げて憲法宣伝の運動を始めた。その際、改憲反対も世論の一部を代弁しているだけなのに、改憲に反対することこそが良識であるかのような訴え方がなされ、改憲論者の集まりである憲法調査会の偏り、さらに非常識を印象づけるような主張がくり広げられた。

こうした憲法調査会の外の批判的動きに対して、そうでないことを明らかにし、客観性を印象づけたい気持ちも働いて、調査会は憲法運用の実際についての調査を心掛けたのである。そうすれば、現行憲法の欠陥や不都合もおのずから明確になり、憲法改正不可避の気運も生まれるだろう、と考えたのである。だが憲法運用の実際を調査する作業の過程では、問題点の明確化と同時に、関係者の努力も伝えられて、かえって運用次第では憲法の欠陥は除去されうる、という印象がもたれもした。

そうなるについては、わが国に一般的な憲法解釈学方法論の影響も大きかった。憲法典を自己完結的な法体系とみなして、運用の段階で矛盾や無理が生じることがあっても、つじつまが合うように論理的操作をして憲法解釈を整えるというのがこの方法論の主眼である。そうした論理的操作の巧みが、そこでは評価され、憲法の欠陥や矛盾、不都合をそうでなく運用する努力、そして苦労は、歓迎されさえしたのである。こうして憲法の融通無碍がイメージされ、憲法改正論封じになった。

そこにはまた、日本国憲法対明治憲法を明暗の対照図式でみる憲法観の影響もあった。つまり、明治憲法時代より今の方がましという気持ちから、今さら現行憲法を改正するまでもないという気分が広がり、憲法調査会に及びもした。

そうした気分を強めたのは、一九六〇年に起こった安保条約改正反対闘争の激化であった。反対運動のデモが連日、国会議事堂や首相官邸を取り巻いた。結局、新しい安保条約は、国会の承認を得て成立した。しかし成立後、条約批准書などの手続を終えて、安保改正に尽力した岸内閣は総辞職した。池田内閣が、それに代わった。この安保騒動の激しさは、憲法改正の至難を暗示した。きわめて硬性度の高い日本国憲法改正手続規定なので、安保条約改正以上の困難が予想されたのである。

そうなって改憲論に対する世間の態度にも変化がみられた。改憲の趣旨や必要性は理解できるが、改憲までしなくても、という気持ちが生まれていた。改憲論でいわれているような現行憲法の不都合の解決は、別の方法でできないものか、というのである。そんなとき、改憲反対論者の言い分、つまり改憲より前にまず憲法の趣旨を生かすような憲法運用努力を、という主張が思い合わされもした。その主張をヒントに、改憲ではなく、とりあえず憲法解釈の変更による憲法運用で、という窮余のといっていい方策を認める雰囲気が醸し出された。

こうした雰囲気は憲法調査会にも影響し、さらに憲法調査会報告書の提出によって助長された。この報告書は調査会委員によるいくつかの改憲案も含め、改憲によらない改革（つまり憲法運用による改革）意見も並べて、一九六四年七月、内閣に提出された。発足から六年一一ヵ月が経過していた。占領の期間は六年八ヵ月であるから、ほぼ同じである。発足までは憲法改正案作りがもくろまれ、期待されてもいた憲法調査会だったが、発足してからは調査、それも事実調査の機関になり、占領時代の憲法政治改革とその後を検証し、事後承認して終わった。

憲法調査会のこのような変質は結果的に、憲法改正論の退潮をもたらし、日本国憲法への依存体質形成に資した。しかし憲法改正無理が明らかになっても、憲法改正論の理由にされた諸問題がなくなったわけではない。問題の解決を憲法の運用に委ねようというのであって、そうであれば普通なら憲法改正によるところを憲法運用で処理するような場面が現れないとも限らない。そうなったとき、形式的にはともかく実質的には憲法改正だとして、狡さあるいは憲法解釈の間違いがいわれたりする。護憲論者の批判がそうで、解釈改憲という言葉が批判の言葉として使われた。

しかしこの言葉もくり返されているうちに、仕方がないという気持ちが広がり、他方この言葉を使った批判に伴う抑制効果もあるだろうことが考えられて、改憲よりもこの方、つまり解釈改憲の方がまだましという空気が、一般に滲透した。それに伴い、憲法変遷のことが取り沙汰された。そこで、憲法変遷について触れておく。

成文憲法の規定がはじめに行われていたようには適用されなくなり、したがってその規定と違う規範が実際に作用するようになっている場合、憲法の変遷がいわれる。ときに憲法規定の趣旨が生かされなくなることがあっても、規定の文言はもとのままになっている。だから、憲法の無視ないし軽視がいわれて、憲法遵守とはいえなくなるはずである。だが国はそうした状態をなくすような努力はしないで、むしろそれを認めている。これが憲法変遷の何よりの特徴である。そのような憲法規定実施の在り方を認めないと、憲法をもつ国の秩序が不安定になるから、という認識がそこには働いている。それなら、憲法規定の趣旨を変えてしまう規範としては、どのようなものが考えられているのか。①昔からの慣習に由来するもの、②憲法規定の抽象・概括を補うためにできた憲法的習律（たとえば、国会の開会式で天皇がお言葉を述べられること）、③憲法を取り巻く状況の変化に伴い改変される立法、④憲法規定を現実に適用する裁判所の判決に基づく判例などが、あげられている。こうしてみると、憲法規定と憲法が規制しようとしている現実との間のずれには、矛盾の関係がみられるだけでなく、憲法の趣旨をよりよく生かしたような試みもある。いずれにせよ、国家機関の憲法解釈、つまり有権的解釈が、憲法変遷の決め手になる。そうした解釈の変遷として、しばしば引き合いに出されるのが、憲法第九条の場合である。

第七節　憲法よりも経済優先政治の時代

憲法調査会報告書の（池田内閣への）提出により、憲法改正問題は一段落した。代わって、国民経済生活の充実が、内政の最重点の指標にされた。池田内閣は〝所得倍増〟をキャッチフレーズに経済優先の政治を明らかにした。憲法改正のことは棚上げされた。防衛と富国について占領軍と日本政府が役割分担していた占領中の基本的枠組みは、安保改定後も引きつがれることが確認された。すなわち、駐留米軍を主体にし、それを補う形でわが国の治安維持と自衛活動を、という安保構想の下で、日本政府、そして日本国民はもっぱら経済活動に精を出したのである。

こうした基本的枠組みの中で憲法は、消極的にまた積極的に役立てられた。たとえば憲法第九条の役立て方。戦力不保持規定の制約を利用して、自衛力増強に歯止めがかけられた。戦争放棄を理由に、戦争への直接参加不可能を説き、国際貢献は非戦闘業務への関与や金銭的支援に限定された。

また、経済活動については、憲法の自由権、なかんずく経済的自由がフルに利用され、企業の自由競争が活発になり、大きな成果をあげた。その際、わが国の経済発展の秘密として日本的経営がいわれたりした。それは憲法の面でいえば、経済的自由の日本的受容ということができる。

その頃、会社人間という流行語があった。所属する企業のために献身的な活動をしてそれに人生の生き甲斐をもつ人々のことである。そのため、個人としての自立ないし自覚の欠如がいわれたり、会社という集団に隷属しているとみられたりして、集団主義的と批判されることがあった。しかしこれに対して、会社経営陣対一般社員という二元的対立関係を前提に経営陣の専断、社員の隷従という集団主義理解とは一味違う日本的集団主義がいわれ、反論された。会社経営陣に隷属しているのではなく、自主的に協力し、また経営陣と一般社員とで相互協力する人間関係が日本的集団主義の基調だから、というのである。

それに、会社人間といわれた人々は、戦争体験者であり、敗戦後の苦難な生活を経験し、戦後の復興と戦後日本の経済再生・発展に骨身をけずった人々である。彼らは総力戦を必死に戦い、そのときの努力を戦後はいわば平和転用したのであった。だから経済的自由を活かすについて、責任・義務の意識を持ち合わせていた。この場合の責任・義務は、国・会社を含め、みんなのために尽くすことであり、また自由を有効に行使すること、したがって濫用しないことである。

そして会社の実績があがり、国家・国民経済の発展がもたらされれば、そうなるまでの過程に関わりをもち、しかも寄与できたことに満足感を味わう、という一種マゾヒスティックな気持ちが、ここでの責任・義務の極限的現象である。だが、こうした現象は、それだけにとどまらない。国民経済の発展は、お互いの私生活を豊かにし、みんなの幸せが私の幸せももたらすことを実感させるようになるからである。それが日本的集団主義の帰結であり、特徴であるとされた。

このような日本的集団主義の成果は、一九六〇年代後半から一九七〇年代前半の時期に現れた。高度経済成長が〝奇跡〟といわれた時代で、国民総生産（GNP）は大幅に伸び（一九六八年には、米ソに次いで世界第三位になり）、国民生活も豊かになった。経済大国日本がいわれるようになった。富国政策は成功し、それに伴い日本国憲法が定着した。憲法改正論は変わり者の声とされ、護憲論はせいぜい現状確認の意味をもつにとどまった。

しかしこうした状態も、経済大国をいわれ続け、当たり前と受けとられるようになって変わる。欧米先進国に拮抗する経済力を身につけたことについて、欧米流とは必ずしも同じでない（いわば日本的な）市場経済方式がとられたことを欧米諸国は気にして〝異質〟とみなし、警戒の目を日本に向けるようになった。それが一九七〇年代末頃からは、欧米諸国にとっての〝脅威〟という語り口調になった。それとともに、欧米先進国の尺度から経済大国にふさわしくないとされる「大国日本」の諸事象が指摘され、批判的に論じられるようになった。

また経済的繁栄が続いて当たり前とされるようになって、人心の安易、社会秩序の弛緩、体制の惰性化、それが高じて堕落・腐敗が露呈し、問題にされた。「衣食足りて……知る」はずの「礼節」は無視され、あるいは形骸化した。エコノミック・アニマルといわれ、またカネがすべての世の中に堕して、何か大事なものが忘れられていはしないかが懸念された。こうした変わり様《よう》は、憲法に対する疑問のきっかけにもなった。

第八節　経済大国日本になって改憲問題が現実化

経済大国になってまず問題にされたのは、自国防衛の在り方は今まで通りでいいのか、ということだった。軍備に費やすカネがないからまず経済的自立を、というういいわけは、もう通用しなくなったのである。それだけではない。国際平和のために必要なら兵力を派遣して軍事行動に協力するという姿勢にそぐわない憲法の規定について、画期的どころかむしろ無責任が議論されもした。そして富国に応じてそれなりの自衛力整備と、派兵をも含む積極的な国際貢献との当然が、いわれた。解釈改憲方式の行きづまりが、示唆された。

国際社会の普通との違いは、安全保障の面で問題にされただけではない。経済大国になるについて経済活動の面で注目された〝異質〟は、〝非常識〟と批判されるようになった。日本の経済活動の手法に国際経済・貿易秩序を攪乱するおそれを見い出して、たとえば外国からの輸入品に対する「関税障壁」が問題にされた。一九七〇年代に繊維・鉄鋼・農産物など諸分野の日米経済交渉がくり広げられた。だがこうした交渉もアメリカ政府の思い通りに進まなかったため、市場開放の要求だけでは限界があることがいわれるようになった。

一九八〇年代に入って、もっと根本的な問題があるのではないか、がことさらに気にされ出した。日本の市場経済を支えている伝統的な制度・慣行・文化のことまで議論することの必要が説かれた。そして「構造問題」の検討が主張され、八〇年代末からの「日米構造協議」ということになった。それはちょうど、冷戦の終結の時期と符合した。一九八九年一一月にベルリンの壁が崩壊して冷戦が終わり、一九九一年一二月にソ連が消滅して西側自由民主主義諸国の勝利が確定した。

冷戦という東西対立に勝って、欧米自由陣営の眼はこんどは、アジア、とくに経済大国日本に向けられた。それまでと違う東としてアジア、日本を視野に入れて、新たな東西対立がいわれることもあった。それまで日本の経済成長の秘密として一目おかれていた日本的市場経済の手法が批判の矢面に立たされ、日米構造協議にまでなったことについては、こうした国際情勢の変化も大きな要因になっていた。こうして憲法の面でいえば、たとえば経済的自由の日本的受容を批判する議論が目立ってくる。もちろん、このような議論に異を唱える主張もあったが、人目をひかなかった。冷戦終結後数年間は、そうだった。

かねて日本国憲法の運用、さらには近代憲法への接し方についてわが国では、欧米流と違う点をみつけてはそれを批判的に論じる向きが強かった。たとえば人権理解や人権保障が欧米におけるのと違うことに引けめを感じ、そこに日本的な歪みを論じて、現状の後れを批判するのが、啓蒙的憲法教育に一般的な特徴であった。また議会政治の現場で混乱が起きたときなど、たとえばイギリス議会の場合を引き合いに出してわが国の議会制の未成熟をいい、正常化を論じるというのが、わが国の有識者に多くみられるところである。

こうした傾向は、明治以降の西洋風近代化路線を推し進めようとする姿勢にのっとったものなのだろう。日米構造協議も、こうした姿勢を示す格好の機会と受けとられたようである。一九八〇年代前半に始まった行財政改革や教育改革など臨時調査会方式による諸改革は、このような姿勢にそうものであった。それに、経済が低成長期に入ってなんとかしなければという世論の雰囲気も手伝って、改革の時代が特徴づけられるようになった。

改革の動きは九〇年代には、政治改革、つまり議会改革に及び、選挙制度改革に決着した。一九九四年一月に成立した衆議院議員選挙法改正がそれで、世界的に珍しく、わが国に特有のそれまでの中選挙区制に代えて、小選挙区比例代表並立制が採用された。

選挙制度改革は、一九九三年の総選挙で自民党が過半数を大きく割り込んだ当選者数にとどまり、それまでの自民党一党優位体制が崩れ、非自民の連立政権が誕生したことによるところが大きかった。これをきっかけに連立政権が普通になったが、非自民の連立政権は、この選挙法が成立した年の六月までで、その後は自民党と社会党の連立政権を経て再び自民党主導の政権が復活した。それに伴い、政界再編が進み、改革の気運はいっそう高まった。中央＝地方の関係に焦点を合わせた地方制度改革、一九九六年一一月には行政改革会議が設けられ、それの成案は中央省庁再編の法制に結実した。

それにつけても、これらの諸改革は日本国憲法の考え方と思考枠組みを前提にして、憲法運用の面での改革を目指すものであった。状況の変化に応じて憲法を〝生かす〟方策を探るというようなものだった。つまりは、憲法改正をする前にまず憲法の枠内での改革を、ということだったろう。しかもその場合、日本的な特異性を打ち消したり、減殺したりして、よりいっそうの西洋風近代化がはっきりするような改革を、という面が目立った。冷戦後人目をひくようになったグローバリズム歓迎の風潮が、これに輪をかけた。

改革を導くこのような思考法は、日本国憲法の下で生まれ、日本国憲法の掲げる理念をもっぱら教育された人々が増えて、当たり前になった。戦後日本の復興や経済的繁栄の達成に寄与した戦中派世代、それに続く団塊といわれた世代が役割を終え、社会の後景に退くにつれて、日本国憲法のまともな表現のための制動因が弱まった。戦中派世代の苦労、団塊の世代の努力は忘れられ、いや軽蔑され、それとともに先に触れた日本国憲法の旧憲法意識による運用ないし日本的受容は、近代化未成熟・未消化の証《あかし》のようにみられた。

経済的に繁栄し、豊かな安定した生活が所与の事実で、貧乏や苦労の経験をもたない世代にとって、それは常識であった。そこでは、苦労や自己犠牲の努力は思いもよらないことであるだけでなく、悪徳のように感じられもした。

それがまた、日本国憲法の学習から得たことであり、こうした世代が社会の主役になって、憲法への一般的な接近法も大きく変わった。

どんな風に変わったのか。これまで述べたところを思い合わせながら書きつらねてみよう。まずは、日本国憲法を折りに触れて引き合いに出す人々からは、憲法成功のための条件作りやそのための努力のことは忘れられたという点。したがって人権の担い手として求められていた要件や資質などは不問にされ、それよりも憲法利用、たとえば個人のためにある公共福祉という意識での人権利用、それこそが憲法意識、人権意識の持ち主とみなされた。要するに、それが憲法を身近にし、実践している憲法接近法ということだった。

そうなって、たとえば人権濫用といった認識は稀薄になり、自由の行き過ぎ、権利保障の過剰が、心ある人々の気にさわり出した。このままだと、憲法を利用して憲法秩序が骨抜きにされ、果ては憲法行きづまりの状態から憲法空まわりになりはしないかが、懸念されるに至った。

たしかに憲法（一二条）は、権利・自由の濫用禁止と公共の福祉のために利用する責任を個人に求めている。だからこうした要請を人権、さらに憲法のための条件にしうるような憲法運用が考えられるだろう。だが今となっては、そういう運用の改革は難しいのではないか、そういう問いかけがなされている。たとえば政党の規定をもたない上、総選挙は国会議員に投票する旨を定める日本国憲法の下で、政党に投票する比例代表制を加味した選挙制度について、憲法との関係をとり立てて問題にする議論がない現状を不安がる意見がそれである。

このような不安は、憲法第九条についていわれる解釈改憲の場合とは違う。この解釈改憲には、無理を承知でという面があったが、そうした無理に伴うであろう引けめがかえって自己制約に働くだろうことを当てにして是認する風さえあった。しかしこうした憲法対処法にも限界があるという見方が一般化した。

憲法改正をタブー視する一般の受け取り方も弱まった。そこには、すでに述べたところから明らかなように、三つの論拠からの帰結である憲法改正論が、作用していた。一つは、憲法を生かす諸改革を押し進めて、しかしそれを有効に実施するには憲法の枠組みが障害になって、憲法改正が不可避になるというもの。憲法運用の諸改革が、それらの大もとの憲法の改革に至るのである。

二つめは、憲法に溺れ、憲法の濫用に気づかないうちに、憲法無効、さらに憲法破滅の状態がもたらされ、憲法改正が必要になるというもの。ここでは、近代憲法の日本的受容のことが顧みられ、つまりは和魂洋才への新たな考慮もなされる。

三つめは、憲法に時代の要請や国際社会対処に不都合な諸規定、また危機対策などの欠缺があって、だから憲法改正が必要になっている場合である。

これらの改憲論を視野に入れて、日本国憲法の検討を必要とする議論が、一九九〇年代後半には違和感をもたれなくなった。九〇年代が押しつまって、国会の両議院に憲法調査会を設置することが決まった。二〇〇〇年には、憲法調査会による憲法検討が始まった。こうした時期であるだけに、日本国憲法に関する理解を確かめておくことが大事になる。日本国憲法は何であるか、そして何であったかを明らかにするつもりで、日本国憲法が読まれていい。

第1章 天皇制

土居靖美

第一節　天皇の憲法上の地位

一、天皇の象徴性について

憲法第一条は、「天皇は、日本国の象徴であり日本国民統合の象徴であつて、この地位は、主権の存する日本国民の総意に基く」と定める。ここで、象徴とはどういう意味であるか、また、日本国および日本国民統合の象徴とは何を意味するかを考えなければならない。

まず、象徴とは、観念的・抽象的な存在を何らかの形象によって具象するものであると定義されるのが一般的である。象徴には、人的な象徴と物的な象徴とが存在する。たとえば、スターリンは社会主義国・ソ連を、ド・ゴールはフランス共和国の存在を、また、松下幸之助は松下産業企業団を示すごときは前者であり、ハトは平和の象徴、また、白百合は純潔の象徴などといわれるのは後者の例である。いずれにせよ、象徴そのものは、社会的・心理的な表現として用いられた言葉に過ぎない。

これまで国の象徴としては、国旗・国歌・勲章・制服などがその意を現すものとして認識されてきた。象徴と象徴されるものとの間における関係は異質であり、法的に関係を有するものではないと考えられる。つまり、象徴するものと象徴されるものとの間に法的権利または義務、あるいは法律関係の発生などを有するものではないということである。これまで各国の憲法において明示されているものとしてイギリスのウエストミンスター条例（前文）があり、また、ブラジル憲法では国旗を（一条三項）、パナマ憲法では国章を（六条）それぞれ象徴として定めている。人的象徴としては、スペイン憲法（五六条、一九七八年）やフィリッピン憲法（七条一節、一九七二年）などがみられる。

天皇が「日本国ならびに日本国民統合の象徴」であるということはいかなる意味を有するか。

それは、日本国の統一されている状況、ならびに、日本国民が組織的に結合し存在していることを天皇によって示されているということを意味する。この意味で象徴としての意義は、社会的・心理的意味として認識されるが、そのことは憲法上は、法的意味として理解されなければならない。すなわち、天皇が日本国ならびに日本国民統合の象徴たる地位につかれ、かつその地位は、主権者たる国民の総意によって定められたことを示している。ここに、国民主権と天皇の象徴たる地位とが憲法上根拠づけられたことになる。

旧憲法においても天皇は象徴としての地位におられると同時に統治権の総攬者として国政上の権能を有する地位におられた。これらの地位は、天皇により定められたものである。しかし、現憲法は、国政に関する権能を有しないとされる天皇が、象徴性を維持する天皇として国民の総意により定められたものである。

ところで、象徴たる天皇は、その存在のみで象徴としての役割を果たすといえるのであろうか。天皇が日本国の象徴であり、日本国民統合の象徴であるとは、抽象的・観念的な事柄にとどまるのではなく、天皇が象徴であることは当然にそのことに伴う役割が期待されるということが考えられる。ただ、たんに象徴という場合は法的意味をもたないが、天皇が象徴であるという場合には、前述のごとく法的意味を有する役割が論じられなければならない。

このことに関しては、まず天皇は、象徴たる地位のみにとどまるという説がある。この中で、歴史的に、伝統的・慣習的に国民の認識の中心として憲法上宣言されたと考える立場と旧憲法における天皇の統治権総攬者としての地位とは異質の象徴、すなわち、統治権をもたない象徴を意味するにとどまる地位に解する立場がみられる。いずれも、象徴としての機能については消極的である。それらに対し、象徴たる天皇には、象徴たる地位において何らかの役割が予定されると考える立場がある。その立場には、包括的に解するものと限定的に解するものが存する。前者は、象徴性を積極的・能動的にとらえ、象徴性から象徴を認識の唯一の対象とし、国家の存在が日本国民統合をより強固に結束せしめられる観念として天皇をみる場合に、そうしたことも含めて、後述する憲法が定めた国事行為や象徴として天皇のなされる公的行為をも包含するという見方である。後者は、象徴性から象徴としての行為はいっさい認められず、憲法がとくに、国事行為として憲法第六条および同七条に掲げる行為に限るとする立場である。天皇は国政に関する権能を有しないことを強調し、国事に関する行為を消極的・形式的にのみ理解し、象徴的機能の拡張による国事行為の積極化に対し抑制的に解せんとする見方である。

近代以降の西欧立憲主義諸国家においても、君主の権能は、徐々に実質性を失い、名目化した。議会が政治権力の実権を握り、あるいは、議院内閣制により、議会の選出する行政の首長により政治権力が行使されるなど、権限が形式的に君主に与えられていてもそれは名目的に過ぎない。しかし、象徴としての君主は、名目的ながら君主としての機能を果たしている。こうした立場から考察するならば、象徴としての天皇も、国民感情による尊厳の対象として象徴としての公的役割を期待されるのは当然であり、現代型立憲君主国の例にも副うことになる。

このような西欧の例はともかく、天皇が公的地位として国民の崇拝の的となった根源には、明治初期以来、建国と万世一系の皇室とを不可分な関係としてとらえてきたことがあげられる。すなわち、皇室は国民とともにあられるがゆえに、皇室は国民とともに永久であるということを基礎として、天皇は国民精神の生きた象徴であるというところに皇室の存在の意義があるという認識がみられ、新憲法の改正草案に「天皇は国民の宗家として国民統合の象徴として、その限度において天皇制の存続」を認めているなど、天皇を日本国ならびに日本国民統合の象徴としたことについて、天皇を国民の尊厳の的とし、象徴たる天皇を憲法上の地位として定め、法的効果を与えるべきであるという理解をもつことができるのである。

前述の旧憲法における統治権の総攬者から象徴のみをとどめたとする宣言的規定説や旧憲法とは異質の新しい象徴天皇を創設したとする創設的規定説は、このような天皇の象徴性も憲法改正により主権の総意に基づく改正についてこれを可能としているが、前述した精神的基礎に基づく憲法改正の限界からすれば、改正の限界と考えられる。

二、象徴天皇をもって君主または元首と考えられるか

名誉革命（一八八八年）以降、立憲君主制における君主の権限が名目的権限にとどまることとなったことは前述したが、そのことをはじめとして欧州の立憲君主制の諸国も君主の権限を議会の承認の下におくようになり、立憲君主制の質的変化は君主のカリスマ的専制から離れた存在として位置づけられた。とはいえ、君主は名目的ながら独任機関として代表権をもち、また、世襲制の下で権威を有する存在として認められている。こうした諸外国の例に照らしあわせて考えるとき、わが国の天皇も後述するごとき天皇の権能が形式的・儀礼的にせよ定められていることを考慮するならば、君主という地位に相当すると考えられる。他方で、伝統的な君主を想定し、君主は実質的な統治権と代表権を行使する地位にあるものとすれば、象徴天皇をもって君主と称することはできないとする立場もある。しかし、君主制と共和制の区別もその基準があいまいとなっている現在の状況下では、絶対的な概念定立は難しく、したがって、形式的に国民の宗家として君主的象徴天皇の存在と観念してみれば君主といえなくもない。

元首についても、現在、多義的に用いられており、たとえば、国際法上元首とは、対外的に国を代表するものをいい、国内法的には、対外的に国を代表し、対内的に統治権を総攬するものを元首と称している。しかし、かかる意味では、内閣または内閣総理大臣が元首に当たると考えられるものの、内閣総理大臣は全体を統轄する権限は有すると

はいえず、かかる意味から元首には当てはまらない。諸外国においても、君主を擁し共和制をとる国においては、厳格にいって君主を元首的に扱う国もあれば、名目的権能にとどまるが君主を元首として扱う国があるなどさまざまである。

天皇に関しては、象徴的元首と称したり、準元首的性格を認めるなどの立場があるが、憲法の各条項から象徴的元首と考えるのが穏当であろうと考える。

三、皇位の継承

天皇の地位を皇位という。皇位の継承とは、皇位が継続して継承されることをいう。すなわち、皇位は絶えることなきを前提とする。皇位の継承は世襲制による。世襲とは、一定の血縁関係にあるものが定められた地位につくことをいう。血縁関係を前提として皇位が継承されるのである。したがって、血縁関係が絶えることなく皇位が継承されなければならない。他の血縁と無関係なものによる皇位の継承は憲法の認めるところではない。

今後、憲法改正の問題が生じた場合、憲法改正によりこれらが改正しえるかについては、憲法改正における限界論の問題に突きあたる。憲法改正の限界については、本書の当該項目を参照願いたいと考えるが、皇位の継承については、改正の限界として認めざるをえない。つまり、わが国の伝統を尊ぶ国民感情によるところと考えられるからである。皇位の継承は、皇統に属する皇族たる男系の男子、すなわち、嫡男系嫡出の子孫に限られる（典範一条）。現行法では、女系および女帝を認めない趣旨に解される。さらに、今後皇室典範を改正して女帝を認めることは可能であるという立場もある。

皇位継承の順位は、皇室典範に定めがあり、それによれば、皇長子、皇長孫、その他の皇長子の子孫、皇次子およびその子孫、等々があげられている（典範二条一項）。

皇位の継承は、天皇が崩御された場合に限られる（典範四条）。天皇に生前の退位は認められていない。生前退位を認めないことについては、女帝を設けることとともに皇室典範制定時に審議されたが、前者については摂政の制度が別に設けてあること、天皇は一般国民とは異なる自由の制限があることなどから退位制度は認められないとする見解が多く、後者についても、世襲制度そのものが憲法による平等原則の例外措置を認めており、皇室典範に女帝の制度を設けないことは差し支えないとした。しかし、皇室典範の改正により可能であるとする説もある。

皇位の継承があったときは、元号法により新たな元号が定められる（元号二項）。元号は皇位に付随するものと考えられ、皇位継承があった場合に新しく定められる（一世一元の制度）。国民主権と元号法との関係については、元号が旧登極令あるいは行政官布告一号に基づくものであるだけに憲法上問題とされているが、現憲法における天皇を国民統合の象徴たる天皇として国民が定めたという趣旨に解すれば、別に問題とするところではないようにも思われる。

他に皇室典範には、皇族の範囲（典範五条）、皇族の身分の取得（典範一五条）、皇族の身分の離脱（典範一一条）などの定めがある。

第二節　天皇の権能

一、国事行為の意義と内閣の助言と承認

天皇は、憲法に定める国事に関する行為のみを行われる（憲四条一項）。国事に関する行為のみと限定されるところは、

国事行為そのものが政治に無関係であることを想定させる表現として考えられるが、国事行為とは、国の政治に関する行為について国政に影響を及ぼさない方法において行われる行為であって、国政に関する実質的決定権能は、他の機関によってなされ、その結果について形式的・儀礼的に表示する行為であって、政治に影響を及ぼさない行為であると定義される。この立場が通説的である。他にも、国事行為にはすべて内閣の助言と承認を伴うがゆえに、国事行為には国政に関する権能を含むとしても内閣の助言と承認により結果的には国事行為そのものが形式的・儀礼的行為にならざるをえないとする見解がみられるが、この立場は、象徴的機能をより柔軟的・広範的に解し、本来の国事行為の概念を虚実化する憂いが残る。

国事行為を国政行為と区別している以上、国事に関する行為は、形式的・儀礼的行為として解するのが穏当であると思われる。それは、助言と承認の意味に重点がおかれる所以である。

天皇が国政に対しては不関与であることを憲法は示すかのごとくであるが、このことを明確に示す意味で、あえて、国事行為と国政行為とに二分し示されたものと考えられる。こうした国事行為についても、内閣の助言と承認が必要とされ、天皇は国政に関する実質的決定権を享有されない意味を強調した趣旨と解される。しかし、別に、国事行為を国政行為の一分野と解し、天皇の政治的権能を容認する立場もある。すなわち、この立場によれば、国民的統合につき政治的権能を前提として理解されねばならないとし、また、内閣の助言と承認制は、大臣助言制の一種として天皇の国政に対する決定権を前提に内閣の助言と承認における実質的権能の意義が認められるという見解である。

要するに、国事行為は国政に関係を有する行為につき、その運用において実質的決定権は内閣にあり、その実質的権限の行使も内閣においてなされるが、名目的・形式的な行為として天皇においてなされる場合をいい、西欧における立憲君主国（イギリスやベルギーなど）の君主の国政に関する権限にみられるがごとくである。

二、内閣の助言と承認

憲法第三条は、国事に関するすべての行為につき内閣の助言と承認を要するとし、内閣がその責任を負うとする。助言とは、事前に天皇に対して内閣が進言することをいい、承認とは、天皇のなされた行為に対して事後に承認をなすことをいう。このことに関して三つの立場がある。一つは、内閣の助言と承認は、いずれか一つ、つまり助言のみか承認のみで足りるとする立場である。これは、国事行為の内容により判断されるもので、具体的には、外国の大使または公使の接受や儀式を行うことなどは事前の助言のみにより行われると考えられる。

次に、助言と承認の二つの行為を必要とする立場がある。憲法には助言と承認と明記されていることから、事前の内閣の進言により天皇の行為がなされ、そのことに対し事後に行為の結果を承認するというものである。

第三説は、助言と承認を一体的にとらえ、内閣による天皇に対する補佐と考える立場である。すなわち、天皇による主体的行為を禁止する意味で内閣の実質的決定権による行為に天皇が形式的に参加されるということで、天皇による事前の自主的行為を認めない趣旨として解されている。

前述のごとく統治権とは無縁でない天皇を予定するならば、助言か承認かのいずれか、または、助言と承認の双方が必要であるということになる。しかし、他方で、天皇はいっさい統治権などとは無縁であるという立場をとるならば、助言のみで助言と承認の意を果たせることになる。学説としては、後者を支持する立場が多い。いずれにせよ、天皇の象徴としての意義、国事行為の内容をどのようにとらえるかにより助言と承認の理解の仕方も左右されることになるが、国事行為を国政行為とは区別して明示している点や天皇の象徴性を国民の総意によらしめる点からみて、内閣の実質的権能を認める補佐的権能として解するのが一般的見方である。

国事行為の責任については、天皇は無答責であって、内閣が連帯してその責任を負う。この責任は、国事行為に対する助言と承認を行ったことに対する責任で、内閣が国会に対して責任を負うことになる。もとより、この責任は、法的責任ではなく、政治的責任として考えられる（すなわち内閣の総辞職がそれに当たる）。

国事行為以外についての責任は、憲法の定めるところではない。学説によれば、刑事責任については、象徴性と矛盾するという説や摂政は在任中訴追されない（典範二一条）ことから演繹的に天皇においても刑事責任を負わないとする立場がある。象徴たる地位にある天皇に刑事責任を問うことは、象徴性から考え不可能であるように考えられる。他方、民事責任については、象徴性とは無関係であるとする立場があり、その論拠として民事責任は私人間の事柄であり、法律上の民事責任は天皇においても当然負われねばならないことをあげる。また、象徴性の意義を積極的に認めて、責任を負わないとする見解もみられる。

三、国事行為に関する諸見解

国事に関する行為については、憲法第三条、第四条、第六条、第七条に定めるところである。天皇は、国事行為の具体的な事柄について憲法第六条、第七条に掲げられた行為を行われることになるのであるが、それ以外にも天皇が憲法上、公的行為としてなされることができるか、それらの行為と国事行為との関係をどのように解するかについて議論がみられる。

まず第一に、天皇の行為は、国事行為たる公的行為と私的行為の二つに限るとする立場がある。第二には、天皇の公的行為として国事行為の他に象徴としての行為が含まれるとする説である。前者は天皇の象徴的地位から考え、天皇は統治権の総攬者たる地位から国家権力にはいっさい関与されない地位に位されるという意味で、政治的に影響を及ぼさない国事行為のみに限るとする。象徴たる地位に基づく行為を認めれば、行為の限度が際限なく拡張する可能性を認めることになるというのである。後者は、憲法の定める国事行為以外にも象徴たる天皇に何らかの行為が期待されるところであり、たとえば、国会開会式における天皇の「お言葉」や外国の元首との親書、親電の交換、国内外の巡幸や訪問、植樹祭、国体などへの参加が考えられるが、これらは公的行為として考えられる。これらの行為を天皇の象徴としての公的行為として別に考えるか、それとも国事行為の範疇において扱うかということである（天皇の行為に国事に関する行為と私的行為、さらに象徴としての公的行為が存することを認める立場があり、これを三行為説という）。

別に天皇は、象徴たる地位におられるのみではなく、日本国および日本国民統合の象徴たる意味において形式的に何らかの行為を予定されることになり、これらの行為を国事行為に準ずるものとして準国事行為と称し、国事行為の一端として内閣の助言と承認によらしめようとする立場がある。これらの行為は、国事行為的性格を有するものに限られる。国事行為的性格を有しない行為は準国事行為に該当せしめられないのである。たとえば、政治に影響を与える行為は準国事行為には当たらない。

前者の立場については、憲法に定める国事に関する行為を行う場合に限られ、憲法第三条に定める「国事に関するすべての行為」とは憲法第六条、第七条の定める事柄を指すというように限定的に解する立場である。そのように解するのでなければ象徴たる意味をなさない。象徴とは、憲法で定める国事行為を行う天皇をもってその意味するところを示すというがごときである。

この立場でも、外国に対し国を代表する行為、たとえば外国の国王の戴冠式への出席や外国元首の送迎、外国の国家的儀式への参列などは例外であるとし、このような国を代表する形式的・儀礼的行為は例外であるとして弾力的に解する見解がみられる。結局、例外を認めるとすれば、後者の説の帰するところ、結論において共通することになり、総合的にみて象徴たる地位における公的行為(これを準国事行為と称しえようが)を認める立場が穏当であろうと考える。

四、国事行為の内容

国事に関する行為の内容として憲法第六条と第七条がそれに相当する。

憲法第六条には国事行為という明示はない。事柄の性質から国政行為と解することは不可能ではないが、これらを政治的権能を有しない形式的・事実的行為の部分のみとして考えるならば国事行為として考えられる部分を肯定しえる。したがって、憲法第六条については、国事行為として内閣の助言と承認を要するのは当然である。すなわち、憲法第三条に国事行為についての基本原則が定められており、国事行為のすべてについて内閣の助言と承認がいるものと考えられる。

1 内閣総理大臣の任命（憲六条一項）

内閣総理大臣の任命は、国会の指名に基づいて天皇により行われることになっている。三権分立を徹底するならば、国民の公選により内閣総理大臣を選定することも考えられるが、憲法は、議院内閣制をとっていることもあり、国会の選出による内閣総理大臣の指名が定められている。その上で、三権分立の立場から象徴天皇に国事行為として形式的行為にとどまる任命行為を定めたものと考えられる。このことについては、天皇に象徴として機能するための「場」を提供する理由から、あるいは、総理大臣の権威を高めるためという理由をあげる立場もある。

「指名」とは、選定される人の人格・能力という人的条件を充分考慮した上で個人を推挙することであり、「任命」とは、憲法に定める総理大臣としての法定要件（形式的要件）、すなわち総理大臣は国会議員であること（憲六七条一項)、総理大臣は文民でなければならないこと（憲六六条二項）などをふまえ、内閣の助言と承認により、天皇が国事行為としてなす行為である。任命は、国会の指名通りに行わなければならない。したがって、内閣総理大臣の実質的決定権は国会にあるといわなければならない。

内閣総理大臣の指名についての国会の議決において、たとえば、第二次甲総理大臣の指名、あるいは、第三次甲総理大臣の指名について同一者を現総理を含む国会で選定する場合が予想されるが、実質的に自己指名ということになっても問題はない。

国会の指名は、衆参両議院それぞれ記名投票（衆規一八条、参規二〇条）によってなされ、衆議院の優位性が憲法上認められている（憲六七条二項）。

2　最高裁判所長官の任命（憲六条二項）

天皇は、内閣の指名に基づいて、最高裁判所の長官を任命する。この場合は、内閣の指名において実質的に長官となるべき人物を選定するための閣議を開き、その決定された人物に対し、内閣の助言と承認により、長官を天皇が国事行為として任命することになる。三権分立の趣旨から、形式的な任命行為を天皇が内閣の助言と承認により国事行為として行われるのである。

3　憲法改正、法律、政令および条約の公布（憲七条一号）

憲法第七条一号に示される項目についての公布行為が国事行為として示される。公布の対象は、ここに掲げるこれらのみに限らない。一号の項目は例示的列挙として解される。げんに、これらの項目以外にも、衆参両議院規則、最高裁判所規則、下級裁判所規則、総理府令、省令、各種委員会規則、会計検査院規則、人事院規則などがあげられる。

公布とは、広く国民に法令などを周知させるために表示する行為をいう。法律案などが法令が成立して執行する前に国民に周知せしめた上で施行されることは当然のことである。旧憲法も法令においては公布という表示のための行為がなされていた（旧憲法においては公式令により官報で公布すると定められていた。公式令は新憲法の制定により廃止されたが、慣習として公布行為がなされている）。

天皇は、「奏上の日から三十日以内にこれを公布しなければならない」（国会六六条）と定められている通り、法律または法令が可決または制定されれば、ただちに奏上され、奏上日の翌日から三〇日以内に公布されることになっている。もちろん公布に際しては、内閣の助言と承認により行われることはいうまでもない。憲法改正については、改正が成立したときに、ただちに公布される（憲九六条二項）。公布日は、法令の効力の上で国民に影響を与えるところが大きい。一般に種々立場の相違がみられるが、一般国民が官報を閲覧・購入しうる最初の日を公布の日とする見解が有力である。

4　国会の召集

国会を召集するとは、一定の場所に日時を定めて集合せしめることをいう。一定の場所とは、通常、国会議事堂をいう。国会の召集には、通常国会（憲五二条）、臨時国会（憲五三条）、特別国会（憲五四条）などの召集がある。召集は、内閣の助言と承認の下で天皇の国事行為としてなされる。したがって、実際には、内閣が日時・場所などを決定し天皇の召集詔書により行われる（国会一条二項）。

常会は毎年一回、一五〇日間と定められている（国会一〇条）。特別国会は、総選挙の日から三〇日以内に召集され、臨時国会は、補正予算の決定など緊急の必要があると内閣により判断された場合に時期を問わず召集される。

5　衆議院の解散

衆議院の解散とは、衆議院議員の任期満了前に議員たる資格を失わしめることをいう（憲四五条）。わが憲法は、議院内閣制をとり、内閣は常に議会の信任を得ていることが議会の成立、または存続のための必要条件である。したがって、議会は、内閣との不一致や国民による内閣支持の状況を知るため解散の制度を設け、衆議院の解散が行われることによって国民の意思が議会に反映しうるようにしている。

天皇は、内閣の主宰者ではないが、国民による内閣の支持の状況を把握するため、内閣は、衆議院の解散を天皇の国事行為として行うことにしたのではないかと考えられる。

衆議院を解散しうる場合とは、いかなる場合であるかについて、大筋で二つの立場がある。第一に、憲法第六九条には、衆議院が内閣の不信任の決議案を可決し、または、信任の決議案を否決したときは、一〇日以内に衆議院が解散されざる限り、内閣は総辞職をしなければならないと定められる。これを根拠に、内閣に対する衆議院の不信任決議により衆議院が解散すると決定される場合、憲法第七条の内閣の助言と承認による形式的国事行為として天皇による解散がなされるとする見解である（形式的解散説）。第二の立場は、内閣の決定に基づき衆議院を解散する場合をあげる。すなわち、憲法第七条における天皇の国事行為として、内閣の助言と承認による衆議院解散について、内閣による助言と承認から実質的に衆議院を解散するかどうかは、内閣が決定する権限をもつと考える（実質的解散説）。議院内閣制をとる議会制において、議会が常に国民の意思を反映しているかどうかを国民に求めることは当然であり、また、内閣の政策の是非を国民に問うことも当然の法則であって、内閣は、常に議会の信任の下におかれることが議院内閣制の鉄則とされているからである。後者の方が多数説とされている。

また、別に大臣助言説というものがある。天皇の国政不関与の原則を規定したものとみるか否かについては否定的に解し、国事行為という国政に関する行為の不関与から内閣の助言と承認の性質を大臣助言制として考え、衆議院解散権の主体を天皇とし、内閣の助言と承認を通じて自由に解散を行うことができるとする立場である。

これらの議論とは別に、実際の政治の運用では憲法第七条による解散、すなわち内閣の助言と承認による解散が常道的となり、行政権のウエイトが高まる現代においては、与党内閣の強化と安定のために解散を行う場合が多い。内閣による解散権の行使も、政党内の争いのための解散や政権維持のための解散などに現れている。多数党化の現状では、解散の回数も減少傾向をたどっている（ちなみに第一回衆議院解散（昭二三・一二・二三）は憲法第六九条により、第二回以後の解散は憲法第七条の解散として運用されてきた）。

事例としては、第三次吉田内閣が一九五二年八月二八日に衆議院を解散した。この解散については、八月二二日の定例閣議で解散の結論を得て総理大臣が上奏し、同月二六日に持回り閣議にて解散詔書を作成した。同月二六日、天皇の裁可署名を経て、同月二八日、詔書伝達について閣議が開かれ、全員可決されたという事例である。原告苫米地義三は、当解散について憲法第七条のみによる解散は憲法に反する、また、解散については内閣の助言と承認が認められないとして当解散を違憲とし、現在の国会議員としての地位の確認と歳費の支払いを求めた。第一審東京地裁は「持回り閣議は、一部閣僚の賛成のみで適法な閣議決定があったものということはできず……」とし、東京高裁は、解散詔書発行前に天皇に対し助言する旨の閣議決定がなされており、書類が完備前ではあるが、前の閣議決定を再確認するため、持回り閣議の方法によったもので、内閣の助言と承認を欠くものとはいえないとした（東京高判昭二九・九・二二）。最高裁は、統治行為理論から判断を避けている（最大判昭三五・六・八）。

6　国会議員の総選挙施行の公示

選挙とは、衆議院議員の総選挙ならびに参議院議員の通常選挙をいう。これらの選挙の施行の公示については国事行為と考えられる。通常、衆議院議員の選挙のことを総選挙というが、憲法第七条の四号に定める総選挙は、衆参両議院議員の選挙のことを示すものと解される。

衆議院議員は、解散の日から四〇日以内に総選挙が行われる（公選三一条三項）。また、衆議院議員の任期満了の場合は、任期満了日の前三〇日以内に総選挙が行われる（公選三一条一項）。参議院議員についても任期満了の議員について、同様に考えられる。ただし、総選挙を行うべき期間が国会開会中または、国会閉会の日から二三日以内にかかる場合において、その総選挙は、国会閉会の日から二四日以後三〇日以内に行われることになっている（公選三一条二項・三二条二項）。

公示とは、公に示し通知される行為である。

7　国務大臣および法律の定めるその他の官吏の任免ならびに全権委任状および大使および公使の信任状を認証すること

法律で定めるその他の官吏とは、最高裁判所裁判官、高等裁判所長官、検事総長、次長検事、検事長、宮内庁長官、侍従長、検査官、人事官、特命全権大使および公使、公正取引委員会委員長などである。これらの官吏の任免については、内閣または内閣総理大臣によって行われることになる。この任免についての認証が国事行為として内閣の助言と承認の下、天皇によって行われることになる。このような認証を受ける官吏のことを認証官という。天皇の認証は辞令書により行われる。

全権委任状とは、条約の締結・その他外交上折衝のために外国に赴く外交使節に対し全権を委任することを示す書状をいう。この全権委任状の発行は内閣が行う。条約の締結権や外交関係を処理する権限は内閣が有している。

信任状とは、大使・公使を外交使節として派遣するについて、信任を示す書状をいう。信任状の発行は、内閣が行う。これらの外交文書は、相手国の元首に対して出される。これらの外交文書の認証は、国事行為として天皇が内閣の助言と承認の下で行われるのである。

認証とは、事実の存在を終局的に確証する行為をいう。すでに、内閣の権限においてなされた行為を確認し、証明する行為が内閣の助言と承認によって行われるのである。

8 大赦・特赦・減刑・刑の執行の免除および復権を認証すること

大赦以下のこれらの事柄を恩赦という。すなわち、恩赦とは、裁判所の判決により有罪とされた者、または、公訴中の者を含めて、行政権によりそれらの犯罪者を赦免し、または、公訴権を消滅させる制度をいう。恩赦については、恩赦法により定められる。恩赦を決定するのは、内閣であり、天皇はそれを認証するだけである。

恩赦は、もともと君主の恩恵と慈愛によりその裁量で有罪の判決を受けた者の罪を解く行為として、国の慶事に際して行われていたものである。しかし、現在、その意味を失い、君主に恩赦にかかる裁量の理論的根拠は乏しくなり、時代の変化とともに、法律概念の変更や刑罰における均衡性を保持するために恩赦という制度が行われていると解されるようになった。

恩赦には、大赦、特赦、減刑、刑の執行の免除、復権などの種類がある。恩赦には、政令により定められ執行される一般的恩赦と、個別的に閣議の決定により特定の者に対して行われる特別恩赦の方法がある。大赦は、前者に属し、特赦・刑の執行の免除は後者に属する。減刑・復権についても、一般恩赦と特別恩赦の両方の場合がある。

恩赦は、過去において国連加入、サンフランシスコ講和条約の批准、皇太子の美智子妃との成婚、明治百年祭、昭和天皇崩御などに際してなされてきた。

9 栄典の授与

このことに関する法律は、別に定めが存しない。叙勲については、旧公式令第一七条に定める爵・位・勲章・褒章などが存し、戦後、爵位と金鵄勲章は廃止され、位記および勲記の様式が現在でも踏襲されている。昭和三八年までは死亡叙勲のみであったが、それ以後は生存叙勲が認められるようになった。栄典の授与については、内閣が誰に授与するかを決定し、天皇が国事行為として内閣の助言と承認の下に行われる。これは、栄典に威厳をもたしめるためという説もある。現在、内閣の方で叙勲制度のあり方が検討されている。

10　批准書および法律の定めるその他の外交文書を認証すること

批准とは、条約を最終的に確認する行為である。批准を行うのは、内閣である。署名・調印された条約を最終的に日本国政府が承認し効力を確定させる。これらの批准を認証する行為が国事行為として内閣の助言と承認の下に天皇によって行われる。

「法律の定めるその他の外交文書」とは、大使・公使の解任状、領事官の認可状などである（このように天皇に批准書をはじめとする認証の行為が憲法上認められていることから、天皇を国際法上元首と解する説がみられる）。

11　外国の大使・公使の接受

外国の大使・公使を日本に受け入れるに当たり、派遣国が派遣予定者につき日本政府にあらかじめ紹介し、内諾を求める行為がなされる。これをアグレマン（アグレメント agrement が正式の呼称）と称する。日本政府が相手国に対し、アグレマンを与えると、相手国の大使・公使が信任状を携え入国する。逆に、日本の大使・公使を派遣する場合も同様である。

信任状の接受は天皇によりなされ、接受式が催されることになっている。信任状の発行は内閣によってなされているが、外国からの信任状の受理は、天皇によってなされる。その場合、信任状の受理は国際社会における元首間の関係と解されていることから、天皇を元首と解し、その受理は、天皇の国事行為として内閣の助言と承認の下になされることになる。

12　儀式を行うこと

天皇が儀式を主宰する場合については「儀式を行うこと」の意味と解される。したがって、儀式に参加される場合は「儀式を行うこと」に含まれないと解される。たとえば、皇室典範に定める即位の礼、大喪の礼において天皇が主宰されるごときがこれに当たる。別に天皇が儀式的に行為を行う場合、たとえば、式典を主宰されるのではなくても式典の中で天皇が儀式的行為を行われることも本条項の趣旨に該当するという立場がある。ただし、このためには、その儀式が国事行為として国家的・全国民的性格のものでなければならないと主張する。

当条項の儀式はもちろん宗教的・政治的色彩を伴うものであってはならない。国事行為の性格から当然の理である。

五、国事行為の代行

憲法第四条第二項には「天皇は、法律の定めるところにより、その国事に関する行為を委任することができる」と定める。「国事行為の臨時代行に関する法律」は憲法第四条第二項を具体的に定めた規定である。その第二条に「天皇は、精神若しくは身体の疾患又は事故があるときは……内閣の助言と承認により、国事に関する行為を皇室典範第十七条の規定により摂政となる順位にあたる皇族に委任して臨時に代行させることができる」と定める。この規定は臨時代行をなしうる場合の条件について、また臨時代行をなしうる地位や方法について定めている。摂政をおくほどの重大な病気や事故でない場合に臨時代行が天皇の意思によってなされる。たとえば、天皇の一時的疾病や一時的旅行などの場合になされるのがその例である。対象たる事柄は、国事行為に関することであることはいうまでもない。内閣の助言と承認が必要であり、したがってその責任は内閣が負う（平成一五年一月現天皇疾患にともない皇太子浩宮としてははじめての国事行為臨時代行がなされた）。

委任を受ける者は、摂政につく場合の定めと同様である（国事行為二条一項）。委任ということから、私法上の委任と同義ではなく、代行者は、象徴そのものでもない。現天皇が皇太子であられたとき、昭和天皇の病床の間、あるいは、海外巡幸の際に国事行為の代行を務められたことがある。

六、摂　政

摂政は、天皇が皇室典範に定める事由により国事行為を行うことができない場合、天皇に代わって、天皇の名で国事行為を行う地位にある者を指す。摂政をおくことができるのは、皇室典範に定められる、①天皇が成年（一八歳）に達しないとき、②天皇が精神的・身体的な重患または、重大な事故のために国事行為を行うことができない場合とされている。

「天皇の名で」とは、天皇の名により国事行為を行われるという趣旨ではなく、天皇に代わって摂政の名において国事行為を行うということを意味する（詔書などは摂政名が記されている）。

摂政は、天皇がみずから国事行為を行いえないような場合、皇室会議においてその事情を議し、精神もしくは身体の重患または重大な事故により国事行為をみずからなしえないと決定された場合、皇室典範に定める順序により摂政に就任される。臨時代行の場合に比べ摂政がおかれる場合の理由が重きをなしている。すなわち、重患・重大な事故として天皇の意思とは無関係に皇室会議により決定される。

摂政は、天皇そのものでないから象徴ではない。しかし、象徴的機能を果たすことはできると解される。国事行為の委任についても摂政はなしうるという立場がある。

摂政の行う国事行為は、憲法第四条第一項を準用することによって行為の限界を明確にすることになる。すなわち、国事に関する行為のみを行い、国政に関する権能は有しない。また、象徴たる地位における行為は制限されると解される。

摂政に就任する資格者は、皇室典範第一七条に定める通り、①皇太子または皇太孫、②親王および王、③皇后、④皇太后、⑤太皇太后、⑥内親王および女王である。これらの順位ならびに順位の変更も皇室会議によって決定される(典範一八条)。

皇室会議の構成は、皇族二名、衆議院および参議院の議長および副議長、内閣総理大臣、宮内庁長官、最高裁判所長官、その他の裁判官の一〇名からなる。

摂政は、天皇に代わって行う国事行為については無答責である。天皇に代わって国事行為を行う限り責任を問われない。摂政の行為は法的に天皇の行為とみなされるからである。すなわち、皇室典範においても摂政は在任中訴追されないと定めている(典範二一条)。訴追とは刑事訴追のことをいう。摂政は在任中、刑事責任を問われることがあっても摂政の地位にあることによって免責理由とされるという意味である。やはり、象徴天皇に代わって国事行為をなされる地位にあることから、象徴関係に属する地位として刑事責任を問うことは象徴性に矛盾すると考えられることによるものであろう。また、このような訴追の制限は、職務遂行を妨害しないためであるという見解もみられる。天皇の刑事責任についての免責理由として当条項(典範二一条)をあげる立場がある。

第三節　皇　室　経　済

皇室経済としては、皇室財産と皇室経費に関する事柄が考えられる。

一、皇室財産

憲法第八条には、皇室に対する財産の授受ならびに譲渡もしくは賜与についての制限が定められている。また、憲法第八八条には、「すべて皇室財産は、国に属する」と定める。戦前、皇室の所持されていた財産は公私を問わず国政の関与するところではなかった。戦後新しい憲法の下で国民主権の原理に基づき、これまでの皇室財産を国有財産へ移管し、その中で皇室がその用に供する財産を皇室用財産とした（国財三条二項・一三条二項）。ぞくに御料財産といわれる。こうしたことは、過去においてみられた皇室の財閥化を防ぎ、皇室財産の公正性を維持するためであると考えられる。したがって、本条により国民（財産にかかる団体も含めて）から皇室に財産を譲渡する場合、あるいは、国民から皇室が財産を譲り受ける場合、さらに、皇室から国民に財産を賜与する場合に国会の議決を要するとして制限が設けられることになった。

賜与とは、無償にて贈与を行うことをいう。この場合も国会の承認を得なければならない。「財産」とは、私法上の財産権のことをいい、皇室に属する個人財産を指す。国有財産法に定める皇室用財産は、本条の財産には該当しない。すなわち、本条にいう財産とは、皇室の有する私産をいう。皇室の私産と国民の一部とが財産上特別の関係を形成することを抑制する趣旨である。

なお、皇室用財産の取得については、一定の制限を設け国会の議決を経ることになっている。ただし、当該財産の価値が三千万円以上である場合、または、一会計年度内に三億円以下の場合は除外される（国財一三条二項）。

皇室が財産を譲り受け、または譲り渡し、もしくは賜与する場合は個別的に一定限度を超えるものについて国会の議決を経なければならない。このことに関しては、皇室経済法施行法において、天皇および皇太后、皇太子、皇太子妃、皇太孫、皇太孫妃および内廷費を受けるその他の皇族については賜与の価額は一八〇〇万円、譲受の価額は六〇〇万円、上以外の皇族については、賜与・譲受の価額は一六〇万円、ただし成年に達しない皇族については、それぞれ三五万円となっている（皇経施二条一・二号）。

ただし、国会の議決を要しない財産の授受の場合もあり、たとえば、①相当の対価による売買等通常の私的経済行為に係る場合、②外国交際のための儀礼上の贈答に係る場合、③公共のためになす遺贈または遺産の賜与に係る場合、④前号を除き、毎年四月一日から翌年三月三一日までの期間内に皇室がなす賜与または譲受に係る財産の価額が別に定める一定価額に達するに至るまでの場合などを定め、議会の議決を要しないとしている（皇経二条）。

二、皇室経費

皇室経費についても憲法第八八条においてその定めがあり、皇室の費用は予算に計上して国会の議決を経なければならないとしている。皇室の費用とは、天皇および皇族が公的ならびに私的生活を営むために要する経費のことをいう。皇室経費は、毎年予算の上で計上され、皇室構成者によって執行される。予算は国会の議決を経なければならないことはいうまでもない。国民の税収から予算を計上することから国民の関与を欠くことはできない。

皇室経費は、内廷費、宮廷費、皇族費の三つに区分される（皇経三条）。

内廷費とは、天皇・皇族の日常生活のための費用、その他の諸経費（たとえば、交際費、機器・乗用車などの修理費、旅費、人件費）に充てるための費用を意味する。内廷費は別名「御手元金」といわれる。

宮廷費とは、内廷費以外の宮廷にかかる諸経費であって、たとえば、天皇・皇族の巡幸による旅行費、国体・植樹祭などへの行幸費、儀式費、国賓の接待費、管理費などである。宮廷費は、公金として宮内庁で経理される（皇経五条)。これらは公的性格を有する事柄に関係を有し、執行について宮内庁が所管することになっている。

皇族費は、内廷費を受ける皇族以外の皇族について、皇族としての品位保持のために支出される経費である。また、皇族が独立して新しい世帯をもたれる場合に、一時的に支出されるものも当費用に計上される。また、皇族であった人の品位保持の必要上、皇族の身分を離れる場合にも支出される。たとえば、皇族が皇族以外の人との婚姻により、皇族の身分を離れる場合、その他、皇室典範第一一条に定める年齢一五歳以上の皇族が皇族の身分を離れる場合などに支出される経費である。これらの金額については、皇室経済法施行法の定めるところによるとされている。内廷費・皇族費の定額についても皇室経済法施行法に定めるところにより予算に計上され、国会の議決を経て執行される。

以上の皇室経費については、税法上非課税扱いとなっている。たとえば、平成九年度を例にとれば、内廷費の一年間の予算は三億二四〇〇万円であり、また、皇族費の総額は、三億六五三万円となっており、宮廷費は六〇億九四六一万円となっている。

現在、常陸宮、秩父宮、高松宮、三笠宮、高円宮がこの皇族費を受けられている。独立して生計を営む王の妃は、王の半額を受ける。成年に達した親王・内親王は、一〇分の三、未成年の場合は一〇分の一となっている(皇経六条三項)。

なお、内廷費、皇族費を改正すべき場合、また、皇族が婚姻により新しい生活をもつ場合、皇籍を離れる場合などの認定は、皇室経済会議の議決を経なければならないとされている(皇経六条)。

第四節　天皇の憲法上の認識

終戦直後、天皇制維持論や天皇制廃止論が交叉する中で、マッカーサーの政治顧問としての任務にあったアチソンは、明治憲法における天皇の強大な権限の縮減された立憲君主制ないし議会君主制を基礎とすることを狙いとしていた。それ以前に、日本の統治機構に関し、米国国務陸軍海軍三省調整委員会によるＳＷＮＣＣ第二二八号によって、その構想がアチソンに伝えられていた。それは、天皇制を廃止するか、政治権限を形式的にとどめた天皇制にするかを列記していた。しかし、ＧＨＱ民政局の草案では天皇は象徴であるとして示され、その後の審議で形式的・儀礼的行為にとどめる天皇を位置づけたのである。

この象徴という言葉は、ＧＨＱ起草委員の考案したところによれば、一九三一年のウエストミンスター条例にみられる英国国王の象徴という表示に求めたものとみられている。こうした象徴という言葉は、西洋立憲君主制における国王の地位を参考視したものと考えられるが、政治権力の実質的権能を有しない形式的権能にとどめるという意味ではＳＷＮＣＣ第二二八号を尊重したものとみなされる。しかし、その真底には、天皇は国民の宗家として国民統合の象徴という形で存続せしめることが相応しいと考えられたというのが当時の風評であった。

当時においては、天皇の統治権剝奪とは示されず、縮減または大権の制限としてとらえられていたことは疑いない。昭和二一年二月三日、マッカーサーからケーディス民政局次長に渡された三原則にも、①天皇制、②戦争放棄、③封建制度の廃止などが示されているごとく、天皇制を存置することについては、占領管理のための政策であろうとなかろうとそれ以前に、わが国の伝統の価値、国民感情に支えられた天皇制の歴史をＧＨＱも周知していたであろうと考えられるからである。

それでは、民衆における天皇崇拝の観念は戦時を通して醸成されたものであったか、そのことは、日本史を遡る他ないであろう。

もともと、天皇という名称は大王と称せられていた国王の肩書を天武天皇の時代に天皇に変えたということから始まる（今谷　明『象徴天皇の発見』（平一一年）文芸春秋）。形式的にさらに究めれば、日本列島の各地に存在した王権が中国の律令制の導入によって一つの租税体系上の官職機構における最上位に位する人を天皇と称していた。しかし、実質的には天皇は太陽神＝アマテラスの子孫＝日の御子という神の系統に属し、天皇には神仏の直属的な集団が従属し、その集団が貢ぎを献上していた。こうした始源から後醍醐天皇の時代には天皇専制支配体制の形成につながるとみられる（古川　純「天皇制の「文明の顔」と「未開の顔」」『法律時報』六二巻一二号（平二年）九二―九三頁）。

天皇が神的存在として崇拝の的とされる根拠について、万葉集における柿本人麻呂の詠にみられるように神的崇拝の対象たる天皇は、国家の宗家として崇められた。このことは、明治維新に際しても推察しえるところであって、岩倉具視も「万世一系の天子上にあつて……君臣の道上下の分すでに定って万古不昴なる」という信念に立っていたし、他方、民権運動家においても公議輿論の力を前提として、皇室の大権と国民の自由の尊重を強調していた（坂本多加雄『明治国家の建設・日本の近代二』（平一一年）中央公論社、一二二頁）。福沢諭吉は、国体の維持と王室は別であるとして、皇室が政治の外で超越し官民の政治的対立を緩和する役割を果たしているとして、皇室の高度の国民統合機能を評価しているという。これらのいずれも国体尊王論の立場としてともにみるところである。

長い歴史の間にも、たとえば、即位の礼と大嘗祭を行う皇室の習わしは、旧皇室典範に定められる以前から踏襲されており千数百年間続いたといわれているし、現憲法においても皇位の世襲をうたい、世襲の君主は伝統を重んじ、諸儀式などは慣習法として維持されている。これらのことが国事行為として継承されているかどうかは別問題であるが、天皇の地位と伝統とは、日本の歴史を支えた国民の血脈の中にあるということは首肯されるのではなかろうか。そのことを裏づけるとはいいきれないが、別の見方として注目されるものに、経済と天皇との関連から、次のように論ずる見解がある。すなわち、閉鎖社会であった村落共同体は、死者の霊や神につながる「追憶の秩序」によって守られていた。そして、新たな秩序を作ったのが絶対的な媒介者としての天皇であった。近代天皇制国家によって商品交換は円滑に働く。人工的で歴史的記憶を欠いたところでは、ユートピア的と非難される（これは平成一一年八月に行われた関西学院大学における「資本主義とは」のシンポジウムの場で、荻野晶弘パネリストによる「資本主義と他者」をめぐる論議として掲載された。『読売新聞』平一一・八・二〇）。

戦後、五十数年が過ぎ、憲法改正の論議が高まりつつある。国際社会における日本の立場との関係による必要性も拭いきれない。しかし、政治や国民性ともども本質たるアイデンティティが不透明な現在、国際社会に日本の存在を訴えるだけの意義をここに明確に示す必要がある。そうした意味で部分的ではあるが国旗国歌法の制定は象徴天皇の地位を基礎づけたし、元号法もその一環をなしているといえよう。

国際社会における日本の存在を二一世紀に向かってよりいっそう確認せしめるために、国の象徴としての天皇を改めて再確認し、それをもって日本国の存在を各国をして周知せしめなければならない。かような意味で、現憲法は、天皇の象徴としての地位における役割として、憲法にとくに掲げられたものと解することができる。すなわち、現代的解釈により、天皇は、元首的地位に立たれる場合もあり、国事行為として形式的・儀礼的行為にとどまる意味をもつ場合もあるということである。

第2章 戦争の放棄・憲法改正

東　裕

第一節　戦争の放棄

一、憲法前文と第九条

1　前文の描く国際社会像――敗戦直後の現実確認と日本国なき国際社会

日本国憲法は、その前文でわが国のとる平和主義の在り方を次のように規定する。

まず、第一段では、「日本国民は、……政府の行為によつて再び戦争の惨禍が起ることのないやうにすることを決意し、……」として、日本国政府は二度と戦争を起こさないことを国民の名において宣言する。

次に、第二段において、「平和を愛する諸国民の公正と信義に信頼して、われらの安全と生存を保持しようと決意した」として、日本国憲法の下での日本国民の安全と生存の維持の方式を示す。その前提となっているのは、「平和を維持し、専制と隷従、圧迫と偏狭を地上から永遠に除去しようと努めてゐる国際社会」という国際社会認識である。日本国民は、戦争という手段を放棄して、その安全と生存の維持を「平和を愛する諸国民の公正と信義」に委ねたのである。その前提となっているのは「平和を維持し、専制と隷従、圧迫と偏狭を地上から永遠に除去しようと努めてゐる国際社会」の存在という仮定である。この規定を受けて第九条は、戦争の放棄・戦力の不保持・交戦権の否認を規定する。これが前文に現れた、日本国憲法の平和主義の在り方である。

これを世界に先駆けた独自の平和主義として礼賛する人々もいるが、はたしてそのように無批判に楽天的に喧伝されるべきものなのだろうか。ここに示されたのは敗戦直後の現実の確認であり、ここにいう国際社会は連合国によって作られたそれであり、そこに日本は含まれていなかった。この国際社会の一員になること、それだけのことが「名誉ある地位を占め」ることに他ならなかった……。

このような問題意識をもって、この規定を考察することが必要ではないだろうか。

2　平和的生存権と前文の法的性質——国家と国民と憲法と

憲法の前文というものはどのような法的性質をもつものであろうか。このような問題が提起されるのは、一般に憲法の前文は、本文の条項とは違って、そこに示されたものは、憲法制定者の信奉する政治原則の表明であり、人に特定の行動を指示する規範を含まないからである。それは、もちろん憲法本文の規定の解釈に当たって、参照されなくてはならないものではあるが、それ自体の法的性質をどう理解するかについて、学説は分かれる。

前文は、たんなるイデオロギーの表明であって法的性質をもたないとするものから、前文それ自体から本文の各規定同様に「平和的生存権」のような具体的権利を引き出すもの、さらには憲法改正手続によっても改正できない本文より高次の法規範であるとするものなど、見解は大きく分かれる。

ところで、判例は、前文は憲法本文の各条項を解釈する場合の指針となるが、それ自体は裁判規範となるものではなく、前文を根拠に何らかの権利を裁判において請求することはできない、という立場をとる。すなわち、「もともと、前文は、憲法の建前や理念を荘重に表明したものであって、そこに表明された基本理念は、憲法の条項を解釈する場合の指針となり、また、その解釈を通じて本文各条項の具体的な権利の内容となり得ることがあるとしても、それ自体、裁判規範として、国政を拘束したり、国民がそれに基づき国に対して一定の裁判上の請求をなし得るものではない」（傍点は著者付記、以下同じ）（東京高判昭五六・七・七、百里基地訴訟）。

しかし、一方では、前文をこよなく美化、賞賛し、前文のきわめて抽象的で現実無視の「理想」論を法規範として称揚し、「平和的生存権」(平和のうちに生存する権利)のような権利を主張する見解が学説のみならず判例の中にもみられる。「長沼ナイキ基地訴訟」の第一審判決(札幌地判昭四八・九・七)のように、憲法の基本原理として、民主主義、基本的人権尊重主義とならんで、「平和のうちに生存する権利」(前文)として、平和的生存権を憲法前文から引き出し、地域に自衛隊の施設基地が設置されることは有事の際に第一の攻撃目標になるから、そのような基地の設置は、地域住民の平和的生存権の侵害の危険がある、というような結論に至る。

このような立場を「平和を人権の問題として位置づける日本国憲法の平和主義の意義を、正しくとらえている」と評価し、さらに「少なくとも、日本国憲法の立場は、単に戦争や武力衝突がなければ『平和』だとするのでなく、軍備をもつこと自体がすでに『平和』を阻害するものだとする観点に立つものである。したがって、国が戦争や武力行使を行うことはもちろん、軍備を保有することも、『平和的生存権』の侵害になるとしなければならない」と結論づける見解がある(浦部法穂『入門憲法ゼミナール』(平六年)実務教育出版、三〇頁)。

さらにこの見解は、日本国憲法の平和的生存権は、「単に日本国民の権利としてではなく、全世界の国民の権利として確認している」とし、このことは「日本が、全世界の『平和』の実現にむけて全力を尽くすべきことを意味している。日本国憲法の平和主義は、決して『一国平和主義』ではないのである。」と、その論を展開する。

このような論は、解釈学説としては評価に値するだろうが、およそ一般国民にとっては受け入れがたいものではないだろうか。日本国憲法が「全世界の国民の権利」を確認したとするのは、憲法制定時の歴史的背景・国際社会の状況を考慮すれば、およそ見当外れであることは明らかであり、仮にその後のわが国の変化・国際社会の変化を考慮しても「夜郎自大」な解釈とでもいう他ないのではないか。いずれにしても常識はずれな法律論であるといえよう。

二、第九条の解釈

1　政府の第九条解釈――制憲議会から今日まで

(1)　第九条をめぐる状況

善きにつけ悪しきにつけ、一部の人々が好んで使う「平和憲法」という呼称にも現れているように、憲法第九条は日本国憲法を代表する条文である。この規定をめぐっては、さまざまの場で、さまざまな人々が、盛んに議論を展開してきた。それにもかかわらず、今でもこの条文をどう解釈するか、国民世論は分裂している。ことは国家の独立と安全にかかわる国家の基本問題であるだけに、このような政治的対立があることは日本国にとって誠に不幸なことである。

しかもその根源が、国家の基本法である憲法にあり、その上盛んに議論されはするものの、その実、真に自由闊達な意見表明が妨げられてきたという悲しい歴史があった。とくに、政治家（なかんずく国務大臣）にあっては、第九条に限らず憲法の改正問題について率直な意見表明を行うことは、公私の場を問わず、ときにその地位を追われるような政治問題を惹起する原因ともなった。

そのような空気の中で、日本国憲法は五十余年間、いっさいの変更がないままその歴史を刻んできた。そして、この第九条も、占領下、冷戦構造の中での独立、米ソ対立の影響による冷戦の激化の中での日本国の奇跡の成長、冷戦構造の崩壊による米ソ対立の解消とその後の局地戦争の多発と国連の平和維持活動の強化、といった歴史の変動の中で、政府によって「柔軟に」解釈され、変化する国際情勢への対応を行ってきた。

こうした政府の対応は、大方の憲法学者の非難するところである。しかし、現実に国家の安全の確保という観点に立った場合、事実上憲法の改正が不可能な状況下では、やむを得ない選択でもあった。ここではこのような第九条の抱えてきた複雑な歴史の存在を知った上で、九条解釈の変遷を紹介する。

(2) 政府解釈の変遷

政府解釈を、時系列に沿って掲げると、次のようになる。

(a) 制定当時

敗戦直後の占領下、日本国憲法の草案が審議された帝国議会において、当時の内閣総理大臣吉田茂は次のような見解を述べた。

「戦争抛棄に関する本条の規定は、直接には自衛権を否定はして居りませぬが、第九条二項に於て一切の軍備と国の交戦権を認めない結果、自衛権の発動としての戦争も、また交戦権も抛棄したものであります。従来近年の戦争は多く自衛権の名に於て戦われたのであります。満州事変然り、大東亜戦争然りであります。今日わが国に対する疑惑は、日本国は好戦国である、何時再軍備をなして復讐戦をして世界の平和を脅かさないとも分からないというのが、日本に対する大いなる疑惑であり、また誤解であります。まずこの誤解を正すことが今日我々としてなすべき第一のことと思うのであります。

又此の疑惑は誤解であるとは申しながら、全然根柢のない疑惑とも言われない節が、既往の歴史を考えて見ますると、多々あるのであります。故に我が国に於ては如何なる名義を以てしても交戦権は先ず第一、自ら進んで抛棄する、抛棄することに依って全世界の平和の確立の基礎を成す、全世界の平和愛好国の先頭に立って、世界の平和確立に貢献する決意を、先ず此の憲法に於て表明したいと思うのであります。之に依って我が国に対する正当なる諒解を進むべきものであると考えるのであります。……」（内閣総理大臣 吉田茂・昭和二一（一九四六）

年六月二六日、衆議院帝国憲法改正委員会）

自衛権は認めるものの、いっさいの軍備の保持を認めず、国が戦争を行う権利という意味での交戦権を放棄した結果、自衛戦争をも含むあらゆる戦争をも放棄したという考え方がとられていることがわかる。だが、ここで忘れてはならない事実がある。当時のわが国は、「占領下」にあったということである。つまり、主権が制限された状態にあったのである。こうした状況を考慮すると、為政者としてこのような考え方を表明する以外に、わが国の進む道はありえたのだろうか、ということも考えてみる必要がある。

(b)　独立から今日まで

その後「平和条約」が発効（昭和二七年四月二八日）して占領が終了、完全な主権が承認された。ここに、わが国は独立を回復したのである。ここで、保安隊の設置に関連して表明された政府見解は、明らかな変化をみせる。第九条第二項は、侵略の目的たると自衛の目的たるとを問わず「戦力」の保持を禁止しているが、ここにいう「戦力」とは、近代戦争遂行に役立つ程度の装備、編成を備えるものをいい、「戦力」の基準は、その国のおかれた時間的・空間的環境で具体的に判断せねばならない、とされたのである（第四次吉田内閣の統一見解。昭和二七（一九五二）年一一月二五日、参議院予算委員会）。

それから二〇年後。政府見解は、第九条第二項の「戦力」は、「自衛のための必要最小限度を越えるもの」であり、これ以下の実力の保持は第九条第二項にいう戦力には当たらないとし、この見解は従来からの政府見解であることを明らかにした。

すなわち、「戦力とは、広く考えますと戦う力ということでございます。そのようなことばの意味だけから申せば、一切の実力組織が戦力に当たるといってよいでございましょうが、憲法第九条第二項が保持を禁じている戦力は、右のようなことばの意味通りの戦力のうちでも、自衛のための必要最小限度を越えるものでございます。それ以下の実力保持は、同条項によって禁じられてはいないということでございまして、この見解は、年来政府のとっているところでございます。」（吉国一郎内閣法制局長官、昭和四七（一九七二）年一一月一三日、参議院予算委員会）。

この見解は今日も維持されている。「自衛のための必要最小限度」という基準は、現実の自衛隊の装備を前にしたとき、国民の中に第九条についての政府見解や防衛政策への不信感を助長しているように思われる。それだけではない。日本国憲法そのものの規範力、いいかえれば憲法典の権威への不信感をも増幅させ、国民の国法秩序への信頼を傷つけてもいる。憲法規定と現実との乖離を是正する措置が強く望まれるところである。

2 学説の第九条解釈――自衛権・放棄された戦争・保持しない戦力・交戦権・憲法の変遷

第九条の性質については、第九条はただちに実現しえない「理想」を掲げた憲法規範であって、政治的マニュフェストに過ぎないとか、第九条は「政治的規範」であって、裁判所が法的判断に用いるべき「裁判規範」ではない、といった説もあるが、ここでは第九条も他の憲法本文の条項と同じ裁判規範たりうる法規範であるとして、その解釈を考える。

(1) 自衛権の有無について

(a) 自衛権の意義

複雑な対立をみせる学説・判例の状況の中で、日本国は、独立国として自衛権をもつ、という点では一致がみられる。「自衛権」は、今日「個別的自衛権」と「集団的自衛権」に分けられ（国連憲五一条）、ここでいう自衛権は前者の個別的自衛権のことである。後者の集団的自衛権については、政府解釈でもみられるように日本国憲法の下では認められないという説が多数のようである。

一国が他国によって急迫不正の侵害を受けたとき、そうした侵害がないときには国際法上違法とされる行為であっても、侵害を排除するためにとった必要限度の実力行使は、国際法上違法とはならない。これが、国家の権利であるもともとの自衛権の意味であり、国家に固有の権利として、条約や憲法によっても放棄することのできない権利として認められている。いうまでもなく、自衛権の放棄を認めることは、国家の自己否定につながるものであり、国家を前提に存在する国際法や憲法によって放棄したり、否定したりできるような性質のものではないからである。

(b) 自衛権の行使

ところが、国家の固有権としての自衛権（個別的自衛権）を認めるとしても、多数説は、「自衛軍の設置や軍事力による自衛権の行使を禁じている」という立場をとっている。しかし、憲法が、一方で相手国の侵害を排除するために必要な実力行使を認め、同時に効果的な実力行使を禁ずるというのは、刑法が個人の正当防衛権を認めながら、力による反撃を禁ずるようなもので、この論理は矛盾を含み、説得力がない。

(c) 判例の立場

この点、判例が次のような立場をとるのはきわめて常識にかなったものといえよう。「わが国が主権国として持つ固有の自衛権は何ら否定されたものではなく、わが憲法の平和主義は決して無防備、無抵抗を定めたものではない……わが国が、自国の平和と安全を維持しその存立を全うするために必要な自衛のための措置をとりうることは、国家固有の権能の行使として当然のこと」（最大判昭三四・一二・一六、砂川事件）である。

このように、判例は国家固有の自衛権を認めるとともに、その行使についても国家固有の権能として当然のこととしている。

(d) 国際法上の自衛権

国際法の立場からも、自衛権は国家に不可欠の権利として一定の要件の下で認められていると説かれる。すなわち、国家が主権を拡張し、自己発展をはかることは、従来、国家の基本権である自己保存権または自存権によって保障されると説かれ、主権を守るために最小限必要な自衛権は、当然、自存権の中に含まれていた。

しかし、今日では、国家主権の拡張を是認する自己保存権は、植民地獲得をも正当化することになりかねないので国家の基本的権利としては認められなくなった。ただ、自己保存権の一部と考えられていた自衛権だけは、国家に不可欠の権利として、一定の要件を逸脱しない限り、今なお許されている。

(2) 放棄された戦争等の範囲

第九条第一項で放棄された戦争等については、「国際紛争を解決する手段としては」という限定語句がついているため、①第九条第一項は、自衛のためのものも含めて、いっさいの戦争・武力の行使を放棄した(全面的放棄)とする説と、②第九条第一項は、「国際紛争解決の手段として」の戦争等、つまり国際法上違法な戦争等を放棄しただけである(部分的放棄)とする説がある。自衛権について、個別的自衛権の存在を認める立場に立っても、全面的放棄説に立つと、結局いっさいの戦争等が放棄されたことになり、結果的には日本国憲法が自衛権を放棄・否定したとする説と同様の結論となる。

学説では、一九二八年の不戦条約や、国連憲章などの国際法上の用例を参考に、「国際紛争解決の手段としての戦争」は、国際法上違法とされる戦争・武力行使(侵略戦争など)を指し、自衛のための武力行使や国際的制裁のための武力行使は、日本国憲法は放棄していないとする説が有力であるようであるが、第二次世界大戦における惨禍、またほとんどの戦争が自衛の名の下に行われてきたという歴史的背景に鑑み、日本国憲法は、「世界に比類のない徹底した平和主義を宣言」したとして、自衛のための武力行使をも放棄したとする説もある。なお、判例は、憲法第九条第一項は、「いわゆる侵略戦争」を放棄したものである（最大判昭三四・一二・一六、砂川事件）としている。

ちなみに、しばしば言及されるいわゆる「不戦条約」（戦争抛棄ニ関スル条約、一九二九年発効）は、戦争放棄を次のように宣言する。すなわち、「締約国ハ国際紛争解決ノ為戦争ニ訴フルコトヲ非トシ且其ノ相互関係ニ於テ国家ノ政策ノ手段トシテノ戦争ヲ抛棄スルコトヲ其ノ各自ノ人民ノ名ニ於テ厳粛ニ宣言ス」（一条）。この規定は、同条約の前文にいう「戦争ニ訴ヘテ国家ノ利益ヲ増進セントスル」こと、すなわち国家の利益を増進するために行う戦争を放棄したということであって、「自衛戦争」の放棄をいうものではなく、「国家ノ政策ノ手段トシテノ戦争」（侵略戦争）を指すものである。

また、国連憲章（一九四五年）は、「すべての加盟国は、その国際紛争を平和的手段によつて国際の平和及び安全並びに正義を危くしないように解決しなければならない」（国連憲二条三項）として、紛争の平和的解決を要請する。そして、「すべての加盟国は、その国際関係において、武力による威嚇又は武力の行使を、いかなる国の領土保全又は政治的独立に対するものも、また、国際連合の目的と両立しない他のいかなる方法によるものも慎まなければならない」（国連憲二条四項）として、「武力による威嚇や武力の行使」を原則として禁止する。ただし、個別的自衛権と集団的自衛権を国家固有の権利として認め、自衛権による場合には、例外的にその合法性が認められることを明確にした（国連憲五一条）。

(3) 戦力の不保持について

憲法第九条第二項前段では「前項の目的を達するため、陸海空軍その他の戦力は、これを保持しない」と規定する。この「前項の目的」が、何を指すととらえるかによって、第二項がいっさいの軍事力の不保持を定めたものであるのか、国際紛争を解決するための戦争（自衛戦争・制裁戦争は含まない）を放棄したものであるのか、説が分かれる。

「前項の目的」を、「正義と秩序を基調とする国際平和を誠実に希求」するためととらえて、第二項前段はいっさいの軍事力の不保持を定めた、とする説がある。この説に立つと、第一項で自衛権の存在を認めて自衛戦争の可能性を認める立場に立っても、自衛権を行使するための軍事力の保持が認められないから、結局、自衛戦争はできないという結論になる。そこで、自衛のためには、軍事力による自衛ではなくて、群民蜂起・抵抗運動などの軍事力によらない自衛のための戦いが主張されるが、いうまでもなく現実的ではなく、無責任かつ非情でもある。これは、侵略軍に対し、国民は「素手」で立ち向かえといっているに等しいからである。

次に、「前項の目的」を、国際紛争解決の手段としての戦争等を放棄することであるととらえる立場がある。この立場からは、第二項前段の軍事力の不保持は、第一項が目指す「国際紛争解決の手段として」の戦争等を放棄するためであるから、自衛または制裁のための軍事力の保持は禁止されていない、と説かれる。この説に立てば、自衛隊の存在も憲法の認めるところであり、合憲ということになる。

なお、駐留米軍の問題については、第九条第二項は、「同条項がその保持を禁止した戦力とは、わが国がその主体となってこれに指揮権、管理権を行使し得る戦力をいうものであり、結局わが国自体の戦力を指し、外国の軍隊は、たとえそれがわが国に駐留するとしても、ここにいう戦力に該当しないと解すべきである」（最大判昭三四・一二・一六、砂川事件）とされる。

(4) 交戦権の意味

交戦権の意味については、大別して次のような見解がある。①第九条第二項後段の「交戦権」は、「国家が戦争を行う権利」すなわち戦を交える日本国の権利である。②第九条第二項で否認された「交戦権」は、国際法上、交戦者に認められる諸権利である。

この二説のうち、①説によると、第一項で自衛戦争は放棄されず、かつ第二項前段で自衛のための戦力の保持は認められるという立場に立っても、結局国家が戦争を行う権利を放棄しているのであるから、いかなる戦争も認められないということになる。

この説は、憲法制定時の立法者の意思や前文に現れた平和主義の思想にかなったものであり、学説上有力な考え方である。しかしながら、国際政治の現実を前にしたとき、このような解釈をとることを躊躇せざるをえない。憲法制定当時の状況と今日の状況があまりにも違っているにもかかわらず、憲法条項がそのままであるところに、憲法解釈上の困難が生じている一つの例である。

②説は、「交戦権」という用語の国際法上の用例に従い、ここにいう「交戦権」は、戦時国際法が交戦者に認める諸権利であり、戦争そのものを行う権利を認めないとしたものではないとする。この意味での交戦権は、交戦国としての相手国に対し国際法上の義務を遵守することを要求できる権利である。この交戦権があるからこそ、交戦国の関係者が戦闘行為につき原則として刑事責任・民事責任を免れることができるのである。

自衛戦争の可能性を認め、自衛のための戦力の保持を認める立場に立つ場合、自衛戦争を戦う可能性が想定される。その場合に、わが国は国際法上の交戦権を放棄したとするとどうなるのか。そうなると、戦時国際法上、交戦国に認められる諸権利がわが国には認められず、わが国は正義なき「不法な戦争」を戦うことになり、正義はわが国を侵略した側にあることになってしまう。

いずれの説に立つにせよ、憲法改正による明確化が必要な重大な問題をはらんでいる。

(5) 憲法の変遷

憲法の変遷とは、国会による立法、裁判所の判決、国会や内閣の有権解釈によって、憲法条項の意味が実質的に変更されることをいう学問上の概念である。事実として、憲法条項の意味が変更されることはありうるが、それによって憲法が正規の改正手続によらずに当初の意味とはまったく違った意味に変更されたことを認めるかどうかとなると見解が分かれる。

憲法第九条の意味は、すでに「自衛のために必要な軍事力の保持は許される」という風に変遷したとして、第九条について「憲法の変遷」を主張する説がある。社会的事実としてこのような状態が認められるとしても、はたしてこのことを誰が公的に承認するのか。少なくとも最高裁判所が自衛隊は合憲の存在であるとの判決を下すことが必要となろう。しかしながら、日本国憲法は改正手続の規定をおき改正を予定している点、さらに近代的意味での憲法というものは権力制限規範であるところにその大きな存在意義があること、といった点だけからみても、「憲法の変遷」の観念そのものを法的に承認することには大いに議論の余地があろう。しかし、このような観念を援用することによって、「現実」を説明せざるをえないという悩みも一方にあることもまた事実である。憲法規範と現実、という憲法学上の難問に逢着することになる。

3　集団的自衛権――国連憲章・平和条約・日米安保条約

自衛権が、「個別的自衛権」と「集団的自衛権」に区別されるようになったのは、国連憲章第五一条からである。憲章第五一条は、「この憲章のいかなる規定も、国際連合加盟国に対して武力攻撃が発生した場合には、安全保障理事会が国際の平和及び安全の維持に必要な措置をとるまでの間、個別的又は集団的自衛の固有の権利を害するものではない。……」と規定する。ここにはじめて、「個別的または集団的自衛の固有の権利」として、国家に固有の自衛権が「個別的自衛権」と「集団的自衛権」に区分されるようになったのである。

ここにいう「個別的自衛権」は、攻撃を受けた国家が、みずからの手で反撃をする権利をいうのに対し、「集団的自衛権」は、自国が直接攻撃を受けていなくても、連帯関係にある他の国が攻撃を受けた場合、それを自国に対する攻撃とみなし反撃する権利、と定義される。自己保存の措置はときに他人との協力によって全うされることは、国内法において正当防衛が「自己又は他人の権利」を防衛の対象としていることからみても明らかである（刑三六条）。国際連合の集団安全保障体制は、加盟諸国の協力の上に作られており、自衛が他国との協力で遂行されても、国連の精神に反するものではなく、また国連による制裁措置の限界を考慮すると、集団的自衛権の行使の必要性は明らかである。

現代世界は、兵器の開発・発達によって奇襲の危険が高まっており、世界のほとんどの国は他国との協力なくして危害を有効に排除することは難しい。自国と密接な関係にある他国への防衛協力は、やがて自国に加えられる攻撃防止の意味をもつ。その意味で、集団的自衛権の行使は、実質的には自国の防衛行為に他ならないと考えられるのである。

こうして国連憲章で生まれた集団的自衛権は、個別的自衛権と並んで国家に固有の権利として、その後の条約の中に規定されるようになる。たとえば、わが国が占領下から独立国へと完全な主権を回復することを定めた「平和条約」（日本国との平和条約、一九五二（昭和二七）年四月二八日公布、発効）においては、「連合国としては、日本国が主権国として国際連合憲章第五十一条に掲げる個別的又は集団的自衛の固有の権利を有すること及び日本国が集団的安全保障取極を自発的に締結することができることを承認する」（五条(c)）とする。

また「日米安全保障条約」（一九六〇（昭和三五）年六月二三日公布）においては、「両国が国際連合憲章に定める個別的又は集団的自衛の固有の権利を有していることを確認し」（前文）、「締約国は、個別的に及び相互に協力して、継続的かつ効果的な自助及び相互援助により、武力攻撃に抵抗するそれぞれの能力を、憲法上の規定に従うことを条件として、維持し発展させる」（安保三条）と規定する。そして「各締約国は、日本国の施政の下にある領域における、いずれか一方に対する武力攻撃が、自国の平和及び安全を危うくするものであることを認め、自国の憲法上の規定及び手続に従つて共通の危険に対処するように行動することを宣言」（安保五条一項）している。

このように、わが国が締結した条約の中で集団的自衛権が認められているにもかかわらず、わが国の政府はその行使は憲法によって禁じられているという解釈をとっている。はたしてこのような解釈が、国際的に通用するものなのか、さらに国益に反しないかを考えてみる必要があろう。

平成一一（一九九九）年五月、「そのまま放置すれば我が国に対する直接の武力攻撃に至るおそれのある事態等我が国周辺の地域における我が国の平和及び安全に重要な影響を与える事態」（周辺事態）への対応を定めた、いわゆる「周辺事態法」が制定され、集団的自衛権の行使との関係で議論があった。

4　自衛隊の国連協力――日本国憲法の予期しない時代へ

第二次世界大戦の終了直後から始まり、二〇世紀後半の国際政治の基本にあった東西冷戦構造が一九八九年に崩壊し始めたことを契機とし、国連の役割が現実に大きく変化するようになった。世界各地の地域紛争などの解決に国連が中心的な役割を担うことになり、それとともに各国連加盟国の国連の平和維持活動（ＰＫＯ）などへ積極的な参加が求められるようになってきたのである。

わが国も、憲法第九条との関連で、こうした問題について激しく議論される中、平成四（一九九二）年には自衛隊法の改正ならびに「国際連合平和維持活動等に対する協力に関する法律」の制定が行われ、国際情勢の変化に対応する法整備が進められている。しかしながら、依然として憲法第九条と関連する法的問題が完全に解決されたとはいえない状況にある。

ところで、この問題についてはどう考えるべきだろうか。日本国憲法が作られた時代、わが国民は、敗戦の焦土の中で「憲法よりメシ」を求めていた。今日のような日本は、そして世界は、夢想だにできなかった。そのとき日本国民が国際社会において「名誉ある地位を占めたい」(前文第二段)と願ったのは、当時の連合国の作る国際社会において「民主主義」という価値観を共有する仲間として認められたい、という程のことではなかったか。日本が積極的にPKOに参加することが「名誉ある地位」を占めることであるという主張がなされる時代が来ようとは、誰が予想しえただろうか。

憲法が予想もしなかった事態が生じたときに、すなわち適用すべき憲法規定が存在しない事態が生じた場合、そこにおける政府の行動はどうあるべきか。憲法規定にない行為は禁じられているとみるべきか、それとも許されると考えるべきか。憲法規範の本質にかかわる問題である。いずれにせよ、今日問題になっているような国連協力について、もともと日本国憲法はまったくの白紙である。これを憲法の改正により、変化した現実への対応を図るのが筋であろうが、それが当面不可能であるとすれば、どのような方策が考えられるか。

「いづれの国家も、自国のことのみに専念して他国を無視してはならないのであつて」(前文)、「日本国民は、国家の名誉にかけ、全力をあげてこの崇高な理想と目的を達成することを誓ふ」(前文)としている以上、憲法制定時の文脈はともかく、憲法上国際協力は避けては通れない道であると考える他ないだろう。少なくとも政策担当者にとっては、この憲法の規定をにらみながら、国益を考える責務があることは間違いない。

第二節　憲　法　改　正

一、憲法の改正とその限界

1　憲法改正の意義と手続――改正規定の存在理由

(1)　憲法改正の意義

憲法典の定める改正手続に従って、憲法典の一部を修正・削除・追加すること、あるいは全面的に書き改めることを憲法の「改正」とよぶ。憲法典には、一般に改正手続が規定されている。「不磨ノ大典」（憲法発布勅語）とよばれた大日本帝国憲法も改正手続（七三条）をおいていた。この改正手続に従って日本国憲法が、大日本帝国憲法の改正憲法として成立したことは、日本国憲法の上諭に述べられている。

ところで、憲法典に改正手続が規定されるのは、どのような理由によるのだろうか。

第一に、現実的考慮である。時代の変化に従って、制定当時に適切であった規定もやがて現実に適さなくなることがある。このようなときに、現実に合わない憲法典の合法的な変更の可能性をあらかじめ規定しておくのは、きわめて当然の配慮である。それによって、革命やクーデターによる憲法破壊を防止し、立憲主義を守るという憲法保障機能が確保されるのである。

第二は、理論的考慮である。憲法制定権力をもつ主権者が国の在り方の最終決定権者であるならば、少なくとも主権者たる国民には、憲法を合法的に変更する可能性が認められるのは当然である。

そして、第三が、国の最高法規であり基本法である憲法典に特別の権威を与えるべく、憲法典の変更に通常の立法とは異なる、とくに厳重な改正手続を与えることである。

こうした理由により、憲法典には一般に改正手続が規定される。

(2)　憲法改正の手続

改正の手続を、第九六条に定める手続の流れに沿って説明しよう。

(a)　憲法改正案の発案

憲法改正案を議院に提出することが改正案の発案である。ところが、この手続について、憲法は何も規定していない。国会議員に発案権があることについて異論はないが、内閣に発案権があるかどうかという点については議論が分かれる。一般には、憲法第七二条が内閣総理大臣の国会への「議案」提出権を認めており、この「議案」の中から憲法改正案を除くべきであるという積極的な理由が認められないとされる。

法律案の提出についても同様の議論がかってあったが、今では内閣に法律案の提出権が認められている（内五条）。これと同様に、内閣も憲法改正案の提案権をもつと考えても何ら不都合はない。それに、内閣のメンバーのほとんどが国会議員であるため、内閣の発案権を否定しても実益の違いはない。

にもかかわらず、内閣の憲法改正提案権を否定しようとするのは、いわゆる「護憲」のための政治的意図によるものではないかと疑われる。ただ、国会議員に発案権があるといっても、そのことを定めた法律は、まだない。法制度の不備である。

(b)　憲法改正の国会発議

ここにいう「発議」は、国会が憲法改正法案を決定し、国民投票を求めて国民に提案することである。通常の議案についての原案の提出を意味する「発議」(国会五六条)とは異なる。憲法改正の発議には国会の「各議院の総議員の三分の二以上の賛成」を必要とする。

「総議員」の意味について、それが法定議員数を意味するのか、現在議員数を意味するのかで説が分かれる。法定議員数とすると議員数の確定が容易であるが、多数決の基礎となる数字に欠員数を含めることについては疑問がある。しかし、現在議員数とすると議員数の確定に困難を伴う場合が考えられ、また一時的に多数の欠員が生じた場合、法定議員数の三分の二をはるかに下回る賛成者によって改正案が決定されてしまうおそれがある。したがって、「総議員」は法定議員数を指すと解すべきであろう。

(c) 国民の承認

国会で可決された憲法改正案は、次に国民の承認を経なければならない。この承認には、「特別の国民投票」または「国会の定める選挙の際行はれる投票」において、投票の「過半数の賛成」を必要とする。第九六条の趣旨は、「この承認には、国民投票においてその過半数の賛成を必要とする。ただし、この国民投票は、時宜により国会の定める選挙の際それと同時に行うことができる」ということである。

承認の要件である「過半数」の意味については、有効投票の過半数、投票総数の過半数、有権者総数の過半数、という三つの解釈が可能であるが、一般に有効投票の過半数と解されている。

なお、本条の要求する憲法改正の国民投票に関する手続を定める法律は、いまだに制定されていない。これもまた、法制度の不備である。

(d) 天皇による公布

国民投票の過半数の賛成を得たとき憲法の改正は確定的に成立し、天皇は、「国民の名で」、「この憲法と一体を成すものとして」、ただちにこれを公布する。国民の名で公布するということは、憲法の改正が改正権者である国民の意思によるものであることを明らかにする趣旨である。「この憲法と一体を成すものとして」とは、改正条項が日本国憲法の一部を構成し、既存の条項と同じ形式的効力をもつことを示す。

2　憲法改正の限界——その法的限界と政治の力

憲法改正の手続にのっとっていればどのような改正も許されるのだろうか。つまり、憲法改正を行う場合、どのような内容の改正憲法でも作ることができるのか、という議論がある。国民主権の絶対性、憲法規範の価値の同一性という考え方に立って、憲法改正手続によればいかなる改正も法的に許されるとする改正無限界説もあるが、多数説は改正には法的な限界があるとする考え方に立っている。限界説の論拠として、次のような理由があげられる。

①日本国憲法をはじめ、およそ民主主義に基づく憲法は、憲法制定権者である主権者＝国民によって制定される。この憲法制定権力は、憲法典によって作られる権力ではなく、憲法典を作る権力であり、憲法が制定された後は、憲法改正権力に姿を変え憲法改正手続規定の中に具体化される。その意味で、憲法改正権力は「制度化された憲法制定権力」ともよばれる。このように憲法改正権力は憲法制定権力から生まれたものであるから、憲法改正権力が国民にあることを示す「国民主権の原理」を憲法改正によって変更することは法理論的に許されない。つまり、国民主権原理の変更は憲法改正権の限界をなす。

②そもそも近代憲法は、人間は生まれながらにして自由かつ平等な存在である、という自然権思想を成文憲法という形で表現したものである。ヴァージニア権利章典にみられるように「すべて人は、生来等しくかつ独立しており、一定の生来の権利を有するものである。これらの権利は、人民が社会を組織するに当たり、いかなる契約によっても、その子孫からこれを奪うことのできないものである」(一条)。

こうして基本的人権を、人が生まれながらにもつ生来の権利、前国家的権利として構成し、いかなる憲法によっても否定できないものとしたのである。憲法の中にある人権宣言は、このような基本的人権の存在を憲法典によって確認したものと考えられている。そのため、憲法によって創設された権利である憲法改正権によって、人権宣言の基本原則を変更することは、法理論上許されない。

これが、憲法の改正の限界に関する一般的な考え方である。日本国憲法に限った場合、さらに次のような改正の限界がいわれる。

③日本国憲法は、その前文の第一段で「この憲法は、かかる原理（国民主権主義）に基くものである。われらは、これに反する一切の憲法、法令及び詔勅を排除する」と宣言する。さらに憲法第一一条・第九七条では、基本的人権が現在および将来の国民に与えられる侵すことのできない「永久の権利」であると宣言されている。このような点からみて、日本国憲法は国民主権主義と基本的人権の尊重については憲法改正権によっても変更を許さないとしていると考えられる。

④前文の第一段・第二段および第九条第一項で宣言された国際平和主義の原理も憲法改正の限界をなすと一般に考えられている。国際平和主義の原理は、国内の民主主義（人権と国民主権）と不可分に結び合って近代公法の進化を支配してきた原則であるからである。

このような、改正の限界があるといわれる。ところで、国際平和主義の原理を憲法改正の限界ととらえることは、第九条第二項の改正が法理論上不可能であることを意味するものだろうか。このような疑問が生じるのは、次の理由による。すなわち、平和主義の具体化の形はさまざまであり、日本国憲法第九条第二項のような軍隊の不保持と交戦権の否認といった平和主義のかたちは、むしろ例外であり、これを唯一絶対のかたちとすることは独善に過ぎるとともに国際情勢の現実にも合わないからである。もっとも、これを限界とする学説も、たいていは憲法改正の限界をなすのは国際平和主義の原理であるとはいっても、憲法第九条の条文そのものが限界をなす、とはいわないようである。

このように、憲法改正には法理論上の限界があることについては大方の見解が一致している。しかし、このような法理論上の問題が政治上の主張と明確に区別されずに議論されてきた傾向がこれまでにみられた。いわゆる「護憲」派とよばれる人々は、いかなる憲法改正をも許さず、憲法の改正に言及することをタブー化してきた。政治家の発言はいうに及ばず、公の場での護憲的言論以外の言論を封殺する「空気」を日本中にあまねく作り出してきた。

昨今の諸状況の変化により、改憲を論じることがタブーでなくなりつつあるが、依然として国会の場においても無視できない数の「護憲」派が存在する。この事実は、後に述べる憲法改正の国会発議との関係で重要な意味をもつことを忘れてはならない。

ところで、憲法改正の限界があるとして、それを越える改正が実現した場合、そこで成立した改正憲法の効力はどうなるのだろうか。それを無効と判断する機関は存在しない。ここでは、政治の力が憲法を越えるのである。そのことは、日本国憲法の成立過程をみれば明らかであろう。

3　憲法の変遷

ドイツの公法学者ゲオルク・イェリネクは「憲法の変遷」という概念を用いて、憲法改正手続によらずに憲法の条文の意味が変えられ、憲法の改正があったのと同様の結果が生まれる場合があると論じた。すなわち「憲法改正」とは意図的な意思的行為によって憲法の正文を変更することであるのに対し、そのような意図や意思を伴わない諸事実によって、憲法の正文はそのままであるのに条文の意味が変えられ、実質的憲法の変更がもたらされることがあるとして、これを「憲法の変遷」とよんだ。したがって、ここで「憲法の変遷」といわれる場合の「憲法」は「憲法典」

のことではなく、成文・不文の法源を総合して考えられた国政の組織秩序の全体のことである。

もともと憲法典の規定は概括的な規定が多いため、時代の変化とともにその解釈・運用の仕方が変わることが当然起こりうる。そのような、憲法変遷を引き起こすものとして、イェリネクは、議会・行政・裁判によって行われる憲法解釈の変遷、政治的必要性などをあげている。そして、憲法の変遷という現象が生じることを、イェリネクは次のように要約する。

「憲法条項は、しばしば不明確かつ弾力的である。そして、立法者が執行法律によって初めてそれらに確定した意味を与えるのであって、これは、裁判官が、はじめて自分が適用すべき法律の内容を明確に意識するにいたるのとまったく同様である。今やいたるところで裁判が、一字一句変わらない法律条文のもとで人間の変遷する見解と要求に服するのと同様に、立法者もまた、個別法律によって憲法を解釈するとき、同じ立場にある。あるとき憲法違反としてあらわれることが、のちには憲法適合的であるとされ、こうして憲法はその解釈自体を通じて変遷を受ける。そして、およそ立法者のみがそのような変遷を引き起こしうるのではない。議会の実務、政府官庁・裁判所の実務もまたそのようなことを行いうるし、実際にも行っている。それらは法律を、したがって憲法律をも解釈しなければならない。そしてそれらの解釈を受けつつ、ある憲法律は、それにもともと内在する意味とはまったく別の意味を法体系において徐々に獲得することがある」（G・イェリネク「憲法改正と憲法変遷」森英樹・篠原巖訳『少数者の権利』（平元年）日本評論社、七四—七五頁）。

このようにして、事実上「憲法の変遷」という事態が生じることになる。そのような憲法の解釈・運用の変更の中には憲法規定の本来の意味をより発展拡充するような変更もあれば、その逆に憲法規範に合致しない憲法現実の積み重ねにより、条文の本来の意味・趣旨とは違った解釈が行われるようになることがある。

後者の場合に、それを「憲法の変遷」ととらえて、憲法規範を改正したのと同じような法的効果を生ずると解することができるかどうかで議論が分かれる。わが国では、憲法第九条が、自衛隊（法）との関係で、変遷したととらえる説もあるが、これに反対の立場からは「解釈改憲」として批判されている。

二、改正規定をめぐる法的・政治的問題点

1　憲法改正国民投票――「立法の不作為」あるいは国会の怠慢

憲法第九六条第一項は、憲法改正案の承認に「特別の国民投票又は国会の定める選挙の際行はれる投票において、その過半数の賛成を必要とする」として、憲法改正の承認にはそのための国民の投票が求められている。しかし、憲法制定以来五十余年を経過した今日にあっても、まだこのための法律が制定されていない。したがって、現実には憲法改正の手続は、この点に不備があるため、完結しえないのである。しかし、これを「立法の不作為」として非難する声はほとんどない。ここにも大方の憲法学者の立場（＝「護憲」）が、反映されているようにみえる。

「憲法改正国民投票法」の制定は、憲法改正への地ならし、とばかりに反対するとしたら、結局、憲法が改正手続を規定しながら、事実上手続法の不存在により合法的な改正の道が閉ざされてしまうことになる。憲法改正に賛成・反対の立場のいかんを問わず、正規の憲法改正手続法がおかれるべきであり、このことは憲法保障の上でも不可欠であろう。したがって、「護憲」の立場から憲法改正国民投票法の制定に反対することは、法理論の衣をまとった政治論であることはいうまでもないが、それだけではなく法理論的にも矛盾をはらんだものといわざるをえないのである。

2　改正規定の法的問題――国民の意思より優越する国会の意思（八一名の拒否権）

すでにみたように、日本国憲法はきわめて硬性度の高い憲法で、それは一方で憲法の保障に役立つとともに、時代

に即した憲法の変更を阻害するという二つの働きを果たしている。この点をどう評価するかについては意見が分かれるが、この問題性は充分理解されなければならない。すなわち、法一般の問題として、その安定性と時代適合性の調和が求められることについては異論がないと思われるからである。

ところで、このような問題の他にも、第九六条の改正手続の中に重大な問題点が隠されていることが、すでに一部の論者によってつとに指摘されてきた。それは、改正手続の中で、最終的に国民投票でその過半数の賛成を要求しながら、その前段階である国会発議では総議員の三分の二という特別多数を要求している点である。

これは、国会だけの意思による改正手続の進行を容易にさせないようにすることで、国民とは直接の関係をもたないところでの憲法改正に歯止めをかける「民主的」試みとして、肯定的にとらえられるかもしれない。しかし、見方を変えると、この要件は、国民の意思とは無関係に、一部の国会議員の意思だけで憲法の改正手続を阻止できる規定であることに気付かされるのである。すなわち、各議院の総議員の三分の二以上の賛成が得られない限り憲法改正の国会発議がなされないということは、各議院の三分の一プラス一名の意思によって、憲法改正手続を完全に阻止できるということでもある。

具体的な例をあげよう。現在（平成一五年一月）の衆議院においては、四八〇名の総議員のうちの一六一名の意思によって、また参議院においては二四二名の総議員のうちの八一名の意思によって憲法改正手続を阻止できるということである。したがって、最少の場合、参議院議員八一名の意思によって、憲法改正を阻止できるのである。

これは、極言すれば、八一名の参議院議員の意思が国民の意思より優先するということになる。たったこれだけの議員の反対によって、国民は国民投票によってその意思を表明する道が閉ざされるのである。憲法制定権をもつ国民が、国民代表である国会議員の少数派に改正権の行使を制限されるという大いなる矛盾である。

3　憲法尊重擁護義務と憲法の改正――大臣、憲法を疑うことなかれ

国務大臣は、憲法改正について発言することは許されない。そう思わせるような事件がこれまでにいくつかあった。現職の国務大臣が、憲法改正に触れるような発言をしたため、その職を辞せざるをえなくなったことがある。それは憲法第九九条の憲法尊重擁護義務に反するというのである。

しかし、これまでの事件の例でみる限り、この論は怪しい。「天皇又は摂政及び国務大臣、国会議員、裁判官その他の公務員は、この憲法を尊重し擁護する義務を負ふ」（憲九九条）。この規定をもって、大臣の改憲発言は違憲だと非難し、政府与党を攻撃するのであるが、憲法は一方で改正手続の規定をおき、そこに国会がかかわることを予定し、内閣の関与も予想されるところである。そうなると、むしろ国会議員、なかんずく閣僚には、憲法についての広い知識や深い見識が求められるはずではないだろうか。

国務大臣や国会議員が憲法についてどのような考えをもっているか。それはいってみれば国民的関心事である。そのことを知る機会を、野党やマスコミが奪うとすれば、国民の「知る権利」に対する重大な挑戦ではないだろうか。「無知」な一般国民は、「寄らしむべし、知らしむべからず」とでもいうのであろうか。このような「護憲」に名をかりた自由な言論の抑圧は、民主社会の発展にとって決して好ましいものではない。これも法理論を騙った政治論に他ならない。

ちなみに、憲法尊重擁護義務に違反する改憲発言の例としては、正規の憲法改正手続によらない改正（たとえば、クーデターや革命）を公の場で主張することが考えられよう。

4　主要国の憲法改正規定およびその実際との比較

日本国憲法は、きわめて硬性度の高い憲法であるといわれる。では、主要国（米・独・仏）の憲法の改正規定と比

較して、はたしてどれくらい硬性度の高い憲法といえるのだろうか。また、それらの国では、実際にどの程度の頻度で憲法の改正が行われているのだろうか。これをみれば、日本国憲法の特殊性が浮き彫りになるだろう。

まず、アメリカ合衆国憲法は、「連邦議会は、両議院の議員の三分の二が必要と認めるときは、この憲法に対する修正を発議し、または各州中三分の二の議会の要請あるときは、修正発議を目的とする憲法会議を召集しなければならない。いずれの場合においても、修正は、四分の三の州議会によって承認されるか、または四分の三の州における憲法会議によって承認されるときは、あらゆる意味において完全に、この憲法の一部として効力を有する。……」(五条)とし、一七八七年の制定以来、一八回、二七ヵ条の修正が加えられている(九二年まで)。

次に、フランス第五共和制憲法では、「①憲法改正の発議権は、首相の提案に基づいて大統領に、及び国会の構成員に、競合して属する。②［政府提出または議員提出の］改正案は、両議院によって同一の文言で票決されなければならない。改正は、国民投票によって承認された後に確定的となる。③ただし、［政府提出の］改正案は、大統領が両院合同会議として召集される国会に付託することを決定したときには、国民投票にはかけられない。この場合、［政府提出］改正案は、有効投票の五分の三の多数を集めなければ、承認されない。……」(［　］は著者付記)(八九条)とする。一九五八年の制定以来、二〇〇〇年までに一四回の改正を経験している。

最後に、わが国と同じく敗戦国となったドイツはどうか。ドイツ連邦共和国基本法は、「①基本法は、基本法の文言を明文で変更しまたは補充する法律によってのみ、これを変更することができる。……②このような法律は、連邦議会議員の三分の二及び連邦参議院の票決数の三分の二の同意を必要とする。……」(七九条)と定める。そして、一九四九年の成立以来、四八回の改正(二〇〇〇年まで)を経てきている。

以上の三ヵ国の改正規定と日本国憲法の改正規定を比較したとき、国会の両院の総議員の三分の二以上の賛成による発議に加えて国民投票による過半数の賛成を要求する日本国憲法の定める改正手続が、いかに硬性度の高いものか理解されよう。また、その改正の回数をみると、制定以来五〇年間、一度の改正も行われていないわが国の例は、むしろ例外に属することも、容易に理解されよう。

こうした中で、平成一一（一九九九）年七月に国会法が改正され、第一一章の二として「憲法調査会」の章が設けられた。こうして平成一二（二〇〇〇）年一月召集の通常国会から、「日本国憲法について広範かつ総合的に調査を行うため、各議院に憲法調査会を設ける」（国会一〇二条の六）ことになり、現在、活動が行われている。

第3章 人権の歴史と思想

山崎　博久

憲法とは国の統治に関する基本的なルールを定めた法であり、したがって「統治の仕組」（統治機構）に関するルールが基本であり、国家があるところでは（成文、不文を問わず）昔から存在してきた。

ところが近代になって「統治の仕組」の他に「統治の仕方」に関するルールの必要性が強く自覚されるようになった。すなわち国民を差別的に扱ったり、国民の言論や信仰を抑圧するような「統治の仕方」をしてはいけないというルールである。それ以降、現代では多くの国で「統治の仕組」と「統治の仕方」の二つの部分から憲法が構成されている。この「統治の仕方」に関するルールを、統治される国民の側から国家に対する〝個人の権利〟として宣言したのが人権である。このような発想は西洋の individualism（個人主義）および liberalism（自由主義）思想による。為政者の〝義務〟よりも、国民個々人の〝権利〟を強調する思考が基本になっている。

そしてまた「統治の仕組」も「統治の仕方」のルールを保障するものでなければならないこととなった。つまり人権保障のための統治機構である。国王や女王のための統治機構ではなく、個人の自由・権利を保障するための統治機構であるべきだという考えが支配的になっていく。

第一節　人権の歴史

人権概念の歴史的起源は古代ギリシア・ローマ時代の思想（ヘレニズム）および紀元前の古代ユダヤ思想（ヘブライズム）にまで遡ることができるが、近代的な人権概念は一七、一八世紀の西欧に登場した。

一、「第一世代」の人権

一七世紀のイギリスでは、専制的な国王とそれに抵抗する人々との抗争の過程で、いくつかの契約文書が作られた。それが権利請願（一六二八年）、人身保護法（一六七九年）、権利章典（一六八九年）である。これらは国家以前の権利という自然権を宣言したものではなく、イギリス人の古来の権利・自由を国王に確認させるものであった。またこのとき、一二一五年のマグナ・カルタ（国王が諸侯たちの特権を承認した契約文書であり、個人の権利・自由を宣言するものではなかった）が、市民の権利・自由を確認した文書であるという解釈が行われたのも、それがすでにコモン・ローの中に取り入れられ、古来の権利・自由になっていたからである。権利請願は人身の自由と法の適正な手続条項などを確認し、人身保護法は人身の自由の保障のための手続を定めている。また、権利章典は陪審による裁判などが確認されている。以後もイギリスでは自然権のような抽象的観念が勢いを得ることはなく、コモン・ローの原則に基づき、国民の権利は個々の具体的な事件で古来の権利を再確認するというかたちをとる。

しかし当時の自然法思想、とくにジョン・ロックの思想は後のアメリカ独立革命に理論的な根拠を与えることになった。彼によれば、人は「自然状態」において生命・自由・財産を保持する権利である「自然権」をもつが、これを確実に保障するために「契約」を結んで政府を作る。政府が人民の信託に反して権利を侵すときは、人民は「抵抗権」を行使できる、というものである。自然状態も自然権も、また社会契約も理論的なフィクションに過ぎないが、当時は一般に流布した。

アメリカ大陸では植民地諸邦とイギリスとの独立戦争の中で、ヴァージニアをはじめとして諸邦が権利宣言を含む憲法を制定した。人権宣言の先駆といわれるヴァージニア権利章典（一七七六年六月一二日）は「すべて人は生来ひとしく自由かつ独立しており、一定の生得の権利を有する」と自然権の観念を表明している。これら諸邦の権利宣言の特徴は、植民地人がすでに享受していたイギリス人の古来の権利・自由の確認を主としながら、自然権が加わっていることである。

一七七六年の独立宣言も「すべての人は平等に造られ、造物主によって、一定の奪いがたい権利を付与され」と述べ、自然法思想（およびピューリタンの「神の法」divine law の観念）がみられる。自然法思想ではロックの影響が大きく、彼の自然権、社会契約、抵抗権の理論が盛込まれており、生命・自由・財産などの自然権は、生命・自由・幸福追求の権利となっている。これらの思想が本国に対する独立のための有力な武器になった。ただし諸邦の権利宣言と同じように、他の大部分は歴史的なイギリス人伝来の権利を列挙していることが特徴である。

このように、諸邦および独立宣言にはイギリス法系のものと自然法的なものと、二つの相容れないものが併存している。しかし実際にアメリカで定着していくのはイギリス法系の法観念であり、自然法思想・社会契約説は一時的なものであった。自然権的発想が現れたのは、独立に理論的根拠を与える便宜からである。一七九一年にアメリカ合衆国憲法に追加された権利章典には自然権の観念はみられず、イギリス法系に戻っている。イギリスからの移民たちに身についた具体的・帰納的なコモン・ローの法観念に代わって大陸法的な抽象的・演繹的な法観念がアメリカに根づくことはなかった。いずれの民族であれ、その民族の伝統的な発想を一夜で根本的に変えることはできない。それを強行するなら民族の抹殺である。

フランスでは一七八九年、「人および市民の権利宣言」が国民議会によって発せられた。「フランス人」ではなく「人」とされているのは、およそ人間であれば民族・国民にかかわりなく普遍的に享有する権利であることを高らかにうたったものである。

しかし、その国民議会が続いて「ただし植民地の人間には人権を認めない」という決議もしたことはあまり知られていない（一七九一年五月一五日の決議：植民地の有色人種に対しては人権を認めず）。「人」でなく「フランス人」の人権であればフランス人以外の植民地の人間は人権を認められなくて当然であろうが、しかしタイトルは「人」となっている。そうすると、この人権宣言は欺瞞なのだろうか。中世ヨーロッパにおいて「異教徒（キリスト教徒以外の者）は人間か否か」という神学論争があったが、もし植民地の現地人が「人間」でないならば「人権」が認められなくて当然であり、したがって欺瞞ではないことになる。だがこれは、今日、第三世界の国々から批判される欧米諸国にしばしばみられる「ご都合主義」「二重基準」の古典例とみることもできよう。もちろんそのことと、この人権宣言の歴史的重要性とはまた別である。

フランス人権宣言にはアメリカ諸邦の権利宣言の影響の他に、ルソー、モンテスキュー、重農学派の思想の影響がみられるといわれる。「人は、自由かつ権利において平等なものとして生まれ、かつ生存する」（一条）とし、自然法思想により人権は国家以前の自然権ととらえられている。イギリス法系の国では不文法が原則であり、人権も歴史的な具体的権利・自由を確認するというかたちであるが、フランスをはじめヨーロッパ大陸諸国では歴史・伝統とは無縁の自然法思想に基づいて成文憲法に新たに人権を創設するというかたちをとる。したがって人権は成文憲法の不可欠の要素として規定される（「権利の保障が確保されず、権力の分立が定められない社会は憲法をもつものではない」）。イギリスでは判例法主義による伝統的な固有の法観念があるから、イギリス法系以外の国に広く伝わることはない。しかし、一国の歴史・伝統を離れたフランスの一般的な法観念は広い伝播性をもつ。この人権宣言の影響はヨーロッパ各国だけでなく世界の国々にも及んだ。それに伴い、人権が各国に取り入れられることによって、前国家的で普遍的な「自然権」という性格を失い、その国の「国民の権利・自由」という性格に変わっていった。

以上のように、この時代の権利宣言は、個人主義および自由主義の政治・経済思想を強く反映したものである。

二、「第二世代」の人権

一八世紀から一九世紀の市民革命期の人権は、自由で平等、しかも「自律しうる個人」の存在を前提にした「国家からの自由」という性格の自由権であり、とくに経済的自由が中心であった。なぜなら、市民革命は国家の抑圧からの解放を目的としたものであり、経済活動に携わる「市民」（教養と財産を有するエリート）の自由と財産権の保障が眼目であったからである。人はすべて理性をもち、各自の適性・能力を充分に発揮できるためには、国家が市民社会に介入すべきではなく、国家の役割は市民の安全を確保することだけに限定されるべきであり、対内的には治安の維持、対外的には国防という夜警国家であるべきだとされた。自由放任経済こそ最上のもので、各自の私益の追求は市場の原理により神の見えざる手が働いて公益と予定調和がとれるという信念が支配的であった。

ところが、自由・平等・財産権の不可侵の原則は、資本主義経済の発展とともに変更を余儀なくされる。失業、貧富の格差、独占などの自由主義経済に伴う深刻な社会問題が発生したからである。自由であれば競争の勝敗により格差という不平等を生じ、平等を確保するなら勝者の自由を犠牲にしなければならない、というように自由・平等が両立するという観念は楽観的すぎることが明らかになった。また、自由のパラドックス（自由な状況を確保するためには自由を制限しなければならない）も生じ、これは経済的側面に顕著に現れ、自由競争による一企業の市場の独占が自由競争経済を消滅させるため、自由競争をある程度制限する必要性もでてきた。

「国家からの自由」の保障では、これらの問題を解決できない。契約の自由は当事者の対等・平等な地位が前提になっているが、大企業と労働者でははじめからその前提が成立しておらず、したがって自由な契約もありえない。自由な契約を実質的に実現するためには労働者を対等な地位に引き上げるような何らかの措置が要請される。また、人間として生きていくための最低限の生活すらできないのであれば自由競争社会のスタートラインにすら立てない。さらに、基礎的な教育すら受けられないのであれば、成人しても対等な市民として自由競争社会に加わることはできない。かつての「自律しうる個人」という人間観は変更を迫られることになった。このような実質的自由を確保する仕事は、営利を追求する私企業によって行われることは難しく、再び公権力の市民社会への介入が要請されるようになる。国家の役割も消極国家から積極国家（福祉国家・社会国家）へ、人権も「国家からの自由」だけではなく、「国家による自由」が求められるようになった。これが、「第二世代」の人権と呼ばれるものである。

一九世紀末からさまざまな社会・経済政策的な立法が生まれ、事実上は社会国家への転換がみられたが、生存権、教育権、労働者の団結権などの社会権が憲法に登場したのは西欧では第一次世界大戦後のワイマール憲法が最初である。同時に、経済活動の自由が制限され、不可侵とされてきた財産権が義務を伴い公共の福祉に服するものとなった。ただし、社会権の登場は自由主義国家を否定したものではなく、自由の実質化を図るものであり、その意味で近代人権思想との連続性を保っていることに注意する必要がある。

ところが同じ頃、ロシア革命により社会主義国が誕生し、「勤労し搾取されている人民の権利宣言」（一九一八年一月二五日）は自由主義国家そのものを否定し、近代人権思想との断絶が意図されていた。権利の主体を労働者・農民とし、搾取の廃止、階級の廃絶および生産手段の私有化の廃止による社会主義体制の確立を目指す新しい試みであった。その後、第二次世界大戦後にソ連にならい社会主義を掲げる国が相次いで成立したが、九〇年代にさまざまな内部矛盾を抱えたソ連の崩壊とともに、これらの社会主義国も体制転換を図り、現代西欧の資本主義・自由主義を基調とする社会国家的な国へと移行している。

第二次世界大戦後の人権の展開として注目されるのは、人権の国際的保障といわれる現象である。人権は各国の国内問題であることを前提にしつつも、さらに世界各国間で「達成すべき共通の基準」を設けることが先進国から提案された。国際連合憲章にも人権の尊重が確認されていたが、まとまった国際的な人権宣言としては一九四八年の世界人権宣言が最初である。これには第一世代の自由権、第二世代の社会権の他に、二八条では「すべて人は、この宣言に掲げる権利及び自由が完全に実現される社会的及び国際的秩序に対する権利を有する」として、次に述べる第三世代の人権の先駆的な表現がみられる。世界人権宣言は法的な拘束力をもたないが、その後一九六六年に採択された国際人権規約（「経済的、社会的及び文化的権利に関する国際規約」（昭和五四年条約六号）（A規約）、「市民的及び政治的権利に関する国際規約」（昭和五四年条約七号）（B規約）の二つからなる）は条約として各国を拘束する（日本は、一九七九年にA、B両規約を批准した）。A規約は社会権的な性格の権利を含んでおり、締約国は報告義務を負う。B規約は自由権を中心に少数民族の権利なども含んでいる。締約国は報告義務がある他、人権委員会が設けられている。なお、両規約とも次の第三世代の、人民の「自決の権利」を保障している（人権規一条）。

三、「第三世代」の人権

二〇世紀後期になると、「連帯の権利」ともよばれる第三世代の人権が唱えられるようになった。これは、おもに発展途上の第三世界の諸国から先進国が享受している富・技術その他の重要な価値の再分配を求めるものである。これには、政治的・経済的・社会的・文化的な自決の権利、経済的・社会的な発展の権利、人類の共通の遺産（地球資源、科学・技術情報、文化的伝統、記念碑など）の享受および参加の権利であり、さらには平和への権利、健康で均衡のとれた環境への権利、人道的災害救助への権利なども唱えられている。とくに後の三つは、一国だけでは解決が難しく、地球規模での各国の協力体制が求められるものである。

これらは第一・第二世代の人権とは異なり、集団的権利としての性格を有している。

第二節　人権の思想

近代の人権概念の根底にある思想は「個人主義」と「リベラリズム」である。集団よりも個人に価値をおく個人主義と、人間の本質的な善、個人の自律、および社会の進歩という信念に基づいて自由の保護を主張するリベラリズムの哲学が人権思想の基底にある。

リベラリズムとは、個人主義と密接な関係があるが、個人の自由に対する信条である。国家の主たる役割は市民の権利を保護することであるとされる。古典的リベラリズムは改良主義的であり、古い制度や伝統・慣習を軽視し、社会進歩を信じ、国家権力の制約を求める。政治制度としては権力分立による自由の確保を重視し、経済制度としては市場への国家の介入を極力排除することを求める。しかし、二〇世紀のリベラリズムは、市民の自由を確保するために逆に国家の干渉を求める。古典的リベラリズムは最小国家であり、その極端なケースはアナーキズムであり、現代的リベラリズムの極端なケースは社会主義に行き着く。人権を支える個人主義とリベラリズムの思想は西欧のものだが、人権の理念は二〇世紀後期には世界に広がり、普遍的な理念であるかのようにみえる。

しかし、人権の理念を普遍的だとすることと、リベラリズムとは必ずしも両立しない。リベラリストと思われるS・シュート、S・ハーリーのいくつかの言葉を紹介しよう。

「人権の理念は、本来的には近代西欧世界の独善的な文化帝国主義を反映した、リベラルな想像力の産物である」

「リベラリズムの核心をなすのは懐疑主義的な主張、すなわち道徳論議の不可解さや頼りなさについての主張だとも思われますが、そうだとすれば、何かを普遍的に適用することが可能だという主張とは残念ながら相容れません」

「人権理論は普遍主義と懐疑主義とのこのような対立を免れない」

「リベラリズム批判の中心は、リベラリズムが愚かしくも政治を倫理から切り離し、人権を、歴史や状況に規定されず全人類が所有する合理性に基づくものと見なそうとする、という点にあります」(S・シュート、S・ハーリー編『人権について』(平一〇年)みすず書房、三一—四頁)。

人権概念が本質的に西欧的なものであることは、西欧のリベラリストも認めるに至っている。そしてリベラリズム的な観念によって人権を基礎づけることはできないことも自覚されているのである。それでは、人権は何によって基礎づけられるのか。一八世紀なら造物主である神や自然法によることが「自明」であったが、今日ではそのような説はまったく説得力をもたないことが「自明」である。第二次世界大戦後は、それに代わって「人間の尊厳」や「人間性」が持ち出されるようになった。しかし実はこの発想も西欧的であることは欧米の哲学者によって指摘されている。

アメリカの哲学者J・ロールズはいう。

「まず、人権は、人間の本性に関する何か特定の包括的な道徳上の教説や哲学の構想には依拠しないということです。これはたとえば、人間は一人一人が道徳的人格であり等しい価値を持つとか、人間にはある特別な道徳的ないし知的な能力が備わっているために人権があるといった考えに頼らないということです。……階層社会の大多数といわないまでも多くは、こうした理論をリベラルだから、民主主義的だから、あるいはどのみち西欧の政治的伝統に特有のもので他の諸文化には有害だからとして拒絶することでしょう」（J・ロールズ「万民の法」S・シュート、S・ハーリー編『前掲書』八四頁）。

人権概念の理論的基礎はいまだに不明確であり、また西欧キリスト教文化圏とは異なる他の文化圏に属する社会からは完全に受け入れられていないということも事実である。西欧内部からの人権批判論も早くから存在した。その自然法に対してD・ヒュームは、非現実的で形而上的とし、E・バークはフランス革命を批判し、人権宣言で主張された観念的な自然権をフィクションとみた。J・ベンサムも自然権を無意味な仮想とし、J・S・ミルは効用を基礎にすべきことを説いた。彼らはいずれも人権の自然権的把握を問題にしたのであって、必ずしも自由・平等の価値を否定したのではなかった。しかしK・マルクスは、人権はブルジョア階級に対する闘争心を萎えさせ、革命の目標の達成を妨げる有害なものとみなし、闘争勝利の暁には階級が消滅しているから人権などいらなくなるとした。さらに一九世紀のF・K・サヴィニーやH・メインなどの歴史法学派は、権利は文化的・社会的に相対的なものであり、それぞれの共同体に固有のものであるとして、一般性・普遍性を疑った。現代においても反個人主義的立場から共同体論による批判があり、また民族的・歴史的相対性を説くもの（それゆえ文化・風土の異なる国には西欧的人権観念はなじまない）もある。

このような人権批判論は誤解されやすいが、裁判抜きの処刑や、不当な財産の没収や、宗教の弾圧などを決して肯定しているわけではない。そうではなく、人権概念の基礎となっている政治哲学が特殊西欧的なもので普遍性を有しないこと、異なった歴史と文化をもつ国・民族には適合せず、それらの固有の文化を破壊するおそれがあること（とくにイスラム教圏からの主張）、西欧的伝統とは異なる独自の歴史と文化をもつ国には西欧的人権概念とは別の理論付けがありうること（それによって結果的には西欧的人権保障と同じような状況がもたらされる可能性がある）、人権の無制約の強調は、社会を崩壊の危機にさらし、そのことがかえって個人の人権をも危うくするという危惧感などからなっている。

なお、人権は今日では実定法上の権利とみるべきであろうが、最後に「自然権」について一言触れておこう。「自然」の概念は日本とヨーロッパとでは違う。日本では昔は自然をジネンと発音し、意味も計らい・作為のないことで、道教的なものである。現在でも「自然にふるまうのがよい」というように、道教的用法が一般的である。これは英語のネイチャーとは異なり、したがって自然法とか自然権などといっても日本人には何となく違和感がある。

第三節　人権に関する諸問題

憲法による人権保障については、誰の人権が保障されるのか（主体）、私人に対しても人権を主張できるのか（私人間の人権）、公権力と特殊な関係にある国民はどうか（特別権力関係）という問題がある。

一、人権の主体

国民が人権の担い手であることは当然だが、あらゆる国民がすべての人権を同等に保障されるのか、天皇・皇族はどうか、子供はどうか、外国人はどうか、そして法人はどうか、などの問題がある。

まず国民の範囲は憲法第一〇条で「日本国民たる要件は、法律でこれを定める」としており、具体的には国籍法（昭和二五年法律一四七号）に詳しい規定がある。

天皇については、象徴としての地位・権能、および世襲の君主であることから一般の国民とまったく同じとするわけにはいかない。たとえば居住・移転の自由や外国移住の自由、職業選択の自由などが天皇に認められないのは、その地位の特殊性からして当然であろう。それ以外は、象徴天皇制の維持に必要最小限度のものを除いて、天皇・皇族も国民と同じように扱われるべきであろう。

未成年者も人権の主体であるが、未成年者の保護のため、自己決定の能力を成年者と別にすることは認められる。逆に教育を受ける権利、酷使されない権利など特別の権利が認められる場合がある。

外国人は、まず入国し居住する自由はない（最大判昭三二・六・一九）。在留外国人にも原則として人権が認められるが、国民と地位が異なるため、保障される人権についてある程度の制約は受ける（最大判昭五三・一〇・四、マクリーン事件）。

法人も人権の主体となりうる。本来、人権保障は自然人を対象としたものだが、社会の組織化・集団化が進み、個人だけでなく団体の活動が社会で占める地位が増したことにより、性質上可能な場合は法人にも人権が認められる（最大判昭四五・六・二四、八幡製鉄政治献金事件）。したがって、良心の自由や身体の自由のような自然人に固有なものは及ばないが、財産権、表現の自由、裁判を受ける権利のように団体にもなじむ権利は法人にも認められる。それゆえ、政治献金のような政治的行為を行う自由は会社にも認められる（同判決）。

二、私人間における人権の効力

本来、憲法の人権保障の規定は「統治の仕方」に関するルールを定めたものであり、公権力による権力行使を規制するものである。したがって個人の権利・自由が保障されるということは、公権力がそれを侵してはならないことを意味し、私人が侵してはならないという意味ではない。私人相互の関係は私的自治の原則に委ねられている。私人が個人の財産に損害を与えたり、身体の拘束行為を行ったとしても、それは民法上の不法行為になるか、刑法上の監禁罪として犯罪になるかであって、憲法の関知するところではなく違憲という問題は生じない。

ところが、二〇世紀以降の社会・経済の発展により、政治、経済、文化のあらゆる分野に巨大な団体が発生し、多くの国民がこれらの団体に従属するようになった。法律上は対等な立場であっても、実質的にはこれらの団体により私人の自由と権利が不当に制限されることが起きてくる。そこで、これまで公権力に対して主張し得た人権を、私的団体に対しても効力を拡大しなければ、個人の自由・権利が充分に保障されるとはいえなくなった。

それに対処する方法として、一つは憲法が私人間の適用を前提に権利を保障するものであり、労働基本権がその例である。二つ目は男女雇用機会均等法のように、私人間の人権侵害を防止する立法措置をとることである。三つ目は憲法解釈により人権規定を私人間に直接または間接に適用するものである。その中で民法第九〇条の公序良俗規定のような一般条項を援用し、人権侵害に当たる私法上の法律行為を無効とすることで人権の保障を私人間で確保する間接適用説のやり方が広く認められている。四つ目はアメリカで行われているものだが、私人の人権侵害に公権力がかかわっている場合に国家の行為の概念を拡大解釈して憲法を適用するものである。

三、特別の法律関係

普通、国民は国や地方公共団体の権力支配に服す一般的な法律関係または一般的権力関係にある。ところが、この他に法律上の特別の原因に基づいて国や地方公共団体との間に特別の法律関係または特別権力関係に入ることがある。公務員や受刑者が一般国民の服さない特別の規制に服す場合がそうである。公務員の政治的行為が制限されたり（最大判昭四九・一一・六、猿払事件）、公務員の争議行為が禁止されたり（最大判昭四八・四・二五、全農林事件）、あるいは受刑者が刑に服することに伴い多くの人権の制約を受けるように、特別の法律関係に立つ者は、一般国民には存在しない人権の制約が加えられることがある。しかし、このような制約にも一定の限界がある。まず、憲法上の根拠があること、そして制約はその法律関係を維持するために必要かつ合理的な範囲でなければならないことである。

第四節　人権保障の制度と限界

一、人権保障の制度

具体的に人権を保障する制度にはどのようなタイプがあるのか。伝統的にはイギリス型、ヨーロッパ大陸型、アメリカ型の三つがある。

イギリスには憲法と法律の区別がなく、成文憲法典もなく、したがって憲法に人権が列挙されていない。しかし国民の権利・自由は古来からのものとして「法の支配」の原則により、通常の裁判所で保障される。

ヨーロッパ大陸型はフランスから広まったもので、ルソーの思想に起源をもつ「法律の留保」による保障である。議会（ルソーの想定では人民）の制定した「法律」によらなければ人権を制限できないという制度で、一九世紀から二〇世紀前期までのヨーロッパ大陸諸国はこのタイプであった。ヨーロッパ大陸型を継受した明治憲法もこれに属する。

アメリカ型は通常の裁判所による保障で、法律といえども憲法に反する場合は人権を制限できず、その審査を裁判所が行う制度で、日本国憲法もこのタイプに属する。

以上が伝統的タイプだが、二〇世紀後期以降のヨーロッパ大陸を中心に特別の裁判所により人権を保障する第四のタイプが増えてきた。アメリカ型と似ているが、法律の審査を特別の裁判所が行う点に特徴がある。

これらの保障制度はそれぞれ立法権によるもの、司法権によるもの、およびその中でも特別の裁判所によるものと分かれるが、どのタイプがもっとも人権保障に優れているかは自明ではない。立法権による保障は法律自体が自由を侵す内容であれば保障はおぼつかないし、司法権による保障も万全とはいえない。経験的にはヨーロッパ大陸型の立法権による保障は失敗例が多いということはいえよう。いずれにせよ、権力による自由の侵害からの保障といっても、この自由を保障するのは最終的には権力によるしかないのである。自然法に強制力がないのは権力による保障がないからである。権利は権力による保障があってこそ権利としての資格を得る。「権力なければ権利なし」であり、「侵害の顔」と「保障の顔」の両面を権力がもつことを忘れるべきではない。

二、人権保障の限界

人権は無制限に保障されるわけではなく、権利の行使が他人の自由や権利を害したり、社会や国家の利益を害するような場合は「権利の濫用」に当たり許されない。これは人権に伴う当然の制約であるが、第一二条、第一三条でも人権は「公共の福祉」の制約の下におかれるものと明示している。

日本国憲法草案作成のためにＧＨＱ民政局内に組織された委員会の一つによって作られた「人権に関する第一次案」では「この憲法に定められた自由、権利および機会は国民の自律的協力に由来する。したがってこれらの自由、権利および機会は国民の側にこれに対応する義務、すなわち、その濫用を防止し常に共同の福祉のために用いる義務を生ぜしめる。かくして、すべての自由、すべての権利およびすべての機会は、それを享受する者の側に、これに対応する責任、これに対応する義務およびこれに対応する努力を要求する」となっていた。これが第一二条の前身であろう。

そこで、この公共の福祉とは何かが問題になるが、これには国際人権規約＝市民的及び政治的権利に関する国際規約（B規約）の規定が参考になろう。それによると「国の安全、公共の安全、公の秩序、公衆の健康、道徳または他の者の基本的な権利・自由」であり、これらを保護するために必要なもののみを法律により制限として課すことができる旨の規定がある。保護されるべきものとして、六つの事項が列挙されている。これは、ほぼ世界的な共通認識とみて間違いはないであろうし、日本国憲法にも該当するものと思われる。

1　国 の 安 全

まず第一に国際人権規約に明確に述べられているように、国の安全を侵すような権利の行使は認められない。国家の存立を危うくするような行為は、国民全体の生命や自由・権利を著しく侵害することにもなるからである。刑法において外患誘致罪（刑八一条）など国家的法益に対する罪に、死刑という重い刑罰が定められているのはこのためである。名誉などの個人的法益を侵すよりもはるかに重大な侵害行為であることは刑の軽重を比較すれば明らかであろう。したがって、その権利の行使が表現の自由などの精神的自由に属するものであろうと、国の安全を脅かす行為は厳しい制約を免れない。

2　公 共 の 安 全

ついで公共の安全を害するような権利の行使も制約を受ける。集会の自由といえども、多数で集合して放火や往来を妨害するような行為は公共の安全を害するため、これを保護するための制約を受ける。

3　公 の 秩 序（社会秩序）

たとえば表現の自由といえども、文書を偽造したり通貨を偽造することは社会秩序を危うくするため、この保護のための制約を受ける。

4 公衆の健康

経済活動または営業の自由といえども、公衆の健康を保護するための制約を免れない。健康を害する公害物質を排出するような経済活動は制約を受ける。

5 道　徳

人権に名を借りた反道徳的な行為が時々みられるが、道徳の保護のためには人権も制約を受ける。これを憲法で明文化する国もあり、たとえばドイツでは「各人は他人の権利を侵害せず、かつ、憲法的秩序または道徳律に反しない限り、その人格を自由に発達させる権利を有する」（ドイツ連邦共和国基本法二条一項）と定めている。日本では、わいせつ行為などが制約を受ける。

6 他人の権利・自由

最後に、その権利の行使が他人の権利・自由を侵害する場合は制約を受けるが、これはいうまでもないであろう。

もちろん、以上の六項目が一律にすべての権利・自由に適用されるわけではない。その権利・自由の性質によって制約の態様も違ってくる。内心の自由や拷問からの自由などは、その性質上まったく制約を受けない絶対的自由である。宗教行為は、国際人権規約も外しているように一般には国の安全とは関係なく、したがってこれを保護するための制約を受けることはない。このように、人権が制約を受けるとしても、その人権の性質に照らして個別具体的に検討されるべきである。そして制限は以上の項目を保護するために必要最小限度のものに限られ、それを超えるような制限は正当化できず、違憲の問題が生じることになる。限度を超えたか否かの一般的な基準は存在せず、これも個別具体的なケースに応じて判断すべきであろう。

第五節　法の下の平等

法の下の平等とは、公権力は国民を法的に平等に扱わなければならないという原則であり、自由とならんで人権の基本原則の一つである。ここで「法」とは法律だけでなく、政令、省庁令、条例などの成文法の他、判例法や慣習法などの不文法も含む。

歴史的には古代ギリシアのアリストテレスにすでに平等思想が登場するが、近代の平等思想は「神の前の平等」のカルヴァン派による世俗化の思想、および自然状態における自由・平等を想定する自然法思想とを背景として成立したものである。思想的源流をたずねるなら宗教的な平等思想は古代ユダヤ思想（ヘブライズム）に由来し、自然法思想はヘレニズムに遡ることができる。近代においては自由と平等は不可分なものとして人権宣言で扱われたが、これは平等が自由と同じく国家の不作為（不平等な取扱いをしていた国家が前提になっている）によって実現されるという観念による。

日本では明治維新により士農工商が廃止されたが、ただし、これはヨーロッパ的な階級制度ではなかった。また「天は人の上に人を造らず人の下に人を造らず」（福沢諭吉）という言葉は有名だが、しかしこれは近代西欧的平等とは別物の孟子思想の変容した日本儒教的平等概念であり、外来文化に触発されて自己の文化的伝統の中から似たものを想起させただけに過ぎない。「天」とは儒教概念であり、西欧の「神」とは別物であり、したがって「天賦人権」という概念も日本的概念である。今でも一部で天賦人権という言葉が好んで使われるが、儒教的表現であることはあまり自覚されていないようである。

明治憲法でも平等規定がおかれ、公務につく資格の平等を定めていたが（旧憲一九条）、政治的特権を伴う華族制度が存在し（「近代化」の一環として一九世紀ヨーロッパの貴族制度を導入したもので、イギリスでは現在も存在する）、男女の不平等も多く存在した。

さて、第一四条の定める「法の下の平等」は法を平等に適用することだけなのか、それとも法の内容も平等であることを保障するものなのか。もし前者であるなら、本条はもっぱら行政権と司法権を拘束するだけである。差別的な内容をもつ不平等な法が作られるならば平等は実現されず、法そのものの内容の平等をも要求するものであり、したがって立法権をも含めたあらゆる国家機関を拘束するものと解すべきである。また、「人種、信条、……」などの列挙は、差別事項がこれらに限られるという意味ではなく、単なる例示に過ぎない。したがってこれらに該当しないものでも平等原則違反とされる差別はありうる。

平等原則の適用の際に、人間の間の具体的な差異をまったく無視して一律に扱うこと（絶対的平等）はかえって不条理な結果になる。本条の平等は「相対的平等」の意味である。したがって、「差別」とは不合理なもの、恣意的なもの、正義に反するものである。しかし、何が合理的で、何が正義かは実際には客観的な基準はなく、微妙な問題を抱えている。たとえば、収入の多い者に多額の税を課すことが合理的な差別であることを完璧に論証できるだろうか（ノージックのリバタリアニズムの立場からは正当化できない）。判例では、尊属傷害致死を重く罰する刑法二〇五条二項（平成七年法律九一号で削除）を合理的な差別としたが（最大判昭二五・一〇・一一）、尊属殺人罪を定める刑法二〇〇条（平成七年法律九一号で削除）は刑法一九九条の法定刑に比べ不当に重すぎ、不合理な差別であり違憲とした（最大判昭四八・四・四。ただし、尊属という身分を特別扱いすることは合理的な差別であるという立場には変更はない）。

その他の平等保障としては、華族などの貴族制度の否認（憲一四条二項）、普通平等選挙（憲一五条三項・四四条）、家族生活における両性の本質的平等（憲二四条）、「ひとしく教育を受ける権利」（憲二六条）がある。平等を確保するための個別立法としては、人権擁護施策推進法（平成八年法律一二〇号）、男女雇用機会均等法（平成九年法律九二号）などがあり、条約としては「女子差別撤廃条約」（昭和六〇年条約七号）がある。

なお、アメリカで生まれた特異な平等原則としてアファーマティブ・アクション（積極的差別解消措置）がある。これは、過去に不平等な扱いを受けてきた黒人などのマイノリティに対し、その埋め合わせのような逆の不平等な扱いをし、大学入学や就職などの際に特別扱いをする優遇措置のことである。わが国では、同和対策やアイヌ保護対策などの特別措置がこれに該当する。アメリカでは、たとえば試験の点数が一般の合格点より低くても入学を認める特別枠を設けたりすることが行われてきたが、「逆差別」として裁判所で否定されたこともあり、問題なしとはいえない。

ところで、平等原則を他国にも求めた場合、難しい問題が発生する。なぜなら、各民族には固有の歴史・文化があり、それぞれの文化を平等に尊重するということと、それぞれの個人を平等に尊重するということの間には両立し難い断絶があるからである。

第④章 自由と権利

山崎 博久
八木 秀次

第一節　自　由

liberty も freedom も日本語では同じ「自由」と訳されるが、liberty の原義は「解放」であり、libertine は「解放奴隷」を意味する（ちなみに free は「ただ」の意味だが古英語の freo には奴隷状態でないという意味もある）。現在ではこの二つの語ともに強制や抑圧がない状態としてほぼ同義に使われるが、もともと日本語の「自由」にはこの意味はなく（奴隷制がなかったから当然であるが）、西洋文化が流入した明治になってからである。日本では「わがまま、気まま」（「よろづ自由にして、大方、人に従ふといふ事なし」：『徒然草』六〇段）や「物事が自分の思うままになること」（「船の進退自由ならねば」：延房『近世紀聞』）という意味だった。したがって今でも「二ヵ国語を自由にあやつる」とか最近の「体の不自由な人」（英語では disabled person である）という表現をみても liberty・freedom の意味で使われていない。これは当然のことで、何百年という歴史と伝統をもつ意味が明治以降の一世紀で簡単に変わるわけがない。西洋的「自由」の概念はそれに対応する歴史がないがゆえに、日本にはなかなか根づかないといえよう。それゆえ、どうしても日本では昔からの「わがまま、気まま」や「自分の思うままになる」という意味で「自由」が受け止められ、あるいは使われがちになる。「自由だから何でも好きなことをしていいんだ」という具合に。

「自由」という日本語を liberty に当てたのは、禍根を残す誤訳だったのではないか。もう一つの禍根を残した「God＝神」の誤訳と同じように。「自由」ではなく、別に造語するか、そのままリバティあるいはフリーダムとすべきであったろう。

自由とはまた、強制や抑圧がない「解放」された状況において、みずからの責任でみずからの意思に従うことを意味する。このことは他律（heteronomy）ではなく自律（autonomy）、つまり自己規律を意味しており、みずからを統御しうることが前提になっている。自己を律し、自己の言動の結果に責任を負う意思と能力があることが前提であり、したがって、自分を律することができない者、自己の言動に責任を負う意思および能力のない者には自由は認められない。

このように、自由には「解放」と「自律性」の二つの側面がある。日本国憲法の保障する自由には精神的な自由、身体的な自由、経済的な自由の三つがあるが、「解放」としての側面は身体的な自由に顕著であり、「自律性」としての側面は精神的な自由に顕著である。

一、精神の自由

1 思想・良心の自由（憲一九条）

内心の自由であるが、信教の自由とは別に思想・良心の自由を特別に設ける例は世界的にも稀であり、明治憲法にもこのような規定はなかった。日本国憲法にこれが設けられたのはポツダム宣言の要請による（ただし「良心の自由」はポツダム宣言にはなくＧＨＱ案による）。

多くの国では思想・良心・宗教は密接な関係にあり、それゆえ一体として規定される例が多いが（「すべての者は、思想、良心及び宗教の自由……」（人権規Ｂ一八条）、宗教的土壌の異なる日本ではこの種の関係は稀薄である。宗教が異なれば良心も異なり、思想も異なるという認識は日本では一般的ではない。思想（thought）と良心（conscience）も密接不可分な関係がある（それゆえ本条で同じに扱われている）という感覚は、さらに日本人には理解しがたいものがあろう。conscience には意識・自覚・内的思想（inner thought）という意味もあるが、日本語の「良心」にはない。

それゆえ本条は日本人にはある種の違和感がある規定である。同じ違和感があるにしても「思想、良心および信教の自由……」と一緒にした方が啓蒙的——諸外国との宗教・文化的相違を知る——役割を果しただろうが、別々に規定されてその機会も失われた。わが国では宗教的意味を離れ、思想と良心をとくに区別せずに内心の自由として一般に理解されることになった。

精神活動の外部に表現されない自由のことであるから、これを表現する自由は第二一条の問題であり、これによって差別されないことは「信条」による差別を禁じる第一四条第一項の問題である。さらに宗教的・倫理的なものは第二〇条であり、学問的なものは第二三条の問題である。そうなると、この条文の存在意義が問われるが、思想・良心を外部に表明することを強制されない自由（沈黙の自由）も含まれると一般に解されている。

判例には、陳謝する気がないのに裁判所によって謝罪広告を強制されるのは「良心」の自由を侵すものだと主張された事件について合憲としたもの（最大判昭三一・七・四）などがある。

2　信教の自由・政教分離（憲二〇条）

近代の人権において精神的自由の中核となるもので、普通、諸外国では思想・良心（とくに良心）と一体のものとして扱われる。西洋における宗教をめぐる対立・抗争・迫害の歴史が背景にある。キリスト教だけでなく、あらゆる宗教の自由を西欧で最初に唱えたのはロジャー・ウィリアムス（一六〇三?〜一六八三年）であり、迫害を逃れてやって来たピューリタンがピューリタン以外のすべての信徒を迫害していたアメリカを発祥の地とする。

(1)　信教の自由

「人権は……具体的な法的規定としては歴史的にのみ理解しうる。……それは既存の制限に対する否定である。前に検閲が存在したから出版の自由が成立し、良心の強制が存在したから信教の自由が宣言されたのである」（G・イェリネク）。そのため、そのような歴史が存在しない国では意義が少々異なってくる。

信教の自由もその一つで、日本には西洋の凄惨な宗教戦争・異教徒迫害・異端審問・魔女裁判などのような信教の自由を切実に必要とした歴史がない。キリシタン禁教はあったが西洋のすさまじい「迫害」には及ぶべくもなく、そもそも禁教は宗教的というより政治的・社会的な理由からであった。それは新井白石が見抜いたように日本の社会秩序にはなじまず、むしろ秩序を危うくするというものである。秩序を乱さなければ政府は民の信仰には介入しない、というのが日本の伝統であった。江戸時代においても、社会秩序を乱さない限り原則として庶民がどのような信仰をもとうと幕府は関知しなかった。この姿勢は同時代の西洋とは大きく異なっている。

しかし唯一神教《モノセイズム》は——拝一神教《モノラトリー》は別だが——他の神を否認するという教義そのものが本質的に排他的であるがゆえに、どうしても非寛容になる傾向がある。しかし日本の「八百万《やおよろず》の神々」の世界は神々の「習合」および平和共存になる。宗教的寛容を説いたロックでさえローマ・カトリック教徒と無神論者は寛容の対象から外した。新たな「市民宗教」を提唱したルソーは、すべての市民に迫害や追放の脅威をもってこの宗教を強制すべきことを「社会契約論」の中で主張している。二千年にわたる迫害と戦争にあけくれた愚かな歴史が日本にないことは、日本人として恥ずべきことではないであろう。欧米に比べ、日本は宗教にはおおむね〝寛容〟な国である（一神教下の「寛容」とはまったく違うが）。

ところが戦前の「現人神」思想は日本の伝統には存在しない特異なイデオロギーであった。政府は昭和一二年の文部省通達で、天皇は神ではない、つまり「アラヒトガミ」のカミは神の意味ではないと否定したにもかかわらず、社会的には「世論」としてこの思想が猛威をふるった。明治に流入したGodの変容概念が日本の伝来のカミと混交し——「God＝神」と誤訳したことも一因であろう。ザビエル来訪時代は「デウス」としており、妙な誤訳はしなかった——日本の歴史上存在しない奇怪なイデオロギーに成長した。「八百万の神々」の文化にとって「唯一絶対」の現人神などという観念は明らかに異質なものである。

日本における信教の自由を考える際には、以上の日本の歴史をふまえる必要があろう。西洋的宗教観念およびそれに基づく制度を無反省に日本にもちこみ、同一に論じることはかえって危険ではないかと思われる。

信教の自由とは、内的信仰と外的宗教行為が公権力によって妨げられないことであり、具体的には信仰の自由・宗教的行為の自由・宗教的結社の自由の三つが含まれる。

信教の自由の限界として、外的行為は何らかの害悪を及ぼす限り制限の対象になる。その基準は、法律により「公共の安全、公の秩序、公衆の健康、社会的モラルおよび他の者の基本的な権利・自由を保護するために必要なもののみ」を制限として課すことができると解せられる。したがって、人を死に到らしめる行為は宗教上のものであろうと、他の者の権利を保護するための刑法による処罰を免れない（最大判昭三八・五・一五、加持祈禱事件）。また、公共の安全、公の秩序、公衆の健康、社会的モラルおよび他の者の権利・自由を著しく害したことが明らかな宗教団体に対し、宗教法人法第八一条の解散命令による法人格の剝奪も認められる（最決平八・一・三〇、オウム真理教事件）。

(2) 政教分離

国と宗教との関係には政教合一制・教国制・国教制・公認教制・政教分離制・宗教排斥制と、密から疎までいろいろある。信教の自由との関連で西洋では歴史的に国教の扱いが問題であった。現在では国教制（国教を定めるが他宗教にも寛容：イギリス）・公認教制（国教を認めないが国が特定の宗教を公認し特別の地位を与える：ドイツ）・政教分離制（国教を認めず、あらゆる宗教から中立：フランス）の三つのやり方がある。世界的には憲法で政教分離を規定する国は少ないが、GHQは明治憲法下の「国家神道」体制を「国教制」の弊害とみなし、アメリカ本国以上の徹底した政教分離制を採用した（アメリカでは単に国教の樹立を禁じているだけで、国家が宗教とかかわることまでも否定されてはいないとする立場もある)。

明治憲法では信教の自由を定めただけで神社神道を国教とはしなかった。しかし神社は公の施設であり、神官は公の職員として国家・公共団体による任命であり、神社神道の祭祀は国政の一部であった。諸宗教(教派神道、仏教、キリスト教など)については平等に信仰の自由が認められていたが、神社神道だけは祭祀に専念させ宗教とは分離し別格に扱われた。これは事実上の公認教といってよい。ところが政府は神社は宗教にあらずとして参拝を強制したが、しかし、はじめからイギリスや北欧諸国のように国教としておけば(これも違和感があるが)、このような詭弁を弄する必要はなかったであろう。

ただ、はたして神社が西洋的な意味での――それゆえ「政教分離」の対象となりうる――「宗教」か、となると問題はある。というのも多くの宗教は各自の教義をもつが、神社神道は単なる祭祀であって教義がないからである。これは「宗教」をどのように定義するかが問題になる。さらには、信教の自由にせよ政教分離にせよ、一神教(他の神を原則として排斥する宗教)の土壌において痛切にこの問題が発生するのであって、そうではない日本の土壌で同一レベルでこの問題を論じることがはたして適切なのかという疑問もある。これは日本の歴史と文化に照らして考えるべきであろう。信教の自由の「宗教」と政教分離の「宗教」とを区別すべきだという意見もある。

政教分離の具体的項目としては、特権付与の禁止、宗教団体の政治上の権力行使の禁止、国による宗教教育その他の宗教活動の禁止の三つがある。

「特権」とは宗教以外の他の団体または他宗教にはない優遇された地位・利益のことである。「政治上の権力」とは国および地方公共団体などの公権力のことである。「宗教教育」とは特定宗教のための教育であって、宗教一般に関する教育のことではない。

「宗教活動」とは宗教とかかわる行為すべてではなく（国が宗教といっさいかかわりをもたないことは現実には不可能）、その「目的」が宗教的意義をもち、その「効果」が特定宗教に対する援助・助長・促進および他宗教に対する圧迫・干渉などになる行為をいう（最大判昭五二・七・一三、津地鎮祭事件、最大判昭六三・六・一、自衛官合祀事件）。これを「目的効果基準」というが、この基準の適用の仕方によっては、特定の神社の例大祭への玉串料奉納が違憲とされ（最大判平九・四・二、愛媛玉串料事件）、類似の事件でも結論が異なってしまう。

また、公立学校で学生の信仰上の理由に基づいて代替措置をとることは合憲とされる（最判平八・三・八、エホバの証人事件）。

政教分離を財政面から規定した第八九条については、第10章第二節を参照。

3　表現の自由（憲二一条一項・二項前段）

この自由も西洋の宗教の歴史に由来する。一五世紀の活版印刷の発明により、異端・異教の伝播を恐れた教皇庁は検閲を採用して出版物を統制し、後に世俗の権力もこれにならい、これに対する抵抗として出版の自由が主張されるようになったのである。

表現の自由とは、内心の精神作用を何らかの方法で外部に表すことが、公権力によって妨げられないことをいう。昔は表現の方法が主として言論と出版物によるものだったが、現代では多様な方法（映画、写真、演劇、音楽など）があり、「その他一切の表現」はそれを指すものである。政治体制としてデモクラシーを採用する場合は、政治的表現の自由がその運用に不可欠の前提となる。

もともとは情報の送り手の自由であるが、現在では広く情報に接する受け手の自由も保障される（最大判昭五八・六・

二二）。また、個人の思想や意見だけでなく事実の表現も含まれ、それゆえ報道の自由も含まれるとされる。しかし報道の前提となる取材の自由については、取材活動が他人の利益や公共の利益とぶつかる可能性が高い。判例は、新聞記者の取材源秘匿の自由は本条によって保障されないとする（最大判昭二七・八・六）が、取材の自由は第二一条の精神に照らし「十分尊重に値する」とする（最大決昭四四・一一・二六、博多駅フィルム事件）。

表現の自由の制限について、表現行為は社会的影響が強いため、たとえば国際人権規約（人権規B）第一九条は「［この］権利の行使には、特別の義務及び責任を伴う。したがつて、この権利の行使については、一定の制限を課することができる。ただし、その制限は法律によつて定められ、かつ、次の目的のために必要とされるものに限る。(a)他の者の権利又は信用の尊重、(b)国の安全、公の秩序又は公衆の健康若しくは道徳の保護」と具体的かつ明確に限定し、義務と責任を強調している。

また、GHQ民政局で作成された「人権に関する第一次案」では「この自由は名誉毀損、恐喝、文書誹毀、虚偽もしくは悪意の風説を故意に広める行為、又いかなる団体にせよ法を遵守しているものに対し故意に憎悪をあおる行為、又は騒擾もしくは暴力行為をみだりにあおる行為を許容するものと解されてはならない。何人も、その言論又は行動の結果に対し責任を負わなければならない」と、この自由の濫用に対してかなり神経質な規定がなされていた。

これが世界的にはこの自由に対する標準的なとらえ方であるが、日本国憲法の第二一条には国際人権規約のような「法律の留保」はなく、責任規定もない。日本の戦前の言論統制の歴史を考慮して、最終的にGHQは注意規定をいっさい削除したものと思われる。たしかに、表現の自由が充分に保障されなかった国民に責任を強調しても空虚であり、逆に公権力の濫用を招きかねない。ただ、そのためにこの権利の行使に伴う「特別の義務と責任」が忘れられ、そのことが表現の自由に名を借りた私人間による権利侵害が多発する一因にもなったのではないだろうか。

表現の自由の抑制の種類としては、公権力による事前抑制と事後抑制とに分けられるが、検閲の禁止が明示されているように、事前抑制は原則として許されない。検閲とは公権力が表現物の内容を事前に審査し、不適当と認める場合はその公表を規制することである。判例は、関税定率法第二一条第一項第四号による輸入の書籍・図画などに対する税関検査は検閲ではないとし（最大判昭五九・一二・一二）、文部大臣による教科書検定も検閲には当たらないとしている（最判平五・三・一六）。ただし、検定意見については裁量権を逸脱して違法であるとした判例もある（最判平九・八・二九）。裁判所による出版の事前差止めは検閲には該当しないが、事前抑制である以上は例外的な場合にしか許されない（最大判昭六一・六・一一）。検閲の典型的なものは、占領期の間GHQにより行われた検閲体制である。検閲が行われていることすら一般人にはわからないほどの徹底したものだった。日本国憲法が施行された後も続き、第二一条に反することを知りながら占領政策の一環として行われた。

いわゆる狭義の「知る権利」とは、公権力に対する情報開示請求権のことである。公権力に対して積極的な作為を求める請求権としての性格を有するため、公権力の不作為を保障する表現の自由に含まれると解することは難しい。地方公共団体のレベルでは情報公開条例が多く制定されてきたが、国レベルでも「行政機関の保有する情報の公開に関する法律」（平成一一年法律四二号）が制定され、法律上の権利となっている。もちろん憲法を改正し、この権利を明文化するなら憲法上の権利になる。また、「反論権」も本条には含まれない（最判昭六二・四・二四）

4　集会・結社の自由（憲二一条一項）

これも西洋の宗教の歴史に起源がある。一七世紀のイギリスにおけるピューリタン独立派（分離派）による、教会は信者の結社であるとする考えが、教会設立の自由、および教会における集会・礼拝の自由の要求となった。つまり、集会の自由は信者の集会の自由であり、結社の自由は宗派結成の自由であった。これが後に世俗化し、個人を国家の直接の構成単位とみる個人主義思想の支配的な一八、一九世紀において、個人が自由意思によって他の者と結合しうる集会・結社の自由となった。

(1) 集会の自由

「集会」とは「平穏な集会」のことであり、無条件の集会の自由が保障されるわけではない。諸外国では「平和的な集会」という限定がつく例が多い。国際人権規約がいうように、国の安全、公共の安全、公の秩序、公衆道徳、他の者の権利・自由を保護するための制約を受けることは当然であるが、その制約は必要最小限であることを要する。

そこで、公共の安全、公の秩序を保護するための公安条例、道路交通法が問題になる。

公安条例とは、公共の場所における集会・集団示威運動・集団行進（動く集会）につき事前の許可・届出を要し、公安委員会の判断で一定の制約を課すことができる旨を定める地方公共団体の条例である。屋内集会よりも屋外集会の方が、また、一定の場所で行う集会よりも集団行進の方が、一般公衆の権利・自由を侵害する可能性が大きいからである。判例では、①事前抑制は原則的に違憲だが、②「合理的かつ明確な基準」の下での事前規制は許され、③「公共の安全に対し明らかな差迫った危険を及ぼすことが予見されるとき」はこれを禁止できるとされる（最大判昭二九・一一・二四、新潟県公安条例事件）。③は「明白かつ現在の危険」の基準である。

道路交通法による集団行動の規制については、同法第七七条は「明確かつ合理的な基準」の下に警察署長による不許可の場合が厳格に制限されているので合憲とされる（最判昭五七・一一・一六）。

(2) 結社の自由

結社とは特定の目的のために多数人が継続的に結合するものであり、一時的な集合である集会と区別される。この自由に政治結社・政党結成の自由も含まれることはいうまでもない。個人が団体を結成し、加入し、とどまることだけでなく、その逆、つまり結成しないこと、不加入、脱退する自由も含む。

結社の自由の制限については、国際人権規約（B規約）第二二条のように「法律で定める制限であつて国の安全若しくは公共の安全、公の秩序、公衆の健康若しくは道徳の保護又は他の者の権利及び自由の保護のため民主的社会において必要なもの」を制限として課すことができると、その条件を詳細に定める例もあるが、最低限「必要なもの」であることはいうまでもない。

わが国で制限を課す法律には破壊活動防止法（昭和二七年法律二四〇号）がある。アメリカのスミス法にならい、サンフランシスコ講和条約の発効により効力を失うことになった団体等規制令などに代わるものとして制定された。暴力主義的破壊活動を防止し、公共の安全を保護するためのものであるが、暴力革命を掲げる共産党を主に対象としたものだった。しかし現在ではテロ集団一般を念頭におくべきであろう。不思議なことに、テロ活動を行った団体がただちに規制されず、「継続又は反覆して将来さらに団体の活動として暴力主義的破壊活動を行う明らかなおそれがあると認めるに足りる十分な理由がある」場合に限って公安審査委員会が規制を行いうるだけである（破防五・七条）。すなわち、いかなる団体も一度はテロ活動を行い、かつ（以後テロを放棄するといえば）団体として活動を続けることが可能になっている。はたして、このような牧歌的な規定でテロを「防止」できるのだろうか。「無差別大量殺人行為を行った団体の規制に関する法律」（平成一一年法律一四七号）も同様で、国民の安全を軽視し結社の自由の方を重んじるという態度は変わっていない。テロおよびその犠牲者の発生の防止という発想は日本では希薄である。

5　通信の秘密（憲二一条二項）

手紙・葉書や電話・電信などの通信の秘密が公権力によって侵されないことを保障したものである。表現の自由というより、住居の不可侵を定める第三五条とならんで私生活を侵されない自由、すなわちプライバシーの保護という性格の方が強い。郵便法や電気通信事業法では検閲を禁止し、業務に従事する者が職務上知りえた秘密を守る義務を定めている。

通信の秘密の制約としては、犯罪捜査のための押収令状による郵便物の押収（刑訴一〇〇・二二二条）の他、電話の傍受について「犯罪捜査のための通信傍受に関する法律」（平成一一年法律一三七号）があり、裁判官の発する傍受令状による電話その他の電気通信の傍受の要件・手続が定められている。

6　学問の自由（憲二三条）

これは思想・表現の自由と重なるが、一九世紀のドイツではじめて採用されたものである。ただし、諸外国では例は少ない。真理を探究し、それを発表する自由のことであり、真理はそれ自体および人類にとり価値があり、公権力による干渉はその価値を損なうという前提に基づいて保障される。昭和初期の天皇機関説事件のように、政府が特定の学説を排斥することは学問の自由に反する（ただし明治憲法には学問の自由を保障する規定はなかった）。

具体的には「研究の自由」および「研究成果の発表の自由」を含み（クローン法によるクローン技術に対する規制がある）、さらに研究教育機関としての大学の性質に鑑み、とくに大学におけるそれらの自由も保障するものとされる（最大判昭三八・五・二二、ポポロ事件）。また研究成果の発表に関連し、「大学における教授の自由」も含まれると解される（最大判昭五一・五・二一、旭川学力テスト事件）が、普通教育においては教師に完全な教授の自由はないとされる（同判決）。さらに、学問の名で政治宣伝をすることは本条の保障外であることはいうまでもない。

また、学問の自由を確保するために教員・学長の人事、施設および学生の管理における自治からなる「大学の自治」も本条に含まれると解される。教授会・学長の同意なしに国が教員の人事を左右すること（滝川事件）はこれに反するが、大学内での政治的・社会的活動は大学の自治に含まれないとされる（前出ポポロ事件）。

二、身体の自由

国家による身体的拘束からの解放であり、人身の自由ともいう。「liberty（解放）」そのものであり、歴史的にもっとも古く、あらゆる自由の基礎をなす。日本国憲法では実体的な保障ではなく手続的な保障が多く、ＧＨＱにより英米法的性格の濃いものとなった。

この自由の保障のための特別法として、不当に奪われている身体の自由を司法裁判により迅速・容易に回復させることを目的として「人身保護法」（昭和二三年法律一九九号）が戦後まもなく制定された。内容はイギリスのヘイビアス・コーパス（habeas corps）制にならったものである。

1　奴隷的拘束・苦役からの自由（憲一八条）

ＧＨＱ案では「何人も奴隷、農奴又は如何なる種類の奴隷役務に服せしめらるること無かるべし」と定め、日本の歴史とは無縁の、アメリカの過去の奴隷制度を前提にした条文であったが、最終的に現行の規定に落ちついた（アメリカ憲法修正一三条「奴隷およびその意に反する苦役は、適法に宣告された犯罪による処罰の場合を除いては、合衆国内およびその管轄に属するいかなる場所にも存在してはならない」からの借用）。

「奴隷的拘束」とは、奴隷（法的人格が認められず、権利義務の主体になることができず、売買の対象になる人間）のような拘束をいうが、人間の尊厳を冒すような拘束ということであろう。

「意に反する苦役」とは involuntary servitude の訳だが、法文として「苦役」という表現は不適切だという意見もある。そうだとすれば、国際人権規約（Ｂ規約）のように「強制労働」という文言に改正すべきである。

2 法定手続の保障（憲三一条）

アメリカ憲法修正五条・一四条の「適正な法の手続（due process of law）によらなければ、生命、自由または財産を奪われない」からの借用であるが、「適正」という文言が使われていない。

多様な解釈がなされているが、まず、①刑事手続は「法律」で定めることを要する（憲法第七七条の訴訟に関する手続きで最高裁判所の規則制定権が認められているが、これは例外）。②定められた内容が「適正」であることを要するか。判例は、裁判の当事者ではない第三者に告知・防禦の機会を与えずに、犯罪に関する物件として所有物を没収することは第三一条に反するとする（最大判昭三七・一一・二八）。③「手続」とあるが「実体」も含む、つまり罪刑法定主義を定めたものと解されよう。④行政手続にも本条が適用されるかは、個々のケースに応じて判断されよう。

3 不法な逮捕からの自由（憲三三条）

被疑者の逮捕は身体の自由に対する制約であるから、これが不当に行われないように保障されなければならない。ただし被疑者の保護と同時に国家・社会・個人の安全（法益）も重要であり、犯罪から人々の生命・自由・財産を守るためには一方的な被疑者保護ではなく均衡をとる必要がある。本条は逮捕には司法官憲（裁判官）の発する令状を要するとして捜査機関による恣意的な逮捕を防いでいる（令状主義）。逮捕状により被疑者を逮捕するにはそれを本人に示すのが原則であるが（刑訴二〇一条一項）、逮捕者が令状を所持していなくても、すでに令状が発せられている場合は逮捕できる（刑訴二〇一条二項）。

現行犯の場合には令状は必要とされない。現行犯とは「現に罪を行い、又は現に罪を行い終つた者」（刑訴二一二条一項）であるが、この場合には犯罪の内容と証拠が明らかなので間違った逮捕になるおそれがないからである。このような場合に令状を請求していては逃亡や罪証隠滅を許してしまう。

ところで令状なしの逮捕は現行犯だけに限られているが、令状を発するのが裁判官だけである以上、これは非常識ではないだろうか。帝国議会での草案審議中、ＧＨＱ民政局のハッシー中佐による本条の修正提案があった（一九四六年八月五日）。それは、「司法官憲」が検察官などを含まず裁判官だけとする必要がある以上、このままでは捜査に支障をきたすこと、そして英米法系でも大陸法系でも重罪が犯され迅速な措置の必要性が明らかな場合は令状なしの逮捕が可能であり、それを付け加えるべきだという意見である。しかし提案はいれられず結局そのままになってしまった。刑訴法第二一〇条の「緊急逮捕」——重罪を犯したことを疑うに足る充分な理由がある場合で、急速を要し裁判官の逮捕状を求めることができないときは、事後のすみやかな令状の発付を条件として捜査機関に被疑者の逮捕を認めるもの——はこの欠陥を埋めるものだが、違憲の疑いがでてくるのは当然である。判例（最大判昭三〇・一二・一四）や多くの学説は合憲とするが、憲法上の規定からいえば無理がある。これは憲法第三三条が欠陥条文なのであり、むしろイタリア憲法（一九四七年）第一三条のように、令状を原則とするが、緊急の例外的な場合には公安当局は暫定的措置をとることができ、裁判所が四八時間以内にその措置を承認しなければ取り消される、とした方が合理的である。この方向で改正すべきであろう。

4　不法な捜索・押収からの自由（憲三五条）

犯人や犯罪事実の発見のためには人の住居などに入り、証拠物の捜索・押収という捜査が必要であることは当然である。しかしまた、恣意的な捜査による自由への侵害も避けなければならない。ここでも社会の安全と個人の保護の均衡をとる必要がある。逮捕の場合と同様に本条でも司法官憲（裁判官）による令状が均衡の支点とされている（令状主義）。

本条は刑事手続に関するもので臨検・検査などの行政手続には直接の適用はない。ただし公権力による干渉である以上、それに準じて保護が考慮されるべきであろう。検査などにおいて公務員が身分を証明するものを携帯・呈示すべきものとされているのは本条の趣旨にそったものとみられる。

「第三十三条の場合を除いては」とは、現行犯・令状を問わず逮捕の場合を除いては、の意味である。逮捕に当然に伴う捜索・押収について別な令状をさらに要求するのは必要以上に捜査を抑制するものであり、無意味な形式主義に過ぎない。刑訴法第二二〇条でも逮捕の場合は令状なしの捜索・押収が可能とされている。

郵便物などは押収の対象となりうるか。郵便物は通信の秘密に関する憲法上の保障を受けるものである（憲二一条二項）。通信の秘密はもちろん保障されなければならないが、犯罪の秘密まで保障されるわけではない。被疑者・被告人の発信・受信の郵便物などは差し押さえることができ、それ以外の場合は事件に「関係があると認めるに足りる状況のあるものに限り」差し押さえることができる（刑訴二二二・一〇〇条）。

捜索の令状は捜索状、押収の令状は差押状というが、いずれも「正当な理由」がないと裁判官は令状を発しない。正当な理由とは犯罪の嫌疑と捜索・押収の必要性のことをいい、刑訴法に詳しい規定がある（刑訴九九～一〇二・一〇六・二一八条）。

「明示する令状」とあるのは氏名・場所・物などを特定しない一般令状（general warrant）を禁止する趣旨である。どの程度の明示でなければならないか。実務では、令状に押収の対象となる主たる対象物に続いて「その他」と記載する方式が一般にとられているが、判例は「明示」に欠けるところはないとしている（最大決昭三三・七・二九）。

5　不法な抑留・拘禁からの自由（憲三四条）

抑留・拘禁のような拘束は身体の自由の制約であるから、それが不当に行われないように保障されなければならない。しかしまた、その保障も取調べを不当に妨害するような権利の濫用を許すようなものであってはならない。ここでも均衡の精神が必要である。

本条は人が逮捕後に抑留(一時的拘束)または拘禁(継続的拘束)された場合に保障される三つの権利を定める。第一に、拘束された理由の説明をただちに受ける権利、第二に、弁護人を依頼する権利、第三に、継続的拘束(拘禁)の場合にはその理由の正当なことを公開法廷で示すように要求できる権利である。これらは積極的な国家の作為を要求する点で自由というより権利であるが、拘束からの自由を保障するための手段としての性格を有する。

第一の拘束の「理由」とは犯罪の嫌疑と逃亡・罪証隠滅のおそれがあるという具体的な理由である。第二は、被疑者は法律の素人である場合が多いので、彼らを保護すべき特別な機関としての弁護人に依頼できる状態におかれることを保障したものである。第三の権利は、違法な拘束状態が継続することを防止するために被拘束者に拘禁理由の開示請求の機会を保障したものである。

これらの権利の行使については刑事訴訟法で具体的な手続が定められている。刑訴法の逮捕・勾引は抑留に当たり、勾留は拘禁に当たるので、これらを行う際には理由および弁護人選任権を告知すべき旨を定めている。また勾留については勾留理由開示制度が設けられ(刑訴八二条以下)、また、現実に不当に人身の自由を奪われているすべての者について人身保護制度が設けられている(人身保護法を参照)。

6　拷問・残虐刑からの自由(憲三六条)

拷問とは自白を得るために被疑者・被告人に肉体的苦痛を与えることをいい、古代から世界中で広く行われてきた。現代では自白がなくても有罪になりうるが、近代以前の糺問主義(訴訟の開始が裁判所の職権によるもの。現在は裁判所以外の者の訴えをまって訴訟を開始する弾劾主義である)では多くの場合、自白がなければ有罪とされなかった。そのため多くの国で、一定の情況証拠があるときは拷問を行うことが法的にも認められていたのである。

これに関連して「拷問及び他の残虐な、非人道的な又は品位を傷つける取扱い又は刑罰に関する条約」(平成一一年条約六号)を日本も締結した。また、さらに憲法第三八条では拷問を防ぐために、拷問による自白の証拠能力も否定している。

「残虐な刑罰」とは「不必要な精神的、肉体的苦痛を内容とする人道上残酷と見られる刑罰」をいう(最判昭二三・六・三〇)。何が残酷かは時代・民族によって異なるから、そのときの社会の通念が基準になるが、現時点の日本の社会の通念では死刑、絞首刑、無期懲役は残虐な刑罰に当たらない。また、罪刑の均衡を著しく欠くものは残虐な刑罰になりうるかもしれないが、むしろ第三一条の問題であろう。

7　刑事被告人の権利(憲三七条)

(1)　公平な裁判所の裁判を受ける権利

これは公平な「裁判」ではなく公平な「裁判所」のことである。具体的には、構成その他において偏頗なき裁判所のことをいう(最大判昭二三・五・五)。このために、刑訴法第二〇条以下では裁判所職員の除斥・忌避の制度が設けられている。

(2)　迅速な裁判を受ける権利

迅速さが要請される理由は、証拠の散逸の防止、犯罪予防効果、未決の身柄拘束状態の短期化、心理的・物質的負担の軽減などによる。裁判があまりにも長期化する場合は、審理を打ち切るという非常救済手段をとることも認められる(最大判昭四七・一二・二〇)。これは一五年にわたって公判期日がまったく開かれなかった事例である。しかし審理が継続していれば一、二審で二五年を費やしても、打ち切るべきではないともされる(最判昭五五・二・七)。

(3)　公開裁判を受ける権利

公開の理由は、秘密裁判、密室裁判による恣意的な裁判の防止にある。公開であるから、一般人が自由に傍聴できることを要する。第八二条第一項にも公開法廷についての規定があるが、ただし例外として、裁判所が裁判官の全員一致で、公の秩序または善良の風俗を害するおそれがあると決定した場合は非公開もありうる（憲八二条二項）。

(4)　証人審問権

被告人に不利な証言に対して反駁する機会がなく証拠とされるのは、司法（justice）の目的に反することから、この権利が認められる。被告人に証人に対する反対尋問の機会を与えるものである。裁判所から喚問を受けた場合は証人として出頭する義務がある。これは国民としての個別的義務の一つである

(5)　弁護人依頼権

この権利はみずから行使すべきものであって、裁判所に積極的に弁護人を付すべき義務を課したものではない。「資格を有する弁護人」とは、法律・最高裁判所規則で定められており、現在は弁護士法の弁護士である。貧困その他の事由で弁護人を依頼できない場合は、国が弁護人を附す（国選弁護人の制度（刑訴三六条））。

8　自白強要からの自由（憲三八条）

これは被疑者・被告人にとって供述の自由を保障したものである。

(1)　不利益な供述の強要の禁止

これはアメリカ憲法修正五条にもあるが、被疑者・被告人だけではなく、証人にも適用される。

(2)　自白の証拠能力の制限

これは供述の証拠能力の方から保障を強化したものである。任意性に疑いのある自白や違法な手段で得られた自白について、証拠能力そのものを否定して自白強要を防ぐ趣旨である。

(3) 自白の補充性に関する保障

自白だけでは有罪にならないとすることによって、自白偏重の危険を回避する趣旨である。近代刑事手続の原則は、証拠については裁判官の自由な判断に委ねる自由心証主義だが、これはその例外である。

9 一事不再理？ 二重の危険？（憲三九条前段後半・後段）

本条の前段は事後法の禁止であることは明らかである。しかしそれに続く文言が、一事不再理または（および）二重の危険の禁止の二つのことが定められているようにみえるが不明確で、英米法と大陸法が混在した不可解な規定である。

何がおかしいのか。一事不再理とは大陸法的なもので、刑事事件は一度審理したら再び審理することはないという原則である。他方、二重の危険の禁止はこれとは違って被告人を同一の犯罪について二重に処罰の危険にさらすことを禁止する趣旨で、イギリスのコモン・ローで形成された英米法の原則である。機能的には一事不再理とほぼ同じ効果を果たすが、一事不再理は確定判決の法的効果であるのに対し、二重の危険は陪審の答申によって始まり手続が終結しなかった場合でも（確定判決がまだ出ていないことに相当）、再び手続を始めると二重の危険になるという違いがある。したがって一事不再理と二重の危険の禁止それぞれの規定の表現の仕方も異なる。一事不再理の典型的な表現は「裁判所の判決確定後においては同一の刑事事件につき再び審理すべからず」であり、二重の危険の禁止は「何人も同一犯罪について重ねて（twice）生命または身体の危険（jeopardy）にさらされない」（アメリカ憲法修正五条）のような表現になる。ところが本条は「……既に無罪とされた行為については、刑事上の責任を問はれない。又、同一の犯罪について、重ねて刑事上の責任を問はれない」という一事不再理のようでもあり二重の危険の禁止のようでもあり、あるいは両者のようでもあり、理解に苦しむ表現である。

本条が作られた経過をたどると、二月一三日のGHQ案では「何人も同一の犯罪について重ねて（twice）危険（jeopardy）にさらされない」となっており、二重の危険の禁止であることが明白である。しかし、三月二日案では「何人といえども裁判所の判決確定後において同一の刑事事件につき再び審理せらるることなし」と一事不再理の規定になった。ところが六月二〇日の最終的な改正案では本条の形になり、二重の危険の禁止（らしきもの）が復活し、それが一事不再理（らしきもの）と一緒になり、「刑事上の責任を問はれない」という表現でくくられてしまった。帝国議会でも修正されることなくそのまま成立し、その後、学界・法曹実務界をあげてこの条文のつじつま合わせの法解釈にエネルギーが注がれる。憲法起草時の拙劣な立法技術によって生まれた欠陥条文であり、明確な形に改正したほうがよいと思われる。

10　遡及処罰の禁止（憲三九条前段前半）

遡及処罰の禁止とは「事後法の禁止（ex post facto law）」ともいうが、犯罪でない行為を後に犯罪としたとしても過去に遡って適用してはならないという原則で、罪刑法定主義の一つでもある。事後法の禁止に違反した例として東京裁判（「極東国際軍事裁判」）がある（厳密にいえば、事後法にすらなっていない）。

「責任を問はれない」とは刑事裁判の被告人として起訴されないことである。法律でなく、判例の適用については、行為時の判例によれば無罪に当たるものを判例変更後の解釈で処罰しても遡及処罰にはならないとされる（最判平八・一一・一八）。

三、経済の自由

この自由は封建的な拘束から解放され、制約のない経済活動を求める近代市民階級によって主張されたものである。

市民革命後、個人の経済的私益を追求する行為は「見えざる手」によって社会的にも公益と「予定調和」が達成されるという信念が支配的であった。しかし資本主義の発展に伴い社会的格差の発生（自由と平等の非両立）、市場の独占（自由競争による自由競争市場の消滅）の問題が一九世紀に深刻化し、国家による経済への介入（消極国家から積極国家への転換）が要請されることになる。かくて二〇世紀には経済的自由は他の自由に比べて大きく制約されることになった。

1　居住・移転・外国移住の自由（憲二二条）

これが経済的自由である理由は、経済活動の場所的拘束からの解放として居住・移転の自由が求められたことによる。封建制下の領民は領地に縛られ、職業は身分で固定されていたが、封建的分権社会から近代的中央集権国家への移行に伴って領地からの解放も実現した。

現在では経済的自由だけでなく身体の自由という側面もあり（国際人権規約（B規約）第一二条は身体の自由を保障した諸規定の中にある）、多面的である。外国移住も広い意味での居住・移転であり、外国が入国・滞在を認める限り、移住する自由が認められる。イギリスではすでにマグナ・カルタ（一二一五年）第四二条に「各人は朕に対する忠誠の義務を欠かない限り、陸路によると水路によるとを問わず、朕の王国を去り、また帰ることができる」とあり、外国移住の自由が（封建諸侯に）認められていた。移住の自由には帰国の自由も当然に含まれる。判例では海外旅行も外国移住に含まれるとする（最大判昭三三・九・一〇）。

第一項には公共の福祉による制限の明示があり、第二項にはないが、外国移住も公共の福祉による制約を免れない。旅券法は「著しく且つ直接に日本国の利益又は公安を害する行為を行う虞があると認めるに足りる相当の理由がある者」に旅券発給を拒否できるとしているが（旅券一三条一項五号）、判例は公共の福祉のための合理的な制限としている

（同上判決）。ただし、恣意的な拒否を避けるために旅券法第一四条の理由付記制度があり、拒否の理由を具体的に記載しない場合は違法とされる(最判昭六〇・一・二二)。

なお、居住・移転の自由の制限例としては破産法第一四七条による破産者に対する居住制限(経済的側面)、結核予防法(昭和二六年法律九六号)第二九条による入所命令(身体的側面)などがある。

2 国籍離脱の自由(憲二二条二項)

これも現在では経済的自由というより、身体的自由としての性格の方が濃いであろう(国際人権規約(B規約)でも第一二条で移動・居住の自由とならんで身体の自由として位置づけられている)。生産者としての領民を領地内にとどめるという思想の延長として、昔はどの国もこの自由を制限していた。

国籍「離脱」とあるが、「変更」の意味である(GHQ案では「change 変更」であったが三月二日案で「離脱」になり、そのまま本条として成立)。国籍を離脱して無国籍になる自由は国際的にも認められておらず、むしろ防止が図られている。国籍法(昭和二五年法律一四七号)で外国国籍の取得を日本国籍離脱の条件としているのも、無国籍防止のためである。本条も(些細なことだが)改正すべきであり、「国籍変更の自由」の方がよいだろう。

3 職業選択の自由(憲二二条一項)

封建時代では職業が身分で決まっていたが、近代国家は人々を領地、続いて身分的職業からも解放し、このことが後に労働市場の成立を可能にし、資本主義経済の発展にも寄与した。

職業選択の自由は、「選択」の自由だけでなく、選択した職業を「遂行」する自由も含む。さらに、営利を目的とする自主的事業としての営業の自由も含まれる。ただし現代では社会・経済政策的見地から、経済活動への国の介入が要請されることが多くなった。したがって、この自由は公共の安全・公の秩序・公衆の健康・他人の権利などの保護のための内在的な制約の他に、「経済の円満な発展や社会公共の便宜の促進、経済的弱者の保護」などの政策的な制約も受けるものと解されている（最大判昭五〇・四・三〇）。

政策としての当否は別にして、政策的制約は「著しく不合理であることの明白である場合」でなければ許され（「明白性の原則」）、精神的自由とは異なる扱いを受けるとされる（最大判昭四七・一一・二二、小売り市場事件）。規制の種類としては、届出、登録、許可、免許、資格、特許、国家独占などがあるが、違憲の問題が生じないとしても、政策的には不必要と思われる規制がないでもない。薬事法による薬局開設の際の距離制限は、不良医薬品の供給の防止目的のための合理的な規制ではないとして違憲とされた例もある（前出最大判昭五〇・四・三〇）。

4　財産権（憲二九条）

一八世紀には、財産権は「神聖不可侵」の権利とされた（フランス人権宣言一七条）が、一九世紀の自由放任経済（レッセ・フェール）はさまざまな問題を発生させた。こうした問題に対処するため、二〇世紀の福祉国家では財産権は「義務を伴い、その行使は同時に公共の福祉に役立つ」（ワイマール憲法一五三条）べきものとなり、第二次世界大戦後は、社会主義思想の影響でとくに土地・天然資源の公共性が強調されるようになる（ドイツ連邦共和国基本法一五条）。GHQ案でも「土地及び一切の天然資源に対する終局的権原は、国民全体の代表としての資格で国に存する。土地その他の天然資源は、国が、その保存、開発、利用および管理を確保または改善するために正当な補償を支払って収用することができる」という規定が存在したが三月二日案で削除された。

本条は私有財産を制度的に保障したものと一般に解されている。「制度的保障」とは特定の制度の存在が憲法によって保障されることをいう。したがって保障された制度は法律によって廃止することはできない。私有財産が制度的に保障されたということは、個々の財産権は法律により制限・廃止されうるとしても私有財産制度そのものを廃止することは法律ではできず、憲法改正しかないということを意味する。資本主義は私有財産制度にも立脚しているから、本条は資本主義体制の保障でもある。

経済活動の取引に関する自由として「契約の自由」があるが、職業選択の自由、居住移転の自由、財産権の保障などから総合的に判断すれば、明文はないが当然に認められるものと考えられる。判例も企業の契約締結の自由が認められるとしている（最大判昭四八・一二・一二、三菱樹脂事件）。もちろん、これも絶対的なものではなく、とくに雇用契約については憲法自体に制約が設けられている（憲二七条）。

内在的な制約の他に、一定の政策を実現するために財産権を制限する政策的な制約も認められると解されている。借地人・借家人保護のための借地借家法、私的独占禁止のための独占禁止法などがあるが、これも政策としての当否は別である。ただし、不合理で恣意的・差別的な規制は許されない（最大判昭六二・四・二二）。

第三項の「公共のために」というのは、公共事業のためではなく広く社会公共の利益のためという意味であるが、公共のためであってもそれを剝奪することは許されず「正当な補償」を払う必要がある。法律がなくても具体的な請求権が本条第三項によって与えられていると解される（最大判昭四三・一一・二七）。「正当な補償」とは完全な補償か相当な補償かが問題になる。判例は戦後の農地改革について相当な補償としたが（最大判昭二八・一二・二三）、しかしこれは占領軍の政策による例外的な措置であることから、後に土地収用における損失補償は完全な補償であることを要するとした（最判昭四八・一〇・一八）。

財産権制約の方式は「法律で」となっているが、法律の根拠がある委任命令、執行命令でも可とされる。条例で財産権を制約できるかが問題になるが、本来の自治事務に関することは可能と解される（第9章第三節参照）。

第二節　社会権・国民の義務

一、社会権規定の社会主義的色彩

1　日本国憲法に盛り込まれた社会主義的条項

もとより日本国憲法は、財産権の不可侵（憲二九条）や各種の自由権（憲一八～二三条）が保障されていることにみられるように、政治哲学としては自由主義を、経済体制としては私有財産制を認める資本主義を選択している。しかし、たとえば財産権については「財産権の内容は、公共の福祉に適合するやうに、法律でこれを定める」（憲二九条二項）、「私有財産は、正当な補償の下に、これを公共のために用ひることができる」（同条三項）として、「公共の福祉」によって制約を受けることを明記している。問題はこの「公共の福祉」の内容如何によっては日本国憲法が標榜している自由主義・資本主義も有名無実のものになる可能性もあるということである。実はこの財産権についての規定は日本国憲法の原案を起草したＧＨＱの当初の草案では次のように土地や天然資源についての国有化を標榜している多分に社会主義的色彩をもつ規定とセットになるかたちで規定されていたものであった。

〈3　社会的権利および経済的権利〉

第　条　土地および一切の天然資源に対する終局的権原は、国民全体の代表としての資格での国に存する。従って土地およびその資源は、国が、正当な補償を支払い、その適正な保存、開発、利用および規制を確保し増進するためにこれを収用する場合、並びにそのために必要または便宜な法律を制定する場合には、このような国の権利に服せしめられるものとする。

この条項は「レッド（共産主義的）条項」とよばれ、後に日本側の修正によって削除されて、現在のような「公共の福祉」の制約の下で財産権が保障されるという規定になった。しかし、削除されたとはいえ、この「レッド条項」の思想は日本国憲法の中の随所に反映されている。すなわち日本国憲法には多分に社会主義的色彩をもつ条項が存在するということである。その最たるものが今日、「社会権」ないしは「生存権的基本権」とよばれる第二五条から第二八条までの規定と、第二七条に規定されている「勤労の義務」である。

2　スターリン憲法の影響

そもそも日本国憲法の原案を起草したＧＨＱ民政局のスタッフが原案を作成する際、どんなものを参考文献にしたかについて、当事者の一人が次のように証言しているのは注目される。

「民政局には、米国内では進歩的思想の持ち主といわれるニューディーラーが多かったが、憲法草案に大きな影響力を持ったのは、ワイマール憲法とソビエト連邦憲法であった」（ベアテ・シロタ・ゴードン著、平岡磨紀子［構成・文］『１９４５年のクリスマス――日本国憲法に「男女平等」を書いた女性の自伝――』（平七年）柏書房、一九五頁）

ここでソビエト連邦憲法というのは一九三六年一二月のソビエト社会主義共和国連邦憲法、いわゆるスターリン憲法のことである。もう一つのワイマール憲法についても「ソビエト憲法の影響を受けて……成立」したと、社会主義に引きつけて理解している（一五二頁）ことを考えあわせれば、日本国憲法のＧＨＱ原案は、こと社会権の規定については社会主義にシンパシーを覚えていたスタッフによって起草されたのである。この点について、日本国憲法の社会権の規定について初期の解釈理論を提供し「生存権」という用語をはじめて用いた人物でもある民法学者の我妻栄も次のように述べている。

「『自由権的基本権』中の特異の存在たる財産権は、ソ連においても全然否定されてゐるのではない。勿論、土地その他の天然資源、生産用具、生産手段は悉く『国家の所有即ち全人民の財産』か又は『協同組合財産』とされてゐるのだから（五条乃至七条一項）、個人の所有を認められるのは『人民の労働所得及び貯蓄、家屋、家庭副業家財及び世帯道具、並に個人消費物及び便益物件』に限る。そして、その範囲においては、『個人的所有権』及び『個人的相続権』は特に『法律によつて保護』されてゐる（一〇条）。然し、それはもはや基本権ではない。『社会機構』の例外的存在として許されるものたるに過ぎない」（我妻　栄「基本的人権」国家学会編『新憲法の研究』（昭二二年）有斐閣、七九頁）。

つまり我妻によれば先に述べた「レッド条項」はまさにスターリン憲法そのものに由来するものであり、このスターリン憲法においても財産権は一部認められ、財産権の不可侵を規定している日本国憲法もまた解釈と運用によってはスターリン憲法の実態に近づくことも可能だということを示唆しているのである。そして我妻はまた「私のいはゆる『生存権的基本権』の観念を極めて徹底的・現実的に保障するものは、ソヴィエート社会主義共和国連邦の一九三六年一二月五日の憲法（スターリン憲法）である」（七八頁）、「スターリン憲法における基本権の保障は、革命ロシア二十年の苦闘によつてロシア国民が現実に享有することになつた基本権の確認だといはれる」（同）と述べ、社会権の理想形態をスターリン憲法のそれに求め、肯定的に評価している。さらに「私は、スターリン憲法の基本権の保障を、ワイマール憲法のそれの進展と見て来た。蓋し、両者は著しい差異を有するにも拘らず、共に、従来の『自由権的基本権』に対立して、『生存権的基本権』の性格を有し、その差異は、その方向に徹底する程度の差と見ることができるからである」（八〇頁）と、歴史上はじめて社会権を規定した憲法といわれるワイマール憲法とスターリン憲法とは先のGHQ民政局のスタッフと同様に「そのよつて立つ思想」（八一頁）は同一のものであり、スターリン憲法はワイマール憲法の発展形態であって、逆をいえばワイマール憲法はスターリン憲法に至る前段階であると理解しているのである。

このように憲法制定当初の学説においても、日本国憲法における社会権の規定はスターリン憲法、そしてその前段階と理解されたワイマール憲法に淵源すると理解されていたのである。

3　社会権規定起草の経緯

ここで再度、憲法制定の経緯に話を戻すと、スタッフの一人として、憲法草案に大きな影響力をもったものとしてワイマール憲法とスターリン憲法の名をあげているのはGHQ民政局で通訳兼アシスタントをしていたベアテ・シロタという当時わずか二二歳の女性である。シロタは通訳とアシスタントの役割を越えて実際に憲法の草案をも起草したが、憲法についてはみずから「ハイスクールの社会科で習った程度の知識しかない」（ベアテ・シロタ・ゴードン著『前掲書』一四七頁）と告白しているくらいのレベルであった。その彼女が東京中の図書館や大学を駆けずりまわって各国の憲法を掻き集め、他の数人のスタッフとともに主としてスターリン憲法とワイマール憲法を参照して書き上げたのが、日本国憲法第二四条の基になった「家庭は、人類の基礎であり、その伝統は、善きにつけ悪しきにつけ国全体に浸透する。それ故、婚姻と家庭とは、法の保護を受ける。婚姻と家庭とは、両性が法律的にも社会的にも平等であることは当然であるとの考えに基礎をおき、親の強制ではなく相互の合意に基づき、かつ男性の支配ではなく両性の協力に基づくべきことを、ここに定める。／これらの原理に反する法律は廃止され、それに代わって、配偶者の選択、財産権、相続、本居の選択、離婚並びに婚姻および家庭に関するその他の事項を、個人の尊厳と両性の本質的平等の見地に立って定める法律が制定されるべきである」という条項をはじめとして、手厚い社会保障の規定、教育を受ける権利、勤労の権利、勤労者の団結する権利、団体交渉その他の団体行動する権利の規定である。シロタは

「ワイマール憲法とソビエト憲法は私を夢中にさせた」（一五一頁）と回想している。

シロタは詳細な規定を設けた理由を「一連の社会保障制度は、ヒューマニズムの根源のような条項で、私が神様に成り代わって書いたような気持でいた。／……日本の社会制度、公衆衛生、無償の教育制度、医療制度、さらに養子法および若年労働と搾取の禁止など、どれも不幸な日本の女性と、かわいそうな子供たちを救いたい気持を書いたところだ」（一八二頁）と回想している。しかしこれは戦前に日本に滞在した経験から、当時の日本の女性と子供が著しく不幸な環境の中で生存を強いられているという彼女の勝手な思い込みに基づくものでもあった。シロタの草案は数度にわたって大幅な削除と修正を求められ、結局、GHQの最終草案（マッカーサー草案）では次のようなものとなった。

第二四条　法律は、生活のすべての面につき、社会の福祉並びに自由、正義および民主主義の増進と伸張を目指すべきである。／無償の普通義務教育を設けなければならない。／児童の搾取は、これを禁止する。／公衆衛生は、改善されなければならない。／社会保障を設けなければならない。／勤労条件、賃金および就業時間について、基準を定めなければならない。

第二五条　すべての人は、勤労の権利を有する。

第二六条　勤労者の団結する権利および団体交渉その他の団体行動をする権利は、これを保障する。

現行日本国憲法の社会権の規定はこのマッカーサー草案を基に整理し直し、一部を修正・追加したものである。ちなみにシロタはマッカーサー草案では当初原案にあった女性と子供の権利についての詳細な規定が削除されたことを「激論の中で、私の書いた〝女の権利〟は、無残に、一つずつカットされていった。一つの条項が削られるたびに、不幸な日本女性がそれだけ増えるように感じた」（一八五頁）と回想しているが、これも勝手な思い込みに基づくものであるといってよい。

4　社会主義に引きつけた憲法解釈

マッカーサー草案は日本政府に提示され、内閣で修正した後、第九〇回帝国議会で審議される。その際、衆議院での審議で当時の日本社会党の提案により、いくつかの文言が追加されることになる。その追加された部分というのが日本国憲法第二五条第一項の「すべて国民は、健康で文化的な最低限度の生活を営む権利を有する」の部分と、第二七条第一項に規定されている「勤労の義務」の部分、そして同条第二項に規定されている「休息」の部分である。実はこれらの部分はいずれも「憲法研究会」という進歩的学者によって結成されたグループの作成した憲法草案に由来するものであった。憲法研究会の憲法草案の内容はGHQ民政局の憲法草案起草スタッフにも影響を与えたといわれているが、その昭和二〇年一二月二六日に発表した最終草案「憲法草案要綱」には「国民権利義務」として次のような条項などが掲げられていた。

「国民は労働の義務を有す」
「国民は労働に従事し其の労働に対して報酬を受くる権利を有す」
「国民は健康にして文化的水準の生活を営む権利を有す」
「国民は休息の権利を有す　国家は最高八時間労働の実施勤労者に対する有給休暇制療養所社交教養機関の完備をなすべし」

この内容をみて明らかなように日本社会党の追加修正はこの憲法研究会の憲法草案をその表現を含めて日本国憲法にそのまま盛り込もうというものであった。

この研究会で中心的な役割を果たした人物に鈴木安蔵という在野のマルクス主義憲法学者がいる。鈴木は戦前には治安維持法違反で度々検挙され、戦後は国立大学の教授を務める傍ら、日本共産党関係の政治運動に深くかかわった人物である。この根っからのマルクス主義者の鈴木が作成した憲法草案は当然のことながら、その出典はスターリン憲法にあった。

たとえばスターリン憲法の第一一九条には「ソ同盟の市民は、休息の権利を有する」と規定されている。これが鈴木らの憲法研究会、そしてその影響を受けた日本社会党を介してそのまま日本国憲法にもち込まれ、原案にはなかった「休息」という文言がとくに憲法に規定されたのである。

中でもきわめつけは「勤労の義務」の規定である。この「勤労の義務」の規定は日本国憲法第二五条第一項の「すべて国民は、健康で文化的な最低限度の生活を営む権利を有する」とワンセットの形で追加されたものであったが、それは「働かざる者食うべからず」という明確に社会主義のイデオロギーに基づくものであった。

ところでこの「勤労の義務」規定の性格については戦後の憲法学を善くも悪くもリードして来た宮沢俊義がスターリン憲法に対してきわめて好意的な姿勢を示しながら次のように解説していることが注目される。「勤労の義務」そして日本国憲法の社会権の規定の性格、さらにいえば、それを解釈している宮沢自身の思想（ということは戦後憲法学の主流を形成している学派の思想）を善くも悪くも正確に表現していると思われる箇所である。

「勤労の義務を負う、とは、『はたらかざる者は食うべからず』という言葉で表現されている原理と、その根本精神を同じくする。すなわち、国民は、すべてみずからの勤労によってみずからの生活を維持する義務を負う意である。／元来、『はたらかざる者は食うべからず』は、社会主義ないし共産主義の原理とされるものであり、現にソ連憲法（一九三六年）では、『ソ連邦では、労働は、『はたらかざる者は食うべからず』の原則によって、労働能力あるすべての市民の義務であり、また名誉である』（一二条）と定められてあり、各人民民主制諸国の憲法にも、同じような趣旨の規定が見られる。／日本国憲法は、かならずしも、これらの諸国のような社会主義体制をとるものではないから、その定める勤労の義務の性質もそれらの国におけるそれとは、おのずからちがうであろうが、すべての国民がはたらいて生活する義務を有することを原則とし、はたらかずに食うことを原則として否定することにおいては、それらの諸国と同じである。これは、日本国憲法の高くかかげる社会国家の理念からいって、当然であろう。／ただ、日本国憲法は、私有財産制をみとめ（二九条）、かつ、職業選択の自由をみとめる（二二条）。一方において、私有財産の獲得・保有とその相続が許され、他方において、どういう職業を選択するかについての自由が保障されている以上、たとえば相続による財産からの所得によって生活し、なんらの職業をもたないような生活——不労所得生活——も、そこではじゅうぶん可能となる。しかし、憲法の精神からいえば、生活するために勤労する必要のない人も、勤労に従事し、それによって得られる所得を社会国家的施策のために提供するという心がまえが当然に要請されるであろうし、さらにすすんで、そういった不労所得生活が可能であるような場合には、ほかの人の生存権を保障する目的のために、そのかぎりで、私有財産制に対してなんらかの制限を加えることも、当然許されると見るべきであろう。財産の私有制と相続がみとめられるからといって、それを不労所得生活の根拠にまで濫用することが許されるとすれば、憲法の建前とする社会国家の理念は、空文に帰してしまうからである」（宮沢俊義『法律学全集4　憲法II〔新版〕』（昭四六年）有斐閣、二二八—二二九頁）

ここに示されているのはわが国の伝統精神ともいえる「勤勉の精神」ではない。宮沢は前出の我妻栄と同様、日本国憲法から「社会国家」という原理を読み取り、それをスターリン憲法の原理と結びつけている。そして「社会国家」という「憲法の精神」に従えばわが国から相続財産を得たり、地代、家賃、利息、株の配当金などを主たる収入とする「不労所得階層（ブルジョア）」は一掃され、国民すべてが勤労者（プロレタリアート）にすることが不可避である。つまり日本国憲法下の自由主義・資本主義の体制においても、憲法の解釈と運用によっては「国民総プロレタリアート化」という社会主義の理想は充分実現できると理解しているのである。なおついでにいえば、ここでいう不労所得生活を営む者の中には家庭の主婦も含まれる。その意味では、女性もまたすべて労働者でなければならないという発想から女性の社会進出を喧伝し、専業主婦を貶める今日のフェミニズムはスターリン憲法に共感する宮沢のこの「社会国家」原理と同じ思想的基盤に立つものであり、同様に社会主義体制の樹立に資するものである（この点については、エンゲルス『家族・私有財産・国家の起源』を参照）。

このように日本国憲法の社会権の規定、そして国民の義務の一つとして規定されている「勤労の義務」は元来社会主義的色彩のきわめて濃厚な規定であった。また自由主義・資本主義の下で社会主義に近似した社会の樹立を可能にする「社会国家」の原理を表現したものと理解されてきた。この点について、戦後のわが国の憲法学において、社会主義への移行を前提とする人権論が主流であったという次の指摘は示唆的である。

「社会主義への移行――歴史的ではないにしても論理可能性としてそれを想定することは、非社会主義者であっても（あるいは、そうであればこそ）、社会科学の議論にとっては不可欠であった――の文脈のなかで人権価値をどう位置づけるか、ということが一九七〇年代までの議論であった」（樋口陽一『一語の辞典 人権』（平八年）三省堂、一二〇頁）

つまり日本国憲法下の憲法学者の多くは社会主義体制への移行を想定し、それに貢献するよう、その理論を構築してきたというのである。

5 ワイマール憲法の思想的淵源

しかしながら憲法の第二五条第二項が「国は、すべての生活部面について、社会福祉、社会保障及び公衆衛生の向上及び増進に努めなければならない」として規定している社会福祉・社会保障・公衆衛生の根源を、別に社会主義、それもスターリン憲法を産んだソ連型社会主義に求める必要はない。またそれらの向上や増進に国が努めなければならないと規定していることを国民の権利すなわち「生存権」として読み取ることも必ずしも一般的なことではない。社会福祉・社会保障・公衆衛生という社会政策についてはロシア革命の遙か以前、一八七二年に設立されたドイツの社会政策学会がその思想的支えを提供したことがすでに指摘されている（阪本昌成『憲法理論Ⅲ』（平七年）成文堂、二八八―二八九頁）。

この説明によれば社会政策学会は、国家が社会政策を通じて資本主義の矛盾を是正すべきことを主張し、ドイツ帝国のビスマルク以降の社会政策、中でも労働力保全を目的とする社会保険政策の思想的支えを提供したという。そしてワイマール憲法が一連の社会政策に関する規定を組み込んだのもこの社会政策学会と無縁ではなく、中でも一般に社会権規定の嚆矢とされ、日本国憲法の第二五条第一項「すべて国民は、健康で文化的な最低限度の生活を営む権利を有する」もこれに引きつけられて解釈されているワイマール憲法第一五一条が「経済生活の秩序は、すべての人に、人たるに値する生存を保障することを目指す正義の諸原則に適合するものでなければならない。各人の経済的自由は、この限度内においてこれを確保するものとする」と定めているのは社会政策学会の影響を物語っているという。つまり何も社会政策の必要を社会主義の影響を受けたものとして、その文脈の中で語る必要はないのである。

6　「国策の指導原則」による福祉国家作り

また福祉国家作りを目指していることを言明する方法としては何も憲法に国民の生存権を規定する方法ばかりではなく、アイルランド憲法（一九三七年）のように、国家としての「社会政策の指導原則」（四五条）を掲げ、ここで「全国民の福祉の増進」を国家の努力目標とする方法もある（小林昭三「『国策の指導原則』という憲法的試み」『比較憲法学・

序説』(平一一年) 成文堂)。この手法は、裁判所の審理の対象にならず、立法部の一般的指針であることを明示した「指導原則」を憲法に掲げるもので、二〇世紀の大衆社会状況における政治への期待、〝仕事をする政府〟への希求を反映したものである。この手法は第二次世界大戦後に独立した国々を含め発展途上国、とくに英連邦系の諸国に共感をよんだもので、たとえばインド憲法(一九四九年)では社会政策にかかわる事項だけでなく、環境や森林の保護、国の重要文化財や史跡の保護、また平和条項など国作りに当たっての緊要事項も加味して「国家政策の指導原則」として掲げられている。そしてここに掲げられていることは立法によって具体化されるべき事項であるとともに、「国の統治にとって基本的な」事項であることが明らかにされている。つまり憲法に国民の生存権を規定することが国家が福祉国家作りを目指すことを言明する唯一の手法ではないのである。

二、生存権

1　生存権規定の法的性格

ところで一般に日本国憲法の第二五条の法的性格をめぐっては、大きく三つの学説が提示されてきた。一つは憲法に示された生存権は裁判の上で請求できる具体的な権利を国民に与えたものではなく、国の政策目標ないしは政治道徳的義務を定めたものに過ぎないという考え(プログラム規定説)である。二つ目は生存権は法的な権利であり、国民は国家に対して立法の要求を行うことができ、国家はその国民の立法要求に応えなければならないという考えで、法律が存在しない場合には憲法第二五条を根拠に直接に具体的な請求をすることはできないが、立法がなされた場合にはその法律に基づく訴訟において憲法第二五条第一項違反を主張することは許されるという考え(抽象的権利説)である。三つ目は憲法第二五条を具体化する立法が存在しない場合であっても、他の人権保障と同様に、具体的な請求権が保障されるという考えで、国家が憲法第二五条を具体化する立法をしない場合、または、立法措置が行われてもそれが不充分な場合には、国の立法不作為の違憲性を確認する訴訟を提起できるという考え（具体的権利説）である。

これらの学説のうち、プログラム規定説はアイルランド憲法やインド憲法の「指導原則」に近い考えを日本国憲法から読み取ろうというものであったが、これについてはたとえば、「立法府に対するたんなる政治的指針ないし道徳的指針ないし道徳的綱領にすぎず、法的拘束力をもたない」（長尾一紘『日本国憲法〔第三版〕』（平九年）世界思想社、二九四頁）といった具合に、憲法に国民の権利を読み取ろうとする他の見解に比して常に否定的にとらえられてきた。しかしながらこういった否定的な見方がされる背景にはスターリン憲法をはじめとする社会主義国憲法が少なくとも条文の上では国民の生存権をきわめて手厚く保障していることに対して、それとの比較においてわが国の社会政策の不足を責める気持ちがあるだろう。

しかしプログラム規定説や「指導原則」を掲げる手法が社会政策の実施や基本的人権の保障について実効性が乏しいかといえばそうともいえない。これらの手法は社会政策をはじめとする諸政策における国家指導や国家統治の重要性を確認し、また国民にそのことに気付かせて協力を求めようとするもので、むしろ実効性は上がるともいえよう。また社会主義国においては憲法の条文の上では国民の生存権を手厚く保障していたが、実態はまったく正反対であったことを考えれば実効性はまた別の問題であることがわかる。

2　判例・行政実務

判例では、生活保護法の下で厚生大臣が定めた生活扶助基準が健康で文化的な最低限度の生活水準を維持しえない違法・違憲のものかが争われた朝日訴訟で最高裁が「すべて国民が健康で文化的な最低限度の生活を営み得るように国政を運営すべきことを国の責務として宣言したにとどまり、直接個々の国民に対して具体的権利を賦与したものではない」「具体的権利としては、憲法の趣旨を実現するために制定された生活保護法によって、はじめて与えられているというべきである」「健康で文化的な最低限度の生活なるものは、抽象的な相対的概念であり、その具体的な内容は、文化の発達、国民経済の進展に伴って向上するのはもとより、多数の不確定要素を総合考量してはじめて決定できるものである。したがって、何が健康で文化的な最低限度の生活であるかの認定判断は、いちおう、厚生大臣の合目的的な裁量に委されており、その判断は、当不当の問題として政府の政治責任が問われることはあっても、直ちに違法の問題を生ずることはない。ただ、現実の生活条件を無視して著しく低い基準を設定する等憲法および生活保護法の趣旨・目的に反し、法律によって与えられた裁量権の限界をこえた場合または裁量を濫用した場合には、違法な行為として司法審査の対象となる」と述べ、明確に具体的権利説を否定した上でプログラム規定説を超え抽象的権利説に接近した見解を示している（最大判昭四二・五・二四）。

また国民年金法に基づく障害福祉年金と児童扶養手当との併給を禁止する児童扶養手当法の規定の違憲性が争われた堀木訴訟では「健康で文化的な最低限度の生活」の具体的内容は、国民生活の状況との相関関係において、国の財政事情も考慮して高度の専門技術的な考察に基づく政策的判断を必要とするから、憲法第二五条をどのように具体化するかは、立法府の広い裁量に委ねられており、それが著しく合理性を欠き、明らかに裁量の逸脱・濫用とみざるをえないような場合を除き、裁判所の審査に適さないと述べ、広い立法裁量を認めた上で、ここでも朝日訴訟判決を踏襲している（最大判昭五七・七・七）。

つまり判例および行政実務ではそもそも生存権が規定された経緯や一部の学説につきまとう社会主義的色彩に影響されることなく、憲法からわが国の実情に適した現実的な福祉国家作りの理念を読み取ろうとしているのである。

なお在留外国人に生存権の保障が適用されるかについては、最高裁が「国は、特別の条約の存しない限り、……その政治的判断によりこれを決定することができるのであり、その限られた財源の下で福祉的給付を行うに当たり、自国民を在留外国人よりも優先的に扱うことも、許される」(最判平元・三・二、塩見訴訟)と判断しているように、生存権が国家の存在を前提にし国家に給付を求める権利であるという権利の性質に基づいて(権利性質説)、外国人に対しては無条件にすべて保障されるものではないと考えられている。しかし、健康保険、厚生年金などについては以前から外国人も日本国民と同等に扱われてきた。国民年金、福祉年金、児童扶養手当、特別児童手当、福祉手当、児童手当については難民の地位に関する条約の批准(昭和五六年)に伴う社会保障関係法令の改正によって国籍要件が撤廃されている。また生活保護については行政実務上、日本国民に準じて行われている。

3　批判にさらされる福祉国家

生存権が憲法に規定されるなど福祉国家が要請されるようになったのは、一九世紀までの近代的社会観が前提としていた、人間を一律に自律した強い個人ととらえ、その自由を最大限に保障するという考えがかえって貧富の格差や衛生の問題などを発生させるなど、具体的諸個人に不利益をもたらすという反省からであった。そして諸個人を具体的に類型化するとともに諸個人のおかれた具体的状況に配慮しながら国家・政府が積極的に諸個人の生活領域に介入し、諸個人の自由を制限することで、逆に利益をもたらし、また社会の共同性を維持し相互扶助を行うという施策を行ったのであった。このような発想は一九七〇年頃までは主流であり、疑われることも少なかった。福祉国家作りを目指す考えは社会主義諸国の威光もあって、社会主義体制への移行の前段階としてとらえられ、歓迎されもした。

しかしながら社会主義体制の落日が明らかになり始めた一九八〇年代以降、福祉国家についても批判にさらされるようになってきた。福祉国家の発想は自由競争における弱者や敗者を救い出し、国家・政府が彼らの利益を保護するためにその生活領域に積極的に介入して社会全体の福祉を図るというものであったが、この発想が行き渡り、定着するにつれて、国家・政府による積極的な、そしてときには過剰な介入・保護なしには社会の共同性が担保できなくなり、国民の側も国家・政府の福祉政策にたよって、それなしでは生存できなくなるなどの問題が生じてきた。また福祉の名の下に国家・政府が国民生活の隅々にまで介入し始め、国民の自由が著しく制限されるようにもなってきた。さらに福祉行政が年々増大し、それに伴い福祉行政に携わる人員や必要とされる財源も増大して、それが国家の存立にとって過剰な負担となることも明らかになった。福祉行政の財源確保のために国民は多額の税金を拠出する必要に迫られるようになってもきた。またその多額の税負担が国民、とくに高額所得者の不公平感を増大させ、健全な勤労意欲を失わせる結果にもなっている。このように今日では福祉国家は多くの批判にさらされており、その意味でも日本国憲法の生存権規定の解釈はこのような批判をふまえて現実的に行う必要がある。

三、教育を受ける権利

1　社会権としての教育権

憲法第二六条第一項は「すべて国民は、法律の定めるところにより、その能力に応じて、ひとしく教育を受ける権利を有する」と規定し、国民に教育を受ける権利を保障している。教育は国家百年の大計をなすものともいわれ、将来の国民を如何に教育するかは自由主義、社会主義の体制を問わず、国家の重要関心事項である。日本国憲法の内容に大きな影響を与えたスターリン憲法でも「ソビエト連邦の市民は教育を受ける権利を有する」（一二一条）と規定されているが、日本国憲法の教育権の場合はこの社会主義的文脈を離れて民主主義国家における教育の重要性を念頭において理解すべきである。すなわち民主主義国家が国家として健全であり、衆愚政治に陥らないためには国民一人ひとりが自律的で賢明な判断力を備えていることが求められており、このような国民を育成するためには国民に教育を受ける権利が認められなければならないからである。国民に教育を受ける権利が保障されるということは国民が教育を受けることを国家に求めることを意味するので教育権は自由権とは異なり、社会権の一範疇を構成すると考えられている。

「その能力に応じて、ひとしく」とは教育基本法にいう「すべて国民は、ひとしく、その能力に応ずる教育を受ける機会を与えられなければならないのであつて、人種、信条、性別、社会的身分、経済的地位又は門地によつて、教育上差別されない」(教基三条一項)の意であり、各学校で入学試験などを行い、合格者だけを入学させるなど教育を受けるに適するかどうかの能力を判断することは差し支えないが、教育を受ける能力と無関係な事情を理由に入学を拒否することは許されない。教育を受ける能力があるが経済的理由で修学困難な者に対しては国および地方公共団体は奨学の方法を講じなければならないとされている(教基三条二項)。

2 「国の教育権」か「国民の教育権」か

国民には教育を受ける権利が保障されているが、その教育の内容を決定し、それを具体的に実行するのは誰かという問題が提起され、論争になったことがある。いわゆる「教育権」論争である。この論争では二つの学説すなわち「国の教育権」説と「国民の教育権」説とが対立してきた。前者は子供の教育は国民全体共通の関心事であり、それに応えるべく実施される公教育制度の内容については、国民全体の教育意思の正当な決定プロセスである国会の法律制定を通じて具体化されるという立場であり、後者は子供の教育は親を中心とする国民全体が責務を負うべきもので、公教育も「親の教育義務の共同化」というべきものであり、子供の教育の内容および方法は、その実施にあたる教師が専門家としての立場から国民全体に対して責任を負う形で決定すべきであって、国の教育へのかかわりは国民による教育遂行を側面から助成するための諸条件の整備に限られるという立場である。両者は学校教育法第二一条などが規定する教科書検定制度が親や教師の教育の自由を侵害するものか否かが問題となったいわゆる家永教科書訴訟などで主張されたもので、さらに具体的にいえば、前者は文部省が主張し、後者は家永側、日教組側が主張したものであった。

この論争に一応の決着をつけたのが旭川学力テスト事件最高裁判決（最大判昭五一・五・二一）である。判決は両説のいずれも「極端かつ一方的」なものであり、そのいずれをも全面的に採用することはできないとするものの、国の教育権を肯定するものであった。すなわち親に教育権があることは当然であるが、親の教育権は「家庭教育等校外における教育や学校選択の自由にあらわれるもの」であり、私学教育や教師も「それぞれ限られた一定の範囲においてこれを肯定するのが相当」である。「それ以外の領域においては、一般に社会公共的な問題について国民全体の意思を組織的に決定すべき立場にある国は、国政の一部として広く適切な教育政策を樹立、実施すべく、また、しうる者として、憲法上は、あるいは子ども自身の権利の擁護のため、あるいは子どもの成長に対する社会公共の利益と関心にこたえるため、必要かつ相当と認められる範囲において、教育内容についてもこれを決定する権能を有するものと解さざるをえず、これを否定すべき理由ないし根拠は、どこにもみいだせない」。しかし「個人の基本的自由を認め、その人格の独立を国政上尊重すべきものとしている憲法の下においては、子どもが自由かつ独立の人格として成長することを妨げるような国家的介入、例えば、誤った知識や一方的な観念を子どもに植えつけるような内容の教育を施すことを強制」してはならないが、「これらのことは、前述のような子供の教育内容に対する国の正当な理由に基づく合理的な決定権能を否定する理由となるものではない」と、国に教育権があることを肯定したのである。

また教科書検定制度についても最高裁は旭川学力テスト事件判決を踏襲して教師にも一定の範囲内で授業等に関し

裁量権があることを一方で認めながらも、国家にも教育内容に関与する権限があるのであるから教科書検定制度は憲法第二六条に反しないと判断している（最判平五・三・一六、第一次家永教科書訴訟）。すなわち児童、生徒の側には「いまだ授業の内容を批判する十分な能力は備わって」おらず、「学校、教師を選択する余地も乏しく教育の機会均等をはかる必要がある」ために、普通教育における「教育内容が正確かつ中立・公正で」「全国的に一定の水準であることが要請され」、また教育内容が児童・生徒の「心身の発達段階に応じたもの」であることが要請されると指摘し、検定制度はこれらの要請を実現するために行われるものであって「子どもが自由かつ独立の人格として成長することを妨げるような内容を含むものでない」としたのである。

これらの論争はつまるところ、「国民の教育権」を盾にしてみずからの信奉するイデオロギー、すなわち社会主義イデオロギーを公教育を通じて広く子供たちに推し進めようと考えていた一部の（しかし教育の現場ではきわめて大きな影響力をもっていた）勢力に対抗して、近代の国民国家における教育（国民教育）の意義を如何に説得力をもって説くかというところにあった。しかし以上の二つの最高裁判決によってこの論争には一応の決着がついている。

四、労働に関する権利

1　勤労の権利

憲法第二七条は第一項で国民の勤労の権利と義務を定め、第二項で「賃金、就業時間、休息その他の勤労条件に関する基準は、法律でこれを定める」とし、さらに第三項で「児童は、これを酷使してはならない」と規定している。

そもそも働くか否か、どのような条件で働くかは私的経済活動の自由に属し、私的自治の原則に則るべきことであるが、憲法はこれを否定し、国家がすべての国民に働くことを要請するとともに、働く権利を保障し、勤労は国家が定めた一定の条件の下で行われなければならないことを定めている。これはすべての国民をプロレタリアートとする社会主義の影響を受けたものであるとともに、社会主義の影響下にあったアメリカのニューディーラーの思想を表現したものである。そこでは国家が経済政策を通じて雇用を創出することによって国民に働く機会を与え、国家が雇用関係にも介入することで勤労者の福祉を向上させるという思想に基づくものである。この憲法の規定に従って国家は公共職業安定所を設置して職を求める国民に対する職業紹介や斡旋に努め、職業訓練の機会を提供するとともに雇用保険制度を完備させて職を失った国民に対する生活保障を行っている。また労働基準法や最低賃金法を制定して、勤労条件の基準を示し、労働基準監督署を設置して雇用者が法の定めた勤労条件を遵守しているかを指導している。この勤労条件に外れるような新たな立法や施策はそれを排除するよう求めることができる「自由権的効果」が主張されている。

2　労働基本権

憲法第二八条は「勤労者の団結する権利及び団体交渉その他の団体行動をする権利は、これを保障する」と規定している。これは雇用者に比べて経済的に弱い立場にある勤労者に勤労条件を交渉する際に、雇用者と対等の立場を確保するための権利を保障したものであると同時に、社会主義やニューディーラーの思想に基づいてわが国に労働組合運動を根づかせ、促進するために規定されたものである。

ここで「勤労者」というのは労働力を提供して対価を得て生活する者（労組三条）、すなわち労働者を指す。第二八条は労働者が団体すなわち労働組合を組織する権利（団結権）、労働者の団体が雇用者と労働条件について交渉する権利（団体交渉権）、労働者の団体が労働条件の交渉を有利に進めるために争議などの団体行動を行う権利（団体行動権）を保障している。これら三つの権利を労働基本権と総称する。

3　公務員の労働基本権

公務員については憲法でもとくに「全体の奉仕者であって、一部の奉仕者ではない」（憲一五条二項）と規定されているように職務の性格から、労働基本権が制約されている。警察職員・消防職員・自衛隊員・海上保安庁または監獄で勤務する職員は労働基本権のすべてが否定されている（国公一〇八条の二第五項、地公五二条五項、自衛六四条一項）。非現業の公務員については団体交渉権の一部と争議権が（国公一〇八条の五第一〜三項・九八条二項、地公五五条一〜三項・三七条一項）、郵便・国有林野・印刷・造幣のいわゆる四現業の国家公務員および現業の地方公務員については争議権が否定されている（国労一七条一項、地公労一一条一項）。

ところでこの公務員に対する労働基本権の制約規定と憲法第二八条との関係が問題とされてきた。かつて一部の学説によって制約規定の違憲性が主張されてきたが、最高裁が全農林警職法事件判決（最大判昭四八・四・二五）で制約規定を合憲と判断して以来、判例は制約規定を全面的に合憲とする傾向にある。

最高裁が公務員の地位の特殊性と職務の公共性を強調して公務員の労働基本権についての制約規定を合憲と判断したのは、以下の理由に基づくものであった。すなわち、①公務員も「勤労者として、自己の労務を提供することにより生活の資を得ているものである点において一般の勤労者と異なることはな」く、憲法の保障した労働基本権は及ぶが、「国民全体の共同利益からする制約を免れない」。その地位の特殊性と職務の公共性からみて公務員が争議行為を行えば「多かれ少なかれ公務の停廃をもたらし、その停廃は勤労者を含めた国民全体の共同利益に重大な影響を及ぼすか、またはその虞れがある」。②公務員の勤労条件の決定は民主的ルールに従って立法府によって決定されるべきものであって「争議行為の圧力による強制を容認する余地は全く存しない」。③公務員の勤労条件を決定するのは公務員の雇用者である政府ではなく国会であり、「政府が国会から適法な委任を受けていない事項について、公務員が政府に対し争議行為を行うことは的はずれであって正常なものとはいいがたい」。それにもかかわらず公務員による争議行為が行われるならば、「民主的に行われるべき公務員の勤務条件決定の手続過程を歪曲することともなって、憲法の基本原則である議会制民主主義に背馳し、国会の議決権を侵す虞れすらなしとしない」。④一般私企業の勤労者の場合には「労働者の過大な要求を容れることは、企業の経営を悪化させ、企業そのものの存立を危殆ならしめ、ひいては勤労者自身の失業を招くという重大な結果をもたらすことにもなる」ため、勤労者の要求もこれを考慮した自制的なものになりうるが、「公務員の場合には……市場の機能が作用する余地がないため、公務員の争議行為は場合によっては一方的に強力な圧力とな」る。⑤公務員には「生存権保障の趣旨から、法は、これらの制約に見合う代償措置として身分、任免、服務、給与その他に関する勤務条件についての周到詳密な規定を設け、さらに中央人事行政機関として準司法的性格を持つ人事院を設け」るなどしており、公務員は「労働基本権に対する制限の代償として、制度上整備された生存権擁護のための関連措置による補償を受けている」。

五、参政権・被選挙権・国務請求権

1 選挙権・被選挙権

憲法第一五条第一項は「公務員を選定し、及びこれを罷免すること」を「国民固有の権利」と規定している。憲法は代表民主主義を採用している（前文）ので、すべての公務員の選定・罷免が国民によって直接行われるのではないが、国会議員、地方公共団体の議員・長、その他の吏員については国民の選挙が憲法上予定されており（憲四三〜四七条・九三条二項）、最高裁判所の裁判官についての国民審査制度も一種の罷免手続として定められている（憲七九条二項）。被選挙権については憲法第一五条第一項に直接の規定はないが、選挙権の自由な行使と表裏の関係にあり、「これもまた同条同項の保障する重要な基本的人権の一つ」と解されている（最大判昭四三・一二・四）。被選挙権には年齢制限（公選一〇条一項）や一定の地位にある者の立候補制限（公選八八～九一条）に関して、選挙権より厳しい制約が課されている。

2 請願権

憲法第一六条は「何人も、損害の救済、公務員の罷免、法律、命令又は規則の制定、廃止又は改正その他の事項に関し、平穏に請願する権利を有し、何人も、かかる請願をしたためにいかなる差別待遇も受けない」と規定している。請願とは国や地方公共団体の機関に対して、その職務上の事項について希望を述べる行為であるが、この行為の結果に何らかの具体的な法的効果が生ずるものではない。これは制限選挙には有意義なものであったが、参政権が充分に保障された現代ではもはや大きな意味をもたない。しかし参政権をもたない外国人などにとってはこれを利用してみずからの意見を伝える手段としてなお意味をもっていると考えられる。

3 外国人に参政権は保障されるか

近年、憲法上、外国人、とくにわが国に永住権をもつ外国人に参政権は保障されるのかということが大きな議論となっており、一部に永住外国人に地方参政権を付与することが強く主張されている。しかし参政権とは国家の意思形成に参画するという国家主権にかかわる権利であり、国家と運命をともにすること（日本国憲法には規定はないが、その表徴として諸外国の憲法では国家への忠誠義務と国防の義務が定められている）の対価として付与されるものであるので、国籍を異にする外国人には、たとえ永住権をもつ者であっても権利の性質に鑑みて（権利性質説）保障されないと考えるのが妥当である。また憲法第一五条第一項の「公務員を選定し、及びこれを罷免することは、国民固有の権利である」にいう国民とは日本国籍を有する者と理解すべきであり、これは国民主権の原理にもかなうことである。

憲法第九三条第二項が地方公共団体の議員・長、その他の吏員は「住民」が直接選挙すると規定していることを根拠にして、国政レベルでは無理にしても地方レベルの参政権ならば外国人にも認められるとする見解もあるが、ここにいう「住民」とは「日本国民としての住民」と解するのが憲法の法理からして妥当である。

最高裁はこの点について「憲法の国民主権の原理における国民とは、日本国民すなわち我が国の国籍を有する者を意味することは明らかであ」り、「国民主権の原理及びこれに基づく憲法一五条一項の規定の趣旨に鑑み、地方公共団体が我が国の統治機構の不可欠の要素を成すものであることをも併せ考えると、憲法九三条二項にいう『住民』とは、地方公共団体の区域内に住所を有する日本国民を意味するものと解するのが相当であり、右規定は、我が国に在留する外国人に対して、地方公共団体の長、その議会の議員等の選挙の権利を保障したものということはできない」と憲法の趣旨を正確に示して在日韓国人の地方参政権を求める訴えを棄却した。しかし同時に、傍論として「我が国に在留する外国人のうちでも永住者等であってその居住する区域の地方公共団体と特段に緊密な関係を持つに至ったと認められるものについて、その意志を日常生活に密接な関連を有する地方公共団体の公共的事務の処理に反映させるべく、法律をもって、地方公共団体の長、その議会の議員等に関する選挙権を付与する措置を講ずることは、憲法上禁止されているものではないと解するのが相当である」と矛盾した判断をしている。また「しかしながら、右のような措置を講ずるか否かは、専ら国の立法政策にかかわる事柄であって、このような措置を講じないからといって違憲の問題を生ずるものではない」ときわめてあいまいな姿勢を示してもいる（最判平七・二・二八）。この判決については批判も多い（なお平成一二年にはこの判決の本論部分を踏襲した最高裁判決が相次いだ）。

4　裁判を受ける権利

憲法第三二条は「何人も、裁判所において裁判を受ける権利を奪はれない」と規定している。裁判を受ける権利はすべての人に政治権力から独立した公平な裁判所による裁判を保障したものである。また裁判を経なければ刑罰を科されないこともここに含まれると考えられている。特別裁判所の禁止（憲七六条二項）や刑事事件における迅速・公平な裁判の保障（憲三七条一項）、対審と判決の公開（憲八二条）もここから派生すると考えられている。行政訴訟に典型的にみられるように、裁判は国家権力が適法にされることを保障する手段であり、裁判を受ける権利はその他の多くの権利や自由の保障に資するものである。

5　賠償および補償請求権

憲法は公務員の不法行為によって損害を受けた者に対し、法律の定めるところにより、国または公共団体に賠償を求める権利を保障している（憲一七条）。これによって公務員の権力的作用に基づく損害について、国または公共団体が不法行為責任を負うことになる。この規定に基づいて、公権力の行使に関する公務員の不法行為責任の他、公の営造物の設置・管理の瑕疵について国または公共団体の無過失賠償責任を定めた国家賠償法が制定されている。また憲法は「何人も、抑留又は拘禁された後、無罪の裁判を受けたときは、法律の定めるところにより、国にその補償を求めることができる」（憲四〇条）とし、国の捜査・訴追権限の行使による損害について、衡平の原則に基づき補償する責任を定めている。これに基づいて刑事補償法が補償の要件と額を定めている。

六、国民の義務

日本国憲法では国民の義務として三種類の義務を条文上、定めている。そのうち、勤労の義務は、すでに述べたようにスターリン憲法に倣ったもので、わが国から不労所得階層を一掃し、国民すべてをプロレタリアートとしようという、本来、社会主義的色彩をもつものであったが、今日ではそのルーツを知る人も少なく、人が勤労にいそしむべき道徳的義務を負うことを宣言しているものと好意的に理解されている。

憲法第二六条第二項に定められている、保護下にある子女に普通教育を受けさせる義務は、国民が国家に対して教育を受ける義務を負うものというよりは、子女が有する教育を受ける権利を充分に行使できるよう保護者が子女に対して負っている義務と理解すべきである。またこの規定に基づいて現在、九年間の義務教育期間が定められている（教基四条一項、学教二二・三九条）。

憲法第三〇条に定められている納税の義務は、国家や地方公共団体経営に必要な財源を国民が税金というかたちで支出する義務を定めたもので、国民が国家や地方公共団体を支えていることを表現したものでもある。「法律の定めるところにより、納税の義務を負ふ」とは法律によらなければ課税されない権利を保障したものと理解されるが、これは大日本帝国憲法が「日本臣民ハ法律ノ定ムル所ニ従ヒ納税ノ義務ヲ有ス」（旧憲二一条）と規定しているのと同じ趣旨である。その意味では大日本帝国憲法の第二章「臣民権利義務」にみられる「法律ノ定ムル所ニ従ヒ」「法律ノ範囲内ニ於テ」「法律ニ依ルニ非スシテ」という文言（「法律の留保」）は憲法上の権利は法律によっていくらでも制限できるという権利の制限面を表現したものではない。「法律の留保」とは行政命令ではなく帝国議会の「協賛」を必要とする法律によらなければ権利は制限できないという権利保障の面を表現したものと理解すべきである（「帝國憲法巻一」清水　澄謹撰『法制・帝國憲法』（平九年）原書房、一七九―二一七頁）。

七、新しい権利主張

憲法には直接の規定はないが、第一三条の規定する「生命、自由及び幸福追求に対する国民の権利」などを根拠に、今日では新しい権利が多く主張され、一部判例でも言及されている。代表的なものとしてプライバシー権、名誉権、環境権、自己決定権（人格的自律権）がある。しかし、憲法に規定のない権利を主張することには、「人権のインフレ化」によって憲法に規定されている権利や自由の価値が相対的に下落する危険性があることや、裁判官の主観的な判断の余地を過大にするおそれがあることなどが指摘されている。

プライバシー権は個人が自己の私的情報をみだりに収集・利用・伝達されない権利をいう。下級審だが、この権利を積極的に認めた判決がある。特定の個人をモデルにした小説をめぐって裁判になった事例で裁判所は、「私事をみだりに公開されないという保障が、今日のマスコミュニケーションの発達した社会では個人の尊厳を保ち幸福の追求をするうえにおいて必要不可欠」とみなされており、「その不法な侵害に対しては法的な救済が与えられる」と判断した上で、救済の要件として、公開された内容が、①私生活上の事実または私生活上の事実らしく受け取られるおそれのある事柄であること、②一般人の感受性を基準にして当該私人の立場に立った場合公開を欲しないであろうと認められる事柄であること、③一般の人々にいまだ知られていない事柄であること、④公開によって当該私人が実際に不快、不安の念を覚えたこと、をあげている（東京地判昭三九・九・二八、『宴のあと』事件判決）。

またプライバシー権と関連して、人の社会的評価を保護する権利として主張されているものに名誉権がある。これは個人のみならず法人についても社会的評価がその経済的利害に結びつくことがあるので、法人についても認められると考えられている。

良好な環境の中で健康で文化的な生活を営む権利として環境権が主張されている。環境権そのものを認めた判例はまだない。

次に現在、自己のライフスタイルについて他人や社会・国家に干渉されることなく自由に決定する権利として自己決定権（人格的自律権）なるものが多方面で主張されている。この権利主張は、当初は、自己決定の及ぶ範囲について、他者加害に及ばない純然たる個人的な事柄の中で「人格的生存に不可欠な重要事項」のみに限定するとして、自己決定の内容に人格性を要求するものであった（樋口陽一・佐藤幸治・中村睦男・浦部法穂『注釈日本国憲法 上巻』（昭五九年）青林書院、三〇二頁、佐藤執筆分）。しかし、今日では同じく人格性をいいながらも「人格」の内容をはなはだ広く解する傾向がみられる。具体的には①治療拒否、尊厳死などの生命や身体の処分に関する自己決定権、②結婚・離婚、妊娠・避妊、出産・堕胎、性行為の自由など家族の形成や維持、生殖活動に関する自己決定権、③容姿や髪形、服装、喫煙の自由、大麻・覚醒剤を吸う自由、賭博の自由、職業選択の自由、危険を伴う行為の自由、シートベルト・ヘルメット着用義務の問題など、その他の自己決定権が主張されている。

②の主張としては、法律によらない結婚（事実婚）、夫婦別姓、シングルマザーの容認をはじめとして、同性カップル、ポリガミイ（同時複数性愛）、少女たちのいわゆる「援助交際」（売春）の正当化論までもが主張されており、これらの「ライフスタイルは自分の生き方として、自ら主体的に選択したものであり、自己の人格と深く結びついているのだから、その個人については、人格的生存に不可欠なものであり、当然自己決定権の範囲に入る」と理由づけられてもいる（二宮周平『家族法改正を考える』（平五年）日本評論社、一九〇頁）。

しかしこれらの自己決定権なる概念は他人や社会・国家とはいっさい交渉をもたないまったくの裸の「個人」を前提とし、その「個人」の低俗な欲望をも含めてすべての意思を正当化する論理に立っていることから、この概念によって国家秩序、社会秩序、家族秩序が解体されるおそれのあることが強く懸念されている。この概念による権利主張には大いに注意が必要である（なおこの点については八木秀次「〝自己決定権〟と家族秩序」憲法学会『憲法研究』第二七号（平七年）、および八木秀次・宮崎哲弥編『夫婦別姓大論破！』（平八年）洋泉社、を参照されたい）。

第5章 代表議会制

池田 実

第一節　国　会

一、国会の地位

1　政治的なものへの期待感を示す「国権の最高機関」規定

憲法第四一条は、国会を「国権の最高機関」と位置づけている。この言葉をめぐっては、それに法的意味を認めず、単なる政治的な「宣言」ないし「美称」と解する見方、憲法の欠缺《けんけつ》（ある事案に適用すべき憲法規定が欠けていること）の場合に他の国家機関に対する国会の優越を推定しうる法的な根拠と解する見方、さらに、この文言を通じて国会に国家権力の総合調整機能を期待する見方などがある。

議会の最高機関性を謳った憲法といえば、民主的権力集中制の原則に基づいて人民代表議会の最高機関性を規定する社会主義諸国のそれが想起される。しかし、日本国憲法のモデルは社会主義憲法ではない。国会の最高機関性を意味づける際に、先例として考えられるのは、一九世紀半ばのイギリスでいわれた「議会主権」の原則であろう。それは、具体的には、議会の立法事項に制約がないこと、議会が立法機能を独占すること、および議会が他の国家機関に優越することを意味していた。

「議会主権」の原則は、議会活動が名実ともに国政の中心をなしていた一九世紀半ばのイギリスの政治状況を前提としている。そこでは、議員は、国民により選挙され、しかし選挙人から命令委任を受けることなく、全国民の代表として、みずからの良心に従って独立して行動すべきものとされた。議会の主権者性は、議会が選挙を通じて国民から国政を信託された議員により構成されていること、すなわち議会に対する国民の支持と信頼の存在によって根拠づけられた。権力の基礎を国民においているからこそ、議会は、行政府を創設・統制し（議院内閣制）、司法府による干渉を排除して（裁判所による違憲立法審査権行使の否定）、その優越的地位を保持することができたのである。

しかし今日、議院内閣制をとる諸国の議会は、そのようなものではありえなくなっている。内閣は、形式上は議会の信任を基礎としながらも、実質的な権力基盤を国民の直接の意思に頼るようになり、行政府に対する議会のコントロールが弱まった。議員は選挙人からの事実上の命令委任に拘束され、議会活動も選挙区本位になって、全国民代表の実質が稀薄になった。議会の機能は、討論を通じて国家の政策を立法化することよりも、多様な民意を反映することに重点をおくようになった。

このような中で国会の最高機関性を積極的に意味づけようとすれば、もっぱら民意の反映のみに焦点を合わせた直接民主制的な代表機関としての国会に、他の国家機関に対する優越的地位を推定するような解釈が、容易に導かれるであろう。そうなると、議会の最高性は、かつて社会主義諸国憲法にみられたようなものに少なからず接近する。つまり、議員の独立を認めず、議員が選挙人の命令委任に従うことを必須要件とするような議会の姿である。しかしそれは、国会議員を全国民の代表と明確に位置づける日本国憲法の規定が目指すのとは正反対の方向であり、少なくとも、討論による政治を主眼とする近代初期的な議会制の〝復権〟とはまったく無縁のものであろう。

したがって、「国権の最高機関」という言葉に、国会の優越的地位や総合調整機能を推定する根拠としての法的意味を読み込むことには、慎重にならざるをえない。といって、単なる政治的な「宣言」ないし「美称」に過ぎない、というニュアンスで、その政治的意味を過小評価するのもまた、適当ではない。そもそも、日本国憲法が前提とする自由委任の全国民代表性は、法的な手段によって確保できるようなものではない。ある議員の議会活動が全国民的視点からのものであるか、特殊利益の実現を目指すものであるかは容易には判別できないので、議員が全国民代表性に反した活動に走るのを法的な制裁を通じて阻止することは、技術的に困難だからである（これに対して、命令委任への服従は、リコール制などを通じてある程度確保されうる）。憲法第四一条は、代表議会制の法的な枠組みを生かすための前提条件としての全国民代表性をふまえて、政治的なものへの期待感ないし配慮を強くにじませた規定とみるべきであろう。

2 「唯一の立法機関」ではなくなった国会

憲法第四一条はまた、国会を「国の唯一の立法機関」と位置づけている。ここにいう「立法」とは、「義務を課し、又は権利を制限する規定」（内一一条、行組一二条四項）を有する一般的な法規範を意味する（実質的意味の立法）。国会が国の「唯一」の立法機関であるとは、この実質的意味の立法を「法律」という形式で定める（形式的意味の立法）ことができるのは国会だけであることをいう。明治憲法下の緊急命令・独立命令（旧憲八・九条）のように、行政府が議会の関与を要せずに法律と同等の効力を有する法規範を定立することは許されない。また、国会による立法には、行政府をはじめ他の国家機関による関与を要しない。

しかし今日では、行政国家化に伴い、委任立法（立法府が、本来法律で定めるべき事項に関する立法権限を行政府をはじめとする他の国家機関に委任して、立法を行わせること）が増大し、内閣提出法案が、提出件数においても成立可能性においても、議員提出法案をはるかに上回る状態が、ごく当たり前のことになった。国会が実質的にも「唯一の立法機関」であるかどうかは、疑わしくなってきているのである。

3 古典的・近代初期的代表議会制の枠組み

憲法第四三条第一項は、「両議院は、全国民を代表する選挙された議員でこれを組織する」と定める。これは、前文の「国政は、国民の厳粛な信託によるものであつて、その権威は国民に由来し、その権力は国民の代表者がこれを行使」するとの規定とあいまって、国会が国民の代表機関であることを示している。

ここにいう「代表」は、基本的には、近代初期の西欧でいわれていたような概念に近いものであると考えるべきである。すなわち、議員は特定の利益や選挙区の代理人ではなく、全国民の代表者であり、直接選挙によって議員の地位を得るが、選挙人からの命令委任に拘束されることなく、みずからの意思と良心とに従って独立して行動しなければならない、とする自由委任の原則に基づく「代表」を意味している。

しかし、民意を忠実に反映するために代表者と被代表者の意思の一致が重視されるようになった今日では、「代表」の意味を考える際に、このような政治的現実にも目を向ける必要がでてくる。そうした考慮をもとに「社会学的代表」の概念が現れた。これは、「国民代表の理論が、国民の意思と議員の意思との間に不一致が存在するにもかかわらず、あたかも一致があるかのように説くことによって、実際上の不一致を覆い隠すイデオロギー的性格を濃厚にもっていた」との認識に立ち、日本国憲法の「代表」観念を、社会学的代表という意味を含むものとして構成するのが妥当であるとし、それゆえ「国民の多様な意思をできるかぎり公正かつ忠実に国会に反映する選挙制度が憲法上要請される」と説くものである（芦部信喜『憲法〔新版・補訂版〕』（平一一年）岩波書店、二六〇―二六三頁）。たしかに今日、議員は有権者国民から完全に自由ではありえず、国民は議員に対して有形無形の影響力を及ぼしている。しかしながら、国会が「唯一の立法機関」であり、国民は「国会における代表者を通じて行動」するという、国民と国会との間の憲法上の関係までが変更されたわけではない。また憲法は、国会議員の独立性を確保するために、国会議員の不逮捕特権（憲五〇条）および免責特権（憲五一条）を定めているが、代表者と被代表者の意思の一致を確保するための工夫（たとえば、国民による国会議員のリコール請求や、国民による国会解散請求などの制度）は設けていない。議員の全国民代表性や自由委任の原則は、少なくとも憲法上、否定ないし変更されたとはいえない。とすれば、「社会学的代表」概念に立脚した「半代表制」論的解釈は、民権的な価値の絶対性ないし優位性を主張して日本国憲法の間接民主制原理を骨抜きにするイデオロギー（?）にはなりえても、法的に有意味な議論にはなりにくい面があろう。

その一方で、地方特別法に関する住民投票（憲九五条）や憲法改正の国民投票（憲九六条）の制度などを根拠として、日本国憲法の代表制は、一定の要件の下に、国民に、立法作用その他の国政に直接介入する機会が保障された民主制、すなわち「半直接民主制の系譜に属する」とする見方もある（大石　眞『立憲民主制』（平八年）信山社、一〇八―一〇九頁）。しかし、地方特別法は「特別法」であって「一般法」ではないし、憲法改正も通常の立法作用とは著しくその性質を異にする。立法・政策に対する国民投票や国民発案の制度が立憲化されていないわが国の代表制をあえて「半直接民主制」とよぶことにどれだけの意味があるのか、疑問がないわけではない。

日本国憲法の議会制は、これを自由委任の間接民主制を基調とした古典的・近代初期的代表議会制の枠組みとして位置づけるのが妥当である。「純粋代表制」といいかえてもよい。国民投票制など、通常の立法作用に対する国民による直接的な影響力行使の方法が立憲化されていない以上、選挙人による命令委任や院内会派による党議拘束など、現実政治における直接民主制的攻勢については、無理な憲法解釈によって憲法規定との整合性を強弁し、それを重視することがあたかも日本国憲法の〝真意〟であったかのような結論を導き出すのは、適当ではない。また、憲法上要請される全国民代表としての独立した国家意思形成の作用と、現代政治の避けがたい趨勢である民意反映の作用とが、国会という合議体において矛盾なく調和的に両立しうることを前提として、代議制的価値と直接民主制的価値の折衷ないし融合を説く見解も、やや楽観的に過ぎるだろう。

日本国憲法の古典的・近代初期的代表議会制の法的枠組みが、現実政治における直接民主制的攻勢によっていかなる変質をこうむっているのかを明らかにし、それによって生ずる問題をどのような方向で解決すべきかについて、憲法改正を含む制度改革の課題として検討を加えていくことが必要である。

二、二院制

1 両院の構成

「国会は、衆議院及び参議院の両議院でこれを構成する」(憲四二条)。いわゆるマッカーサー草案においては、一院制の議会が構想されていたが、日本側の強い要望をいれ、最終的に、選挙による第二院をおく二院制が採用された。しかし憲法は、衆議院も参議院も「全国民を代表する選挙された議員」(憲四三条一項)で組織され、その選挙について「成年者による普通選挙を保障する」(憲一五条三項)旨を定めるのみで、議員の定数(憲四三条二項)、議員および選挙人の資格(憲四四条)、ならびに選挙に関する事項(憲四七条)はすべて法律に委ねられている。

衆議院議員の任期は四年だが、衆議院解散の場合には、任期満了前に終了する(憲四五条)。実際には、憲法施行から今日(平成一一年一二月現在)に至るまで、任期満了により総選挙が行われたのは一度(昭和五一年一二月)だけで、任期の終了は解散によるものが常態化している。衆議院の定数は四八〇人で、そのうち、三〇〇人が小選挙区選出議員、一八〇人が比例代表選出議員とされる(公選四条一項)。

一方、参議院議員の任期は六年で、三年ごとに議員の半数が改選される(憲四六条)。衆議院と違って参議院は解散されることがない。参議院の定数は二五二人で、そのうち、一〇〇人が比例代表選出議員、一五二人が選挙区選出議員とされる(公選四条二項)。

2 両院の関係——衆議院の優越

憲法は、両院の関係について、衆議院の優越を規定する。まず、衆議院のみに認められている権能として、内閣不信任決議（憲六九条）および予算先議権（憲六〇条一項）があげられる。さらに、以下のような場合につき、議決価値における衆議院の優越が定められている。

(1) 法律の議決

「衆議院で可決し、参議院でこれと異なつた議決をした法律案は、衆議院で出席議員の三分の二以上の多数で再び可決したときは、法律となる」（憲五九条二項）。また、「参議院が、衆議院の可決した法律案を受け取つた後、国会休会中の期間を除いて六十日以内に、議決しないときは、衆議院は、参議院がその法律案を否決したものとみなすことができる」（憲五九条四項）。

(2) 予算の議決

「予算について、参議院で衆議院と異なつた議決をした場合に、法律の定めるところにより、両議院の協議会を開いても意見が一致しないとき、又は参議院が、衆議院の可決した予算を受け取つた後、国会休会中の期間を除いて三十日以内に、議決しないときは、衆議院の議決を国会の議決とする」（憲六〇条二項）。

(3) 条約の承認

条約の締結に必要な国会の承認についても、憲法第六〇条第二項が準用される（憲六一条）。

(4) 内閣総理大臣の指名

内閣総理大臣の指名について、「衆議院と参議院とが異なつた指名の議決をした場合に、法律の定めるところにより、両議院の協議会を開いても意見が一致しないとき、又は衆議院が指名の議決をした後、国会休会中の期間を除いて十日以内に、参議院が、指名の議決をしないときは、衆議院の議決を国会の議決とする」（憲六七条二項）。

衆議院の優越については、次のような問題が指摘されている。まず、衆議院の先議権は、予算の場合に限って認められているだけで、法律や条約の承認に関する議決については、必ずしも衆議院が先議院となるとは限らない。つまり、参議院が先議院となって否決してしまえば、衆議院は審議すらできなくなる。さらに重要なのは、衆議院が可決した法律案について、参議院がこれと異なった議決をした場合に、衆議院でこれを再可決するために出席議員の三分の二以上というハードルを乗り越えるのは、実際には不可能に近いことである。政党化され、党議拘束が当たり前となった今日の衆議院において、三分の二を超えるような単一の会派が出現するとしたら、それは翼賛政党に近いものとなり、政治的多元性を尊重する議会政治の根幹を脅かすことにもなろう。

このように、法律案の議決における衆議院の優越に関する憲法規定は、実際にはめったに起こることのない状況を想定しているため、現実性に乏しく、形骸化している。その結果、両院の現実の関係において、参議院は衆議院とほぼ対等に近い権限を行使しているという見方も生じている。

3 積極的な存在意義に欠ける二院制

連邦制をとらない単一国家において、民選議院たる第一院に加え、第二院をおく根拠としては、従来より主として、「審議の慎重を期すること」および「第一院の行き過ぎを是正すること」の二つがいわれてきた。これらはいずれも第一院の意思形成能力に対する不信感をきっかけとしている。イギリス貴族院がそうであったように、第二院は、第一院における民権的攻勢を警戒し、これを牽制することを本来の役割とする。そして表向きは「良識の府」「熟慮の議院」「修正院」などのもっともらしい意味づけを与えられたのだった。

このように、元来保守的かつ反民主主義的な意図を以て設けられる二院制においては、第二院の構成原理が保守的であり非民主主義的であればあるほど、第一院との間の抑制・均衡は効果的に達成されることになる。すなわち、任命制や間接選挙制など非民主主義的な選任方法により組織され、かつ第一院と対等の権限を有する第二院をおくことが、「審議の慎重」や「行き過ぎの是正」を主目的とする二院制をもっともよく機能させるのである。明治憲法下の帝国議会がそうだった。皇族、華族および勅任議員により組織された貴族院は、公選議員により組織された衆議院とともに、統治権を総攬する天皇の協賛機関としての権能を行使し、予算について衆議院が先議権をもつことを除いては、両院の権限は対等であった（旧憲三四・三五・三七・六五条）。

しかし、二〇世紀における世界的な民主化潮流の中で、このような保守的・反民主主義的な第二院をおく二院制を正当化することは難しくなった。第二次世界大戦後に独立を果たした新興諸国を中心に、一院制議会を採用する国が著しく増加し、〝二院制の凋落〟がいわれるようになった。それだけではない。二院制採用国でも、第二院の保守的・反民主主義的性格の稀薄化ないし払拭が試みられた。第二院を民主化することが、二〇世紀における二院制存続の必須要件となった。

第二院の民主化は、多くの場合、第二院も第一院と同じく公選制としてその組織を民主化するか、そうでなければ、組織方法を非民主主義的なままにして、その代わり権限における第一院の優越を定めることによって行われた。ところが日本国憲法は、参議院についても衆議院と同じく公選制としながら、なおかつ衆議院の優越を定めている。第二院は「第一院と一致するなら無用の長物であり、異なる意見をもつなら有害である」といわれる（フランス革命期の政治家シェイエスの言葉）が、日本国憲法の参議院は、たとえ衆議院と異なる議決をしても、衆議院の再可決によって乗り越えられてしまえば、有害なものにすらなることがない。つまり、参議院の議決が衆議院のそれを上回る重要性をもち、大きな注目を集めるようなことは、少なくとも憲法規定上はほとんどありえないのである。

こうした問題はまた、憲法が両院の選挙に関する事項をほぼ全面的に法律に委ねていることによっても、助長されている。二院制の持ち味は、第二院の性格によって決まり、第二院の性格は、議員の選任方法によって大きく左右される。それなのに憲法は、両院ともに選挙によることを定めるのみで、選挙の方法については、そのごく大まかな原則すらも定めていない。そのため、理念上は政党政治的なものとは異なる原理に基づく「良識の府」であるはずの参議院に、政党本位の選挙制度である比例代表制が、衆議院よりも先に導入される（昭和五七年の公職選挙法改正）など、ちぐはぐな制度改革が行われてきたのである。

憲法は、二院制を定めながら、それを特徴づけることにはきわめて消極的である。というより、積極的な意味づけができないのであろう。二〇世紀の諸憲法における、二院制の存在意義の稀薄化に伴う憲法の苦悩の表れといえようか。

とすれば、二院制の形骸化に歯止めをかけ、これからもその枠組みを有意義に維持していくためには、衆議院のカーボン・コピーと揶揄され、無用論すら根強い参議院について、憲法改正も含めた制度改革の可能性を探る努力が不可欠となろう。一つの考え方は、条約および人事の案件に関する先議権および議決の優越権を参議院に与えるなど、参議院の権限や機能を強化する方向での改革である（たとえば読売新聞社が平成六年に発表した憲法改正試案がそれである。読売新聞社編『憲法――21世紀に向けて』（平六年）読売新聞社、を参照のこと）。両院の間で主として取り扱うべき案件を区別することは、作業効率化のための役割分担の面でも有効かもしれない。しかし、衆議院よりもいっそうの「全国民代表」的視点ないし「良識の府」としての特性発揮が要求される案件について、参議院の優越を認めるのならば、それに見合う参議院の選挙方法を考えなければならない。それは必然的に、民権的ないし政党政治的なものとは反対の方向を目指すものとならざるをえないが、民主主義的な諸価値がきわめて重視される今日、そのような〝逆コース〃（？）的選挙制度改革は正当化されにくい面があろう。

一方、議決価値における権限強化を通じてではなく、参議院における審議の過程それ自体に注意を惹きつけることで、参議院の存在意義を際立たせる工夫の必要を説く見解もある。すなわち、「衆議院議員に定年（七〇歳か六五歳）を設けて、定年に達した議員には勲章を与え、年金をつける。定年後の衆議院議員はのぞめば、自動的に参議院議員になれる。ただし、無給。このような議員から成る参議院は、政治のエキスパートの集まりとして、衆議院の議決案を検討し審議する機関になる」というものである（小林昭三『私の「憲法」素描』（昭六二年）成文堂、一九四頁）。これは一見、突飛で反動的な構想のようにみえるが、すでに何度も選挙の洗礼を受けている古参の元衆議院議員を参議院議員に充てることにより、民主主義的な諸価値との矛盾を最小限に抑え、かつ参議院の議決価値には未練を残さないという意味で〃ふっきれた〃改革案として、政党政治とは一線を画した「良識の府」を構築する切り札ともいえるものである。ただ、そうなると参議院は立法諮問機関に近くなって、共同立法機関としての二院制国会といえるかどうか疑わしくなる。

いずれにせよ、参議院無用論のそれを上回る説得力を備えた制度改革を立案するのは、容易なことではないといえよう。

三、国会の活動

1　会　期

国会が憲法上の権能を行使することのできる期間を会期という。会期には、常会、臨時会および特別会がある（ただし、名称としては、常会・臨時会・特別会の区別なく、「第〇〇〇回国会」のようによばれている）。

(1)　常　　会

毎年一回定期に召集される国会を、常会という（憲五二条）。常会は、毎年一月中に召集するのを常例とし（国会二条）、会期の長さは一五〇日間とされている（国会一〇条）。国会の会期は、両議院一致の議決で延長することができるが、常会の延長は一回を超えてはならない（国会一二条）。

(2)　臨　時　会

臨時の必要に基づいて召集される国会を、臨時会という。臨時会の召集は内閣が決定するが、いずれかの議院の総議員の四分の一以上の要求があれば、内閣は、その召集を決定しなければならない（憲五三条）。また、衆議院議員の任期満了による選挙が行われたときは、その任期が始まる日から三〇日以内に臨時会を召集しなければならない（国会二条の三）。臨時会の延長は二回を超えてはならない（国会一二条二項）。

(3)　特　別　会

衆議院の解散による総選挙の日から三〇日以内に召集される国会を、特別会という（憲五四条一項）。前述の衆議院の任期満了による総選挙後の臨時会においても、解散・総選挙後の特別会においても、内閣総理大臣の指名が他のすべての案件に先立って行われる（憲六七条一項）。また、衆議院の解散後、国に緊急の必要があって参議院の緊急集会が開かれた場合には、そこでとられた措置に同意を与えるか否かの案件が処理されることになる（憲五四条二・三項）。臨時会同様、特別会の延長も二回を超えてはならない（国会一二条二項）。

西欧の議会はもともと、主として課税承認のために国王により召集される臨時的な機関だった。会期制はこのような歴史的事情の名残だが、近代以降は、議事の効率化や、議員の選挙民に接する機会の確保などの合理的根拠を与えられ、諸国で広く採用されることになった。

一般に、会期制により、国会が法案の審議にかけることのできる時間を制限することは、議会の多数派に対する少数派の合法的な抵抗の手段を保障する意味をもつといわれている。しかし、すでに述べたように、会期そのものは延長が可能であり、積極国家化の要請に伴って国会の扱う案件が増加した今日では、会期が年間二五〇日を超えるようなことも少なくない。そのような中で、制度上、少数派の抵抗を実際に可能にしているのは、会期制そのものよりも、それと結びついた会期不継続の原則（ある会期と後の会期の間に議会の意思の継続性はないとする原則。「会期中に議決に至らなかつた案件は、後会に継続しない」（国会六八条））である。これにより、審査未了の案件は、会期の終了とともに原則として廃案となってしまうため、会期末におけるぎりぎりの折衝で、少数派が多数派から何らかの譲歩を引き出すことが可能になっているのである。

2 立法の手続

「国の唯一の立法機関」である国会の中心的な権能は、いうまでもなく法律の議決権である。この権能は、以下のような手続を経て行使される。

(1) 法案の提出

国会に提出される法案は、内閣提出法案と議員提出法案とに大別される。

内閣が法案提出権を有することの憲法上の根拠は必ずしも明確ではないが、憲法第七二条は「内閣総理大臣は、内閣を代表して議案を国会に提出し、……」と定め、この「議案」の中には法律案が含まれるとの解釈を前提に、内閣法第五条は「内閣総理大臣は、内閣を代表して内閣提出の法律案、予算その他の議案を国会に提出し、……」と定めている。内閣提出法案の実質的な起草者は、主として関係省庁の職員であり、この起草の段階では、利害関係者との折衝や関係議員への根回しも綿密に行われる。省庁が作成した法案は、内閣法制局の審査を経て、閣議決定された後、国会に提出される。

一方、議員が法案を提出することについては、国会法上、次のような要件が課せられている。すなわち、「議員が議案を発議するには、衆議院においては議員二十人以上、参議院においては議員十人以上の賛成を要する。但し、予算を伴う法律案を発議するには、衆議院においては議員五十人以上、参議院においては議員二十人以上の賛成を要する」(国会五六条一項)。この要件は、選挙区受けを狙った無責任な法案提出を抑制することを当初の狙いとして設けられたものであるが、国会議員に全国民代表としての独立性を期待する憲法の趣旨に照らせば、法案提出という立法過程の第一段階において、政党人としてでなく独立した議員としての提案を行う機会を奪うことには、少なからず問題があろう。また、諸外国では議員単独での法案提出を認めている例が少なくないことを考えても、この要件は、とりわけ少数派にとって厳しいものといえる。それだけではない。議員個人が提出する法案は、実際には、あらかじめ所属政党の審査を受け、党機関の承認を得なければ受理されない。議員の独立性は、制度と運用の両面で、政党政治的な原理による侵食を受けているのである。

(2) 法案の審議・表決

明治憲法下の帝国議会が審議の中心を本会議においていた(本会議中心主義)のに対し、日本国憲法の下では、連合国総司令部(GHQ)の指示を受けて、委員会を中心とする法案審議の方式(委員会中心主義)が導入され、各議院の常任委員会および特別委員会(国会四〇・四一・四五条)が法案の実質審査を担うことになった。

提出された法案は、当該議院の議長によってただちに適当な委員会に付託される(国会五六条二項)。委員会審査は、議員の質問に政府側が回答する形式で進行する。そして従来は、この質疑の場面において、政府委員が重要な役割を担っていた。政府委員は、国務大臣を補佐するため、両議院の議長の承認を得て任命される(国会旧六九条)行政府職員であり、委員会における答弁は、実質上、国務大臣よりも政府委員によって行われるのが普通だったため、国会審議の形骸化や行政主導の政策決定に対する批判が長年いわれ続けてきた。しかし、平成一一年七月三〇日に公布された「国会審議の活性化及び政治主導の政策決定システムの確立に関する法律」により、国会法の一部が改正され、この政府委員の制度は、第一四六回国会召集の日以降、廃止されることになった。改正国会法は、国務大臣を補佐するため議院の会議又は委員会に出席することのできる者として、内閣官房副長官および政務次官を挙げ（国会六九条一項）、本法と同時に改正された各議院規則も、委員会における対政府質疑は国務大臣または内閣官房副長官もしくは政務次官に対して行う旨、また、委員会は、行政に関する細目的または技術的事項について、必要があると認めるときは、政府参考人として政府職員に出頭を求め、説明を聴く旨を定めている。さらに委員会は、総予算および重要な歳入法案については必ず、その他の重要案件については任意に、公聴会を開き、利害関係者または学識経験者から意見を聴くことができる（国会五一条）。なお、委員会は、原則として、議員以外の傍聴を許さないことになっているが、報道の任務にあたる者その他の者で委員長の許可を得たものについては傍聴が許され（国会五二条一項）、テレビ中継なども行われているので、実質的には公開されているといってよい。

委員会で法案が可決されると、委員長は報告書を作成し、議長に提出する。法案は議長の定める議事日程に組み込まれ、それに従って本会議での審議が行われる。本会議の定足数は総議員の三分の一以上（憲五六条一項）であり、会議は公開を原則とする（憲五七条一項）。すでに委員会において実質審査が充分になされた後の段階になるので、本会議での審議はそれに比べると形式的なものにならざるをえない。本会議において法案の修正動議を議題とするには、「衆議院においては議員二十人以上、参議院においては議員十人以上の賛成を要する。但し、法律案に対する修正の動議で、予算の増額を伴うもの又は予算を伴うこととなるものについては、衆議院においては議員五十人以上、参議院においては議員二十人以上の賛成を要する」（国会五七条）。表決は、「出席議員の過半数でこれを決し、可否同数のときは、議長の決するところによる」（憲五六条二項）とされるが、可否同数のときに議長が投票権を行使する場合には、消極的に行使する（否決する）ことが慣例となっている。また、「出席議員の五分の一以上の要求があれば、各議員の表決は、これを会議録に記載しなければならない」（憲五七条三項）とされ、この場合には、賛成者は自分の氏名を書いた白票を、反対者は青票を投じる方法により、記名投票が行われる。

(3) 両院の議決

甲議院で可決された法案は乙議院に送付され、乙議院でも同様の手続により審査・審議が行われ、乙議院でも可決されれば法律となる。衆議院の送付案を受け取った参議院が、衆議院と異なる議決をしまたは議決しない場合には、すでに述べたように、衆議院の優越が現れ、衆議院の出席議員の三分の二以上の多数で再可決されれば法律となる（憲五九条二項）。ただし、再可決に及ぶ前に、衆議院が両院協議会を求めて調整を図ることができる（憲五九条三項）。

(4) 奏上・公布

国会で議決された法案は、それを最後に議決した議院の議長から、または衆議院の議決が国会の議決となった場合には衆議院議長から、内閣を経由して天皇に奏上される（国会六五条一項）。法律は、奏上の日から三〇日以内に（国会六六条）、天皇により公布される（憲七条）。

四、国会の権能

憲法上、国会は、すでに述べた法律の議決権の他に、憲法改正発議権、内閣総理大臣指名権、条約承認権、財政統制権および弾劾裁判所設置権を有する。

(1)　憲法改正発議権　　第2章を参照のこと。

(2)　内閣総理大臣指名権　　すでに述べた。また、本章第二節を参照のこと。

(3)　条約承認権

条約の締結は内閣の権能であるが、内閣が条約を締結するには、「事前に、時宜によつては事後に、国会の承認を経ることを必要とする」（憲七三条）。条約の承認については、すでに述べたように、衆議院の優越が現れる（憲六一条）。事前に国会に承認を求め、それが得られないときは、内閣は条約を批准することができないが、事後すなわち批准の後に国会の承認が得られなかった場合に、その条約の国際法上の効力がどうなるのかについては、有効説と無効説が対立している（もっとも、これまでに国会が条約の承認を否決した例はない）。また、文書による国家間の合意のすべてに国会の承認が必要とされるわけではなく、国会の承認を必要とする条約は、法律事項を含む国際約束、財政事項を含む国際約束、および政治的に重要であるために発効のために批准が要件とされている国際約束、の三種であるとされている（一九七四年の政府見解による）。

(4)　財政統制権　　第10章を参照のこと。

(5)　弾劾裁判所設置権

「国会は、罷免の訴追を受けた裁判官を裁判するため、両議院の議員で組織する弾劾裁判所を設ける」（憲六四条一項）。弾劾裁判所は、各議院においてその議員の中から選挙された同数の裁判員（裁判員各七人、予備員各四人）で組織される（国会一二五条、裁弾一六条一項）。弾劾裁判所は、国会内に設置されるが、国会とは別の独自機関であり、国会閉会中でも職権を行うことができる（裁弾四条）。対審および裁判の宣告は、公開の法廷で行われ（裁弾二六条）、審理に関与した裁判員の三分の二以上が罷免に同意するときは、罷免の裁判を行うことができる（裁弾三一条二項）。罷免の裁判があったときは、その裁判官は罷免される（裁弾三七条）。弾劾裁判所は、第一審にして終審としての裁判権を有するので、罷免の裁判の宣告を受けた者は、最高裁判所その他の裁判所に上訴することができない。

五、議院の権能

国会両院が一致して行使する「国会の権能」とは別に、各議院がそれぞれ単独で行う権能を「議院の権能」という。議院の権能には、議院の自律権および国政調査権がある。

1 議院の自律権

各議院が、他の国家機関や他の議院から干渉を受けることなく、その内部組織および運営等について自律的に決定できる権能を、議院の自律権という。議院の自律権には、議員の資格争訟の裁判権、議院規則制定権および議員懲罰権がある。

(1) 議員の資格争訟の裁判権

「両議院は、各〻その議員の資格に関する争訟を裁判する。但し、議員の議席を失はせるには、出席議員の三分の二以上の多数による議決を必要とする」（憲五五条）。議院が裁判権を有する資格争訟とは、現に議員の地位にある者の資格の有無に関する争訟を意味し、選挙の効力に関する争訟および当選の効力に関する争訟についての裁判権は、裁判所に属する（公選二〇四条以下）。資格争訟の裁判については、裁判所による救済を求めることができない。

(2) 議院規則制定権

「両議院は、各〻その会議その他の手続及び内部の規律に関する規則を定め」ることができる（憲五八条二項）。明治憲法第五一条は、帝国議会各議院における諸手続の大部分を法律たる議院法によって規制する方針を明確にしていた。

これに対し、日本国憲法第五八条第二項は、これらの事項を法律ではなく各議院規則に委ねる旨を定めている。これには、すでに述べたように、マッカーサー草案の段階では一院制議会が予定されていたことが影響している。しかし最終的に二院制が採用されたことにより、両院の関係に関するルールを定める必要が生じ、明治憲法下の慣行にも引きずられて、本来議院規則に委ねるべき事項の大半は、法律たる国会法によって規制されることになった。このため、各議院内部の小さな組織改革にも国会法の改正、すなわち他議院の同意が必要となり、議院の自律権の形骸化がいわれている。なお、議院規則は一般には公布されず、裁判所による司法審査の対象とならない。

(3) 議員懲罰権

「両議院は、……院内の秩序をみだした議員を懲罰することができる。但し、議員を除名するには、出席議員の三分の二以上の多数による議決を必要とする」(憲五八条二項)。ここにいう「院内」は、議事堂内部という空間的意味ではなく、議場外の行為であっても、議員としてなされた行為で、会議の運営など院内の秩序をみだすことに因果関係のあるものは、懲罰の対象とされる。懲罰事由には、法律または議事規則に違いその他議場の秩序をみだしまたは議院の品位を傷つける行為(国会一一六条)、無礼の言を用い、または他人の私生活にわたる言論をする行為(国会一一九条)、正当な理由がなくて会議または委員会に欠席する行為(国会一二四条)などがある。

2 国政調査権

「両議院は、各〻国政に関する調査を行ひ、これに関して、証人の出頭及び証言並びに記録の提出を要求することができる」(憲六二条)。国政調査権の性質については、憲法第四一条に定める「国権の最高機関」性を根拠に、国権統括のための独立の権能であるとする見解がある。しかし、すでに述べたように、「国権の最高機関」という言葉に、国会の優越的地位や総合調整機能を推定する根拠としての法的意味を読み込むのは適当ではない。国政調査権は、議院がその権能を有効に行使するための補助的な権能であると解すべきである。補助的ではあるが、しかし、強制力のある権限である。「正当の理由がなくて、証人が出頭せず、現在場所において証言すべきことの要求を拒み、若しくは要求された書類を提出しないとき、又は証人が宣誓若しくは証言を拒んだときは、一年以下の禁錮又は十万円以下の罰金に処する」（議院証言七条一項）とされているからである。

国政調査権には、国民の権利、行政権および司法権との関係で、次のような限界がある。第一に、国民の権利との関係では、証人は自己または親族等が刑事訴追を受け、または有罪判決を受けるおそれのあるときは、宣誓、証言または書類の提出を拒むことができる（議院証言四条一項）。また、調査目的と関連性のない、またはプライバシーにかかわる証言または資料の提出も拒否することができると解される。第二に、行政権との関係では、公務員の職務上の秘密に関する証言または書類の提出には、当該公務所またはその監督庁の承認を必要とする（議院証言五条一項）。承認を拒むときは、当該公務所またはその監督庁は、その理由を疏明しなければならない（議院証言五条二項）が、議院がそれを受諾できないときは、議院は「その証言又は書類の提出が国家の重大な利益に悪影響を及ぼす旨の内閣の声明」を要求することができ、この声明があれば証人は証言または書類を提出する必要がなくなる（議院証言五条三項）。第三に、司法権との関係では、現に係属中の事件について、裁判の内容の当否などを調査することは許されない。ただし、裁判とは異なる目的のために、裁判と並行して議院が調査を行うことは許される場合もあると解される。

第二節　議院内閣制の本質

行政府（内閣）が立法府（国会）の信任を基礎に成立し、かつ立法府に対して責任を負う制度を、議院内閣制という。日本国憲法には議院内閣制を採用している旨を明示する規定はないが、一般に議院内閣制の指標とされる次のような制度的特色をすべて備えていることから、議院内閣制を採用していることは明白である。

(1) 国会を存立基盤とする内閣

「内閣総理大臣は、国会議員の中から国会の議決で、これを指名する。この指名は、他のすべての案件に先だつて、これを行ふ」(憲六七条一項)。各議院規則は、この指名の議決を記名投票で行い、投票の過半数を得た者を指名する旨を定めている(衆規一八条、参規二〇条)。また、指名について両院の意見が一致しないときに衆議院の優越が現れることは、すでに述べた。

(2) 国会に対する内閣の連帯責任

「内閣は、行政権の行使について、国会に対し連帯して責任を負ふ」(憲六六条三項)。内閣が国会に対して負う責任は、政治的責任であって、法的責任ではない。内閣は国会の信任を基礎に成立し始動するが、内閣の活動が法に違反していなくても、その政策が国会の意思に反したり、思わしい成果が得られない場合には、その〝失政〟について、国会に対して責任を取らなければならない。国会(衆議院)の側からこの責任を追及する手段が、次に述べる内閣不信任の意思表示である。

(3) 衆議院解散制

「内閣は、衆議院で不信任の決議案を可決し、又は信任の決議案を否決したときは、十日以内に衆議院が解散されない限り、総辞職をしなければならない」(憲六九条)。一方、憲法第七条は、天皇の権能の一つとして「衆議院を解散すること」をあげているが、天皇の国事行為にはすべて内閣の助言と承認を必要とするので、解散の実質的決定権が内閣にあることは疑いがない。しかし、憲法自体には、解散権の主体を明示する規定が存在しない。そのため、解散権の行使は、第六九条の場合、つまり衆議院が内閣不信任の意思表示をした場合に限られるのか、それとも、内閣の政治的裁量によっていつでも衆議院を解散することができるのかが問題となる。これについては、内閣はいつでも衆議院を解散することができるとする通説がほぼ確立しているし、実際にも昭和二七年以後、解散の詔書には一貫して「日本国憲法第七条により、衆議院を解散する」旨の文言が採用されてきた。

(4)　国会議員と国務大臣の兼任制

「内閣総理大臣は、国務大臣を任命する。但し、その過半数は、国会議員の中から選ばれなければならない」(憲六八条一項)。「内閣総理大臣その他の国務大臣は、両議院の一に議席を有すると有しないとにかかはらず、何時でも議案について発言するため議院に出席することができる。又、答弁又は説明のため出席を求められたときは、出席しなければならない」(憲六三条)。内閣総理大臣以外の国務大臣の過半数が国会議員であることは、単に内閣の成立要件であるだけでなく、存続要件でもあると解される。

このような制度的特徴をもつ議院内閣制は、次のような考え方に支えられている。すなわち、議院内閣制は、①三権分立を前提とする。しかし、②その前提をある程度崩して、行政府と立法府との間に協調関係を作る。しかも、③その協調は、基本的には立法府の優位の下に確保される。

さらに、議院内閣制について忘れてはならないのは、内閣の存立基盤は、直接的には国民にではなく、議会にあるということである。議会は独自の判断により首相を指名し、内閣の信任・不信任を決める。これが議院内閣制の前提である。そこでは、国民の支持と期待に支えられ、しかし国民による直接的な拘束は受けないという、すでに述べたような代表議会制の原則が考えられている。そして、このような議院内閣制の在り方が確立されたのは、西欧(とくにイギリス)において古典的議会主義が最盛期を迎えた一九世紀の半ば、いわゆる「議会の黄金時代」においてであった。

議院内閣制は、国民の自律的意思形成能力に対する不信に立脚している。行政府の創出と維持に際し、国民のなまの声の影響をむしろ意図的に遮断することによって、国民の直接選挙によるよりも賢明な首相選びを可能にし、議会と内閣が一体となって、全国民的観点から公共の福祉の最大実現を目指す点にこそ、この制度の妙味がある。その意味で、議院内閣制は、民主主義的な諸価値と矛盾するとまではいえないにしても、少なくともそのような価値を積極的に実現することを目的とした制度枠組みではない。

第三節　代表議会制の変容

一、代表の在り方と議院内閣制の変容

一九世紀半ばから二〇世紀半ば頃にかけて、西欧をはじめ諸国の議会制における「代表」の意味は大きな変容を余儀なくされた。この変容は、選挙権の拡大と政党制の成立によってもたらされた。選挙は、「人」に対してではなく「政策」に対するものに変わり、議員に期待される資質も、全国民代表としてのそれではなく、選挙人のなまの声を忠実に議場に反映させる「代理人」ないし「代弁者」としてのそれになった。議会での各議員の発言や投票は、もはや純然と議員自身の独立の良心に基づくものではありえず、事実上、選挙公約という選挙人からの命令委任に拘束され、所属政党の政策方針に忠実に従わざるをえないようになった（党議拘束）。

このような「代表」の意味の変化に伴って、議院内閣制の内実も大きく変化した。すでに述べたように、内閣は、

形式上は議会の信任を基礎としながらも、実質的な権力基盤を国民の直接の意思に頼るようになった。この傾向は、二大政党間での政権交代のルールが確立されているイギリスのように、堅固な政党政治の枠組みが存在する国においてとりわけ顕著である。今日イギリスの総選挙は、実質的には国民が直接に首相を選挙する機会であることが公然といわれている。これは、本来間接民主制の枠組みである議院内閣制が、政党制を媒介に事実上の直接民主制にリニューアルされることによって、現代政治の民主主義的諸要請に、良くいえば適合し、悪くいえばそれによって骨抜きにされてきたことの表れである。総選挙で議会の過半数を占めた政党の党首が首相になる――このやり方は、イギリスのみならず、議院内閣制をとるほとんどの国々において、正当なものとみなされるに至っている。わが国でも、すでに明治憲法の時代において、このやり方こそが「憲政の常道」とよばれ、天皇による首相任命の指針とされた時期があった。

二、代表機能における二種――民意の「反映」と「統合」

現代民主政治における代表は、大別して二種の機能をもっている。すなわち、民意の統合を基準とする代表と、民意の反映を基準とする代表である。

古典的・近代初期的代表議会制が念頭においていた議会人の在り方は、民意の統合を基準とする代表であった。ここでは代表者と被代表者の意思の一致は要求されず、代表者には、選良《エリート》としての個人的能力を発揮し、討論を通じて民意の統合を実現する作用が期待されていた。これに対し、現代民主政治は、民意の反映を基準とする代表の機能に比重をおく。議場は、各政党が（議員に対してではなく）国民に向かって政策をアピールする場となり、相互説得という討論の形態が成り立たなくなった。もはや現代の議会には、民意統合の作用は期待できなくなっている。政策決定の中枢は、議会以外の国家機関とりわけ行政府に移り、行政国家化がいわれるようになった。

わが国に限らず、今日、諸国の議会における代表機能は、民意の統合から民意の反映を中心としたものに移ってきている。これは大衆民主主義の必然的帰結であり、民主主義それ自体を否定し、または統治機構における民主的要素を制限もしくは除去しない限り、避けることのできない傾向である。国会議員の選良《エリート》的独立性を回復し、失われた「全国民代表」性を復活強化することで、討論による政治の復権を図ろうとしても、空しいだけであろう。もはや現代の議会に民意の反映と統合を同時に期待することはできない。国会はこれからも多様な民意の展示場であり続けるだろう。

しかし、そうであってもやはり、民意はどこかで統合されなければならない。それには議会のような多人数の合議体よりも、独任制の機関の方が適している。なぜなら、数百人からなる議会の一員を選ぶのと、たった一人の機関を選ぶのとでは、同じ選挙でもまったく意味が違ってくるからである。合議体の一員を選ぶ選挙は民意の反映に、独任制の機関を選ぶ選挙は民意の統合に、それぞれ適した代表者選出の手続である。その意味で、議会の役割をもっぱら民意の反映ということに割り切って、民意の統合の場を別の機会に求めようとする制度改革の提言――首相公選論（第7章を参照のこと）――は、古典的・近代初期的な建前と現代民主主義的な趨勢との間でどっちつかずの状態にある現代日本の議会政治を混迷から救い出すための、一つの有力な処方箋として注目に値しよう。

第⑥章

政党国家

野畑健太郎

第一節　政党国家の特徴

一、日本国憲法と政党

今日、政党のことが新聞の政治面記事に触れられない日はない。二〇世紀の大衆民主政治において、政党は不可避的な存在になっている。「民主政治は政党政治」という表現が抵抗なく用いられている。政党の国政に及ぼす影響力はきわめて大きく、政治の現実は、政党を基礎として成立する「政党国家」の様相を呈している。

だが、日本国憲法には政党に関する規定はない。憲法上「政党」という言葉はどこにも見当たらない。憲法の規定は政党に対して沈黙している。この沈黙について、最高裁判所は次のように指摘した。すなわち、「憲法は政党について規定するところがなく、これに特別の地位を与えてはいないのであるが、憲法の定める議会制民主主義は政党を無視しては到底その円滑な運用を想定することはできないのであるから、憲法は政党の存在を当然に予定しているものというべきであり、政党は議会制民主主義を支える不可欠の要素なのである」（最大判昭四五・六・二四）と。しかしながら、ここでいわれている「政党」については、その理解の仕方が気になる。

けだし政党に対する憲法の沈黙は、西洋近代憲法（原理）の政党に対する態度を彷彿させる。一九世紀の西洋は議会制の時代で、近代憲法は政党のことにまで言及しなかった。イギリスの一九世紀中葉は議会制の最盛期であったとされているが、この時期の政党は、議会制の論理を崩すことのない政党であった。それは、議会外政党組織のようなものではなく、もっぱら議員政党（いわば議会内会派）であった。本書第5章で述べられている通り、日本国憲法の議会制は、「自由委任の間接民主制を基調とした古典的・近代初期的代表議会制」であり、現代の政党国家以前に確立された代表議会制の論理に則っている。この代表議会制が前提とする政党は、政党国家的現実をもたらしている政党、つまり、議員政党から脱皮し〝異質化〟している「大衆政党」とは、異なるものである。後述するように、同じく「政党」という言葉を用いながらも、そこには「本質的な」差異がみられる。こうして、この視点から、「憲法は、政党を必ずしも積極的に肯定していない……法律（たとえば、国会法や公職選挙法）が、政党国家的デモクラシーを容認しているにとどまる」（小林昭三「政党国家――憲法と政党――」清水　望編『比較憲法講義』（昭四七年）青林書院新社、二二五頁）という指摘がなされることになる。

二、政党国家的現象とその論理

1　政党組織の変化・発展

政党（party）に対するもっとも古典的な定義は、イギリスのエドマンド・バーク（Edmund Burke）が一七七〇年に発表したそれである。バークによれば、「政党とは、ある特定の主義において一致している人々が、その主義に基づき、共同の利益によって国民的利益を増進せんがために結合した団体である」（The Works of Edmund Burke, 1901, Vol. II, p. 81.）。バークのこの定義は、国民的利益を強調し、そうすることによって、当時の国王ジョージ三世（George III, 1738-1820）の周囲に集まった宮廷派を「徒党」（faction）として排除し、バークの所属していたホイッグスの意義を高揚しようとする特定の意図に発したものである。バークの定義は、政党概念のモデルとしてその後頻繁に引用されることになるが、注意すべきは、バークの定義の素材（政党イメージの前提）となっている政党は、議会外にいまだ支持組織をもたない、せいぜい議員集団としての政党（Fraktionspartei）だということである。

バークが政党と考えたものは、マックス・ウェーバー（Max Weber）のいう「貴族政党」ないし「名望家政党」の段階の政党であって、「大衆政党」の段階の政党ではない。すなわち、ウェーバーは、政党組織の発展過程について、イギリス政党史から帰納した三つの類型を示している。「貴族政党」（Adelsparteien）、「名望家政党」（Honoratiorenparteien）、および「大衆政党」（Massenparteien）がそれである。「貴族政党」は、名誉革命から第一次選挙法改正まで（つまり、一六八九年から一八三二年まで）の間の政党を素材にして類型化したものである。また、「名望家政党」は、第一次選挙法改正から第二次選挙法改正まで（つまり、一八三二年から一八六七年まで）の間に行われた選挙権拡大の時期の政党の類型化である。この時期の政党は、名望家的な社会秩序を基礎とし、「教養と財産」をもつ階層が形成・組織する政党であり、議会外にいまだ支持組織をもたない、議員集団としての政党であった。下院議員の大部分は、地方名望家の力を借りて選出され、党議拘束力は、まだ充分でなかった。

「名望家政党」は、制限選挙制の緩和（終局的には普通選挙制の確立）とともに大きく変化し、議会外にその支持組織を整え、かつ厳格な政党規律を具備するようになる。イギリスでは、一八六七年の第二次選挙法改正によって選挙権が飛躍的に拡大した。多数の都市労働者が、新選挙民として登場し、保守党も自由党も、選挙民「大衆」の支持を得なければならなくなった。大衆を対象とする選挙運動が、政党の重要な役割になり、二大政党の全国的な組織が相前後してでき上がった。それまでの政党、つまり、もっぱら議会内活動に終始した感のある政党に、議会外政党という要因が加わった。この面に政党活動の重点が移行し、「大衆政党」が出現するに至った。

2　大衆政党の出現と政党国家的現実

「大衆政党」は、かつての「名望家政党」のような政党、つまり、ルーズな議員集団に基礎をおく議員政党とは質を異にした。議員政党は、議員のたまたまの集まりに過ぎず、議員の独立を害することはなかった。これに対して、

「大衆政党」は、提示した政策に対する選挙民の支持に依拠し、かつ拘束される。その結果、党員たる議員の議会活動は、党の決定から自由でなくなった。「大衆政党」にあっては、党員は具体的な個々の問題についてよりも、党首個人を通して、換言すれば、現首相または影の内閣の首相を通して、その政党の政策または性格を判断するようになった。党首は政党の擬人化であり、一方、政党の性格は党首によって決まった。こうして、イギリスにおける保守党への投票は、たとえばディズレリ（Disraeli）への投票であり、自由党への投票は、グラッドストーン（Gladstone）への投票とみなされるようになり、〝国民投票〟的な特徴が現れることになった。

このように、「名望家政党」と「大衆政党」との間には、同じく「政党」という言葉を用いながらも、「本質的な」とさえいっていいほどの大きな差異がみられる。それは、一方を「政党」と特徴づければ、他方に「政党」という言葉を使うことができるのか、という疑問が生じるほどの差異である。この差異に対する明確な認識が必要であり、また重要でもある。

「大衆政党」は、選挙に際して、また議会内外における不断の活動を通して、単に政府への世論の伝声管としての機能だけでなく、主体的に国民の政治的意思を形成するという現代国家に不可欠な統合機能をも営んでいる。国家意思の決定は、「大衆政党」の圧倒的影響の下に行われ、その正当性は、「大衆政党」の介在（仲介）によって供給される。「大衆政党」が「政治過程の原動力」としての機能を営む現象は、「20世紀の大衆民主政国家においては共通の不可避的現象である」（手島　孝「現代憲法と政党」芦部信喜編『岩波講座「現代法」第三巻・現代の立法』（昭四〇年）岩波書店、一六五頁）といわれるまでになっている。そして、政党がこのように国家意思の形成および決定に実質上主導的立場を占める、換言すれば政治のダイナミックス（動力学）に主役を務める現代国家のことを、一般に「政党国家」（party state, Parteienstaat）と呼称している。

三、政党国家の論理

1 H・トリーペルの「政党国家」論

H・トリーペル（Heinrich Triepel）は、一九二七年八月三日、ベルリン大学での講演において、政党に対する国家の対応の歴史を整理して、それを、①政党敵視の段階、②政党無視の段階、③政党の承認および法制化の段階、④政党の憲法的融合の段階の四段階に区分した。そして、政党国家を「政党を基礎として成立する」国家、しかもそのことが憲法によって保障されている――つまり、政党の「憲法的融合」（Verfassungsmäige Inkorporation）がなされている――国家であるとした（H. Triepel, "Die Staatsverfassung und die politischen Parteien", 1928, S. 28f.）。

国法と政党の関係についていえば、トリーペルの四段階説は、両者の力関係の移動が、各段階展開のきっかけになっている。ただし、政党が強力な存在になって、その結果、国法体系の内容に本質的な変化が生じるというのではなく、むしろ、政党が国法の中に入っていわば「去勢」されてしまう、というような見方がなされている。国法と政党との関係を、国法の側だけからみており、政党がもたらしうる国法の内容・意味の変化には否定的であり、その変化は歓迎されなかったのである。すなわち、トリーペルの説く政党の「憲法的融合」という概念は、政党政治によってもたらされる〝変化〟、つまり〝近代憲法の意味・内容の変化〟を承認することを前提とするものではなかった。トリーペルからすれば、政党の「憲法的融合」とは、近代憲法の内容（価値）に見合う、あるいは見込める状況が保障されていること、とくに政党がそのような存在であることを条件としてはじめて認められるものであった。だが、現実の「大衆政党」は、そのような存在ではないし、近代憲法価値に見合うような存在たりうることを保障するような変質への可能性も認められない。それゆえ、トリーペルは「大衆政党」を嫌い、それのもたらした憲法現象を「外憲法的現象」(extrakonstitutionelle Erscheinung) にとどめておくべきであると主張したのである。

当時のドイツの憲法、つまり、一九一九年八月一一日のドイツ国憲法(いわゆるワイマール憲法)は、〝政党の規定〟といえる規定をもたなかった。同憲法の「官吏は、全団体の使用人であって一党派の使用人ではない」という規定(一三〇条)は、政党を積極的に認める規定ではなかった。一方、現実において、「大衆政党」の影響力は決定的で、政党国家的現実は否定しがたかった。トリーペルは、この点、ドイツにおいて政党国家は現実となっており、国政が政党の影響下にあるのは明白であって、これについては否認も弁明もなしえないと述べ、政党の関与・支配という政党国家的現実を認めた。そうして、憲法現実と憲法との不一致を強調し、政党国家に賛成しなかった。トリーペルは「大衆政党」に対して好意的ではなかったが、トリーペルからすれば、そもそも政党の本質・性格はきわめて利己的なものであり、それゆえ国家組織の中に参加させるのは不適当とみられるものであったからである。換言すれば、政党、なかんずく「大衆政党」は、国家公共的配慮が(充分で)なく、私的利益追求をモチーフにしており、しかもその域を出ない(あるいは、変質の可能性は認められない)存在で、決して憲法の価値に見合うような存在ではない。だから外憲法的現象にとどめておくべきであるというのが、トリーペルの考え方であった。それは、政党に消極的なワイマール憲法の思想に一致するものであった。

このような政党論に対してもっとも厳しい批判を加えたのが、H・ケルゼン(Hans Kelsen)である。ケルゼンによると、「デモクラシーは必然不可避的に政党国家である」。これに反対するのは、非民主的であるだけでなく、非現実的であるとした(H・ケルゼン著、西島芳二訳『デモクラシーの本質と価値について』(昭四一年)岩波書店、五一頁、一三九—一四七頁)。

二〇世紀の今日の「大衆政党」は、議員政党とは違う。「大衆政党」は政治生活に決定的な影響を与え、議会制は変質した。このような状況に合わせて、「政党国家的民主制」(Parteienstaatliche Demokratie) がいわれる。

2　G・ライプホルツの「政党国家的民主制」論

G・ライプホルツ (Gerhard Leibholz) によれば、今日「すべての西洋諸国において近代民主制が政党国家的民主制、すなわち政治的な行動単位としての政党を基礎として構成され政党を政治的統合過程の不可決の構成要素とみなす民主制の性質をもつに至った」(G・ライプホルツ著、阿部照哉他訳『現代民主主義の構造問題』(昭四九年) 木鐸社、八三頁) とされる。そして、政党は、今や〝憲法の構造上の不可欠な構成要素〟となって、〝憲法組織の中に編入〟され、国民の政治的意思決定に協働することを通じて、〝憲法上の一機関〟としての機能を果たしている。このような政党国家において問題となるのは、民主制の形態である。というのは、政党国家的民主制が、その原理的構造において、自由主義的・代表議会制的民主制とは、「技術的な細部においてのみならずあらゆる本質的な点で全く異なっている」からである。こう述べて、ライプホルツは政党国家的民主制の特徴として以下の諸点をあげている。

(1)　政党国家的民主制の本質

現代の政党国家は、直接民主制の代用物である。すなわち、現代の政党国家は、その本質・形態からすると、「国民投票的民主制の合理的発現形態」であり、別言すると、「現代の広域国家……における直接民主制の代用品である。それゆえ、その原理的構造において自由主義的代表民主制とは著しく異なっている」(G・ライプホルツ著『前掲書』八五頁)。ここで注意しなければならないのは、直接民主制がいわれるときの指標である。直接民主制といえば、古代ギリシャ・アテネの民会やスイスのランズゲマインデが例としてあげられるように、狭い領域でのみ成り立ちうるもので、広域国家では無理とされてきた。だから、広域国家では代表議会制が不可避だったのである。しかし、二〇世紀になって直接民主制がいわれるための要件が変わった。すなわち、有権者がみずから集まって、審議し決定する機会などもたないまま〝直接に投票して多数決で決める〟手法について、直接民主制がいわれるようになった。つまり、国民投票が直接民主制なのである。議員選挙について国民投票がいわれる場合、有権者の行う投票は、代表議会制における議員の選挙、別言すれば、人の選出という意味での投票ではない。議員選挙のかたちをとっても、それは政策について行う投票である。政策は政党の掲げるものであるから、政策の選択は政党を選択することになる。民意は、政策つまり政党を通してまとめあげられる。こうして有権者と政党の「一体化」（一体性原理）がいわれることになる。有権者に選択された政党は、政党間の競合を通して政策を議会意思・政府意思に昇華し、国家意思に仕立て上げる。これが政党意思と国家意思の「一体化」ということの意味である。このような国民投票的民主制を可能にしたのが、「大衆政党」に他ならない。ここから、政党国家は、直接民主制の今日的形態ということになる。

ライプホルツによれば、政党国家的民主制においては、国民の意思ないし「一般意思」は、政党を通じて形成される。つまり、国民投票的民主制において選挙民の多数の意思が国民のその時々の全体意思と同一視されるのと同じように、政党国家的民主制が機能している場合、政府や議会においてその時々に多数派を形成している政党の意思が「一般意思」と同一視される。つまり、選挙民の多数意思によって形成される民意は「全体意思」であり、国政の面で多数党の示す民意は「一般意思」である。「全体意思は、ほんらい私的である個別意思の合計で、そのままでは私的という特性を払いきれない。この全体意思が公的になるのは、つねに正しいとされる一般意思に接し、これにより洗浄されるときである」（小林昭三「前掲論文」一五八頁）。政党は、全体意思を一般意思へと質的に転換させる役割を果たすことになる。政党のこの役割は、一体化（一体性原理）によって正当化されている。

ただ、問題は、政党それ自体の存立理由は、一体化に役立ち、一体化作用に大きくかかわるものではあっても、一体化を独占するものではないはずだという点である。ライプホルツの政党国家論の鍵概念ともいえる、この一体性原理（ないし一体化作用）に対しては疑問を投げかける見解もある。たとえば、D・グリム（D. Grimm）は、次のようにいう。すなわち、なぜ党員よりも圧倒的に多い有権者の意思が党員意思に一体化されてしまうのか。有権者、とくに党員以外の有権者は、民意形成に当たって行為能力を有さないはずなのに……、と。

(2)　議会の地位の変化

ライプホルツによれば、代表議会制から政党国家的民主制への発展の結果に対応して、政党国家的民主制においては、議会は（かつてもっていた）自由な討論に基づく決定の場としての固有かつ本来の性格をますます喪失していき、他の場所（委員会あるいは党会議）ですでに下された決定を記録するために党規律にしばられた政党の受任者が集まる場に過ぎなくなった。このような状況にあっては、政治の重点は、議会から選挙民と選挙民を組織する政党へと移行していく。伝統的な形態における議会は、今日では、もはや国家の統治機構の内部で中枢的地位を占めるものではない。議会の地位は変化したのである。

(3)　議員の地位の変化

議会の地位の変化に伴い、議会の議員の地位も変化した。今日の議員は、一九世紀的な議会制（自由主義的代表議会制）の下で考えられていたような、全国民の代表者として自己の良心にのみ従って自由かつ独立に行動する議員ではなくなった。議員は、政党の意思に服従し、政党の拘束・制約に服することになった。政党の拘束は、議会での審議・採決において、議員の演説や投票に決定的な影響を及ぼすもので、ここにおいて、命令的委任や会派強制が、憲法理論上、その足がかりと内的正当性を与えられることになった。

(4)　議員選挙のもつ意味の変化

現代政党国家における議員の選挙は、議員個人を選ぶことではなくなり、国民投票的な性格をもつに至った。議員の選挙は、選挙民がその政治的意思を「党によって指名された候補者」と「候補者の支持する党綱領」に対して表明する「国民投票的行為」を意味するに至った。したがって、選挙民による議員選択の基準は、候補者個人の功績ではなく、所属政党いかんになった。

(5)　政党国家的民主制の帰結

議員が反党行為をなした場合、党からその責任を追及されることが多くなっている。このことは、現代の政党国家的民主制の〝帰結〟に対応する。政党は、党を通して表明された民意の「番人」として、議員を党から除名することができるが、実際上、このことは議員にとって「政治的経歴の終了」を意味する。政党国家的民主制の論理を徹底するならば、「党から除名された場合（ある党から他の党へ移る場合も全く同様であるが）には、その議員が議会における議席を喪失することになるということ……は、その終局的帰結なのである」（G・ライプホルツ著『前掲書』九四―九五頁）。しかしながら、政党国家的民主制の帰結は、今日すでに充分に実定憲法化されているということはできない。

以上が、ライプホルツのいう政党国家的民主制の主な特徴である。

3　「政党国家的議会制」概念

政党国家的民主制の論理を肯定すれば、自由委任の原理、ひいてはそれが前提としている古典的代表議会制の論理との間に、必然的に矛盾衝突が生ずるということになり、この相矛盾する二つの原理をどう調和的に解釈するかが問題となる。

しかしながら、これらの論理については、これを対立する二つの論理ととらえるのではなく、二つの論理が絡み合った一つの論理とみることができる。というのも、代表議会制が前提とされながらも、「大衆政党」によって直接民主制的に脚色された議会制という見方が成り立つからである。

くり返しになるが、政党国家がいわれるときの政党は、代表議会制の論理に則って議員の肩代わりをする議員政党ではない。政党国家的民主制は、代表議会制における国民代表機能が批判され、代表の在り方を変えようとする動きの結果として、またそうした動きとともに現れたのである。代表議会制に対する牽制は、議会が創出する民意を疑うというかたちをとった。この疑問に対する答えが、選挙権の拡大であった。その結果、選挙民が増大し、選挙民大衆が出現した。この選挙民大衆をまとめ、民意の形成を支援する議会外政党組織ができ上がった。そして、この議会外組織が必然的にみずからの一部になる政党が出現した。つまり、「大衆政党」である。こうして、「大衆政党」の契機が加味された議会制、つまり直接民主制的に脚色された議会制が現れ、次のような様相を呈している。

議会は、政党によっていわば占領されている状況にある。だが、息の根を止められてしまったわけではない。議会の単位は依然として議員であり、議会における活動の単位が政党、といえるからである。すなわち、候補者は、選挙では所属政党の党員として動き回り、当選して議員になり、しかし議会活動ではもっぱら政党員である。議員と政党員という二重性の現象は、議会制の論理と政党国家の論理という二つの論理の絡み合いの様子を象徴するものである。「大衆政党」が直接民主制的と特徴づけられるのは、議会があり、議会を補うことを前提とし、議会にとって代わるのではない、ということで、論理的に可能となる（小林昭三『日本国憲法の条件』（昭六一年）成文堂、一八九―一九〇頁）。そうである限りでは、政党国家的民主制は代表議会制の代替物とはいえない。このように代表議会制の論理は「政党国家」の論理によって本来の意味を変えたが、しかし、議会制の論理がまったく無意味になったのではないのである。こうして、代表議会制の最低必要条件――「代表」論理への配慮、全国民代表の体現者を準備する場の保持――を充足する概念として、「政党国家的議会制」が提示され、次のように説かれることになる。

「政党国家の論理は議会制の論理を食いつぶしたかに見えて、そうなっていない。これら二つの論理は、互いを意識し、牽制し合いながら、組み合わさっているように見える。それぞれは、統治機構における二〇世紀的と一九世紀的との対照といっていい。人権の部分でのこの対照は、社会国家的と法治国家的とのそれだった。それぞれがたがいを批判し合いながら社会的法治国という概念を形づくったように、政党国家的と議会制的との対照についても〝政党国家的議会制〟という概念が可能になるだろう。そしてこれが、こんにちの統治機構を特徴づける基本的概念の一つとなる」(小林昭三『前掲書』一九一頁)。

第二節　政党の憲法的地位

一、日本国憲法における政党の地位

1　古典的代表議会制の論理と政党

日本国憲法第四三条第一項は、両議院とも「全国民を代表する選挙された議員」で組織すると定め、憲法前文が「権力は国民の代表者がこれを行使」するとしていることとあいまって、日本国憲法が代表議会制をとることを示している。「全国民を代表する」議員とは、従来の通説的見解によれば、近代的意味における国民代表の観念を示すとされる。それは西洋・中世における等族会議(身分制議会)とその選出母体(僧侶・貴族・都市)との関係にみられた「強制委任の否定」の上に成り立つ観念である。すなわち、強制委任関係の下では、議員は選出母体の利益代表であり、その行動については選出母体の指示に拘束されるとされていた。これに対して、近代的な「国民代表」の観念は、議員は特定の選挙区から選出されるが、ひとたび選挙された以上は、選挙民その他の特定の集団を代表するものでは

ない。したがって、その指示に拘束されることなく、自由・独立に行動するものであること、つまり「自由委任」を意味する。日本国憲法には「自由委任」ないし「命令的委任の禁止」を正面から定めた条項はないが、第四三条第一項の「代表」は、そのような禁止的規範意味を当然含んでいると解される（樋口陽一他著『注釈日本国憲法 下巻』（昭六三年）青林書院、八六二—八六三頁）。

日本国憲法は、このように「自由委任」を基調とする古典的代表議会制を採用する。この議会制が予定する政党とは、議員政党であった。問題は、日本国憲法の予定する政党を、現代の「大衆政党」なるものととらえることは可能か、という点にある。この点については、そもそも政党国家をもたらした「大衆政党」は議員政党とは違うのに、大方の見解が議員政党的理解にとどまっている、といわざるをえない。つまり、「大衆政党」に対して、議員政党から脱皮して異質化しているという政党理解が、充分に行われていない。別言すれば、議員政党と「大衆政党」とを同一視する見解がほとんどである。こうして、すでに示した最高裁判所の見解をはじめとする多くの見解が、憲法の古典的代表議会制が前提とする政党について、そこに「大衆政党」のイメージを重ねて、その存在と機能を積極的に肯定することになる。

2　政党存在を積極的に肯定する説

学説の多くは、今日的「大衆政党」を政党理解のための素材としつつ、次のように述べて、日本国憲法における政党の存在と機能を積極的に肯定する。

①日本国憲法における国民主権の宣言、選挙による国民代表の議員の思想、議院内閣制の建前などをあげて、「憲法が政党の存在を当然のこととして容認していることは明らかである。いわば、トリーペルのいわゆる『承認・法制化』の段階にあるといいうるであろう」（丸山　健『政党法論』（昭五一年）学陽書房、一三七頁）と結論づける。

②政党が現実に重要な機能を果たしていることが一般的に自覚されている背景において成立した日本国憲法が、政党抜きに議院内閣制を採用したとは考えられず、むしろ「八幡製鉄政治献金事件において最高裁判所も指摘するように、現代大衆社会において『国民の政治意思を形成する最も有力な媒体』として、かつ議会制民主主義の円滑な運営を支える存在として、憲法は『政党の存在を当然に予定している』……のみならず、さらにその積極的活動を期待していると解すべきであろう」（佐藤幸治『憲法〔第三版〕』（平七年）青林書院、一二八頁）と説く。

たしかに、日本国憲法の下での公職選挙法や政治資金規正法は、政党（大衆政党）の活動を当てにした規定をおいている。政党（大衆政党）は法律で承認されている。だが、このような政党規定立法化は、日本国憲法の規定に則って積極的に押し進められたとはいえない。日本国憲法が「大衆政党」の存在と機能を積極的に容認しているといえないからである。日本国憲法は、政党政治ひいては政党国家の現実に接して、「大衆政党」を否定できなかったまでである。日本国憲法は代表議会制に立脚しつつも、「大衆政党」については、それを否定せず、黙認したに過ぎないと解すべきである。

3　憲法第二一条と政党

通説的見解は、日本国憲法上の直接の根拠規定について、憲法第二一条の保障する私的「結社」として位置づける。したがって、その結成や加入や活動における「自由」が強調され、これを国家機関化したり、あるいは特別の制限・禁止対象とすることは許されず、一般の結社の場合と同様、政党の結成・不結成の自由、政党への加入・不加入の自由、党員の継続・脱党の自由、政党の自治的活動の自由が保障される。政党（大衆政党）は、あくまで憲法第二一条の結社の自由により保障される私的「結社」の一つとして認められているにとどまる。

それゆえ通説的見解は、「政党」（大衆政党）と他の一般的社会団体的結社との相違点、すなわち国家権力の獲得を目指すのみならず国会および内閣を実際に担う結社であるという点については、〃消極的に〃これを承認するという いわば歯切れの悪い理論状況を呈している。そこにおいては、「大衆政党」が民意と国家意思とをつなぐ媒介装置であり、「社会を国家に結びつけることが第一の動因になる媒介装置である」（小林昭三『比較憲法学・序説』（平一一年）成文堂、一六二頁）という視点が欠落している。

二、法律による政党の容認・規制

法律は政党の活動を当てにした規定をおいている。つまり、「大衆政党」を容認ないし規制している。積極的容認の例としては、①国会法第四六条第一・二項（委員の各派割当選任）、第四二条第三項（常任委員の補充と会派）、②公職選挙法第一五一条第一項（経歴放送における党派別事項）、第一五五条第三項（立会演説会の開催計画の決定等における政党代表者の意見聴取）、第一五八条第一項（立会演説会開催の周知における党派別事項）、第一九九条の二・三・四（公職の候補者等の寄附禁止と政党）などがある。

一方、規制の例としては、①政治資金規正法（とくに第三条第二項の「政党」の定義）、②国家公務員法第五条第三項三号、第三八条五号（欠格事由にかかわる特定の政党）、③地方公務員法第九条八号、第一六条五号（欠格事由にかかわる特定の政党）などがある。ちなみに、政党規制の形式面における特徴は、「政党法」というような一般的法規による規制ではなく、特定の立法目的に応じて制定された個別的法規による規制であるということである。

法律のレベルでは、「大衆政党」ひいては「政党国家」が容認されている。そして、それは「政党国家的議会制」の様相を呈しているといえる。

三、党籍変更と議員資格

1 公職選挙法の立場

比例代表選出議員選挙のように政党を選ぶ仕組の選挙においては、特定の政党名簿に記載されて当選した議員の党籍変更（議員の自主的離党）は、選挙人の意思を真っ向から踏みにじるものであり、法的には許されないのではないか、という疑問が（一般に）投げかけられている。

一九八二年の第九六国会で成立した参議院比例代表制採用に係る公職選挙法一部改正法は、参議院議員選挙の仕組を変え、いわゆる拘束名簿式比例代表制を採用した。拘束名簿式は、名簿の中で当選する順位は政党の定めた順位通りとされ、選挙人が投票によって順位を変えられないから、政党への投票という色彩がもっとも強い方式である。この公職選挙法一部改正法の法案審議過程で、比例代表制で当選した議員がその後党籍を変更する可能性がいわれた。だが、結局、公職選挙法上特別の規定は設けられず、ただ名簿登載者が選挙の前日までに党籍を変更した場合には、名簿から削除する旨の規定（同法八六条の二第五号）にとどまった。

二〇〇〇年四月、公職選挙法および国会法が改正され、当選議員の党籍変更について、改正公職選挙法は「衆議院（比例代表選出）議員の選挙における当選人……は、その選挙の期日以後において、当該当選人が衆議院名簿登載者であつた衆議院名簿届出政党等以外の政党……に所属する者となつたときは、当選を失う」と規定した（九九条の二第一項）。国会法も同様の改正を行った（一〇九条の二）。このような公職選挙法および国会法の改正により、衆参両院とも比例代表選出議員は、選挙後発足した《新党に参加》した場合や、離党・除名によって《無所属になる》場合を除いて、当選時の所属政党から他の政党に移籍したときは、議員資格を喪失することになった（公選九九条の二第一・二・三・

四項、国会法一〇九条の二第一・二項)。

2 議員資格保有説

日本国憲法が自由委任の原理(代表議会制の論理)を政党(政党国家)の論理に優先させているという立場に立てば、議員は党籍変更を自由に行いうるという結論を導くことになる。しかしながら、選挙人が〝政党〟に投票しているという観点を考慮すると、この結論には不合理性がつきまとうことになる。

この点に関するわが国の通説的見解は、党籍変更は政治的批判を受けることはあっても、法的な議員資格の喪失までは認められないとする。つまり、政党の論理は事実の上では認めるが、法的に自由委任の原理と対立する場合には、自由委任が優越するという考え方である。憲法の出発点が自由委任にあるとする限り、事実的にはともかく、法的に選挙当時の政治的立場に拘束されるとするのは適切といえないことになる。別言すれば、自由委任の原則を優先する限り、政党が議員の生殺与奪の実権を法的にも掌握してしまうことは、自由委任そのものを否定することになる。政党による除名に議席喪失の法的効果を認めることは、議員の自由な意見や行動を制約するもので許されないということになる。

ちなみに、ドイツ憲法は政党に関して「政党は政治的意思の形成に協力する」(二一条一項)と定め、〝政党の憲法的融合〟を行っている。また、連邦議会議員選挙は政党本意の比例代表制を採用している。他方において、連邦議会の「議員は全国民の代表であって、委託および指図に拘束されることはなく、自己の良心のみに従う」(三八条一項二段)と規定し、自由委任を明文で定めている。この点に関するドイツの通説・判例の立場は、自由委任の原則を優先させ、議員は政党から除名された場合でも、みずから離党した場合でも議席は失うことはなく、また辞職を申し出る義務もないというものである。

こうして、憲法規定を直視する限り、「あれこれ考えた末、やはり自由委任の原理を優先させざるをえない……が、この結論では、『選挙人は政党に投票しているという観点からみた場合には払い切れない不合理性』は依然として解消されない」(野中俊彦「政党と国民代表の性格」佐藤幸治他著『ファンダメンタル憲法』(平六年)有斐閣、一六〇頁)ということになる。

3　議員資格喪失説

衆議院比例代表選出議員の選挙を定める公職選挙法は、政党を法的にも選挙制度の中に組み込んでおり、法的にも政党に対する投票しか認められていない。この側面からみると、比例代表選出議員の党籍変更は選挙人の意思をまったく踏みにじるに等しいことになる。政党(大衆政党)を容認するところの法律のレベルでは、とりわけ払い切れない不合理性が残る。この不合理性を憲法のレベルにおいて解消するため、もし憲法上「政党国家」を容認することができ、かつ理論上その論理を優先させることができれば、党籍変更を理由とする議員の地位の喪失を肯定する説を導くことができる。たとえば、かつてH・ケルゼンが示した見解を借りていえば、その説の論拠は次のようになる。

議員は党籍変更により、選挙の過程で選挙人から委託された意思から離脱する。選挙の主体である選挙人はとうていこの事態を容認できないはずであり、党籍変更の自由を認めることは、選挙そのものの実効性を事実上無にしてしまうことになる(H・ケルゼン『前掲書』七一―七二頁)。

4　外国憲法の議員資格喪失規定

外国の〝憲法〟の中には、議員が党籍を変更したり、党議拘束に反した場合、当該議員は議会における議席を喪失する旨の規定をおく憲法もある。参考のためにあげておこう。たとえば、次のような憲法である。

①韓国の一九六二年憲法・第三八条(国会議員は、任期中、党籍を離脱し、もしくは変更したとき、または所属政党

が解散されたときは、その資格を失う)。

②シンガポールの一九六三年憲法：第三〇条(国会議員は、選挙のときに所属した政党の一員であることをやめたとき、その政党から除名されたとき、またはその政党から脱退したときは、その議席を失う)。

③ザイールの一九六七年憲法：第三九条(人民委員が、党の規律に重大な違反をしたことを宣告されたときは、立法評議会議員の議席を喪失し、その予備議員により補充される)。

④ガーナの一九六九年憲法：第七五条(国民議会の議員が、国民議会議員選挙のときに所属した政党を離脱し、他の政党に加入したときは、議会における当該議員の議席は空席となる)。

⑤フィジーの一九九〇年憲法：第四三条(下院議員は、下院議員選挙のときに所属した政党の党員であることをやめたときは、その議席を喪失する)。

第⑦章 行政国家

下條芳明

第一節　「立法国家」から「行政国家」へ

一般に、一八―一九世紀の近代国家は「夜警国家」あるいは「自由国家」と称するのに対して、二〇世紀の現代国家を特徴づけて、「社会国家」「福祉国家」あるいは「職能国家」とよんでいる。こうした特徴をもつ現代国家はいずれも、国民の社会・経済生活に対する国家の積極的な関与が要請されるようになっている。すなわち、今日では、医療・年金・社会保険・公的扶助のような社会保障制度の充実、住宅・道路・港湾・公園のような公共事業、エネルギー・交通・通信のような公企業の経営、教育制度の整備、産業の保護・育成、労使紛争の調停など、国家の活動領域はきわめて広範に及んでいる。

このように現代国家では、近代国家とは対照的に、国家が遂行すべき仕事の量は著しく増大したが、立法部である議会はこれらの課題すべてに自主的に対処することは不可能であるので、行政権の拡大・強化が必然的な現象となった。ここでは、こうした現代国家に共通する憲法現象をふまえて、国家の基本的な政策の形成・決定に際して、行政権が大きく優位に立つ国家を、とくに「行政国家」とよぶ。

もともと、近代の自由主義国家の国家観の基調となっていたのは、「自由放任主義」の考え方だった。それによれば、近代市民社会の主要な担い手であった市民階級は、国家的束縛から解放されて、自由な経済活動の保障を要求していたために、国家が国民の私的活動に干渉することは何よりも嫌悪された。T・ジェファーソン（一七四三～一八二六年）の「最小の政治が最善の政治」という言葉が端的に示しているように、国民生活に対する政府の干渉が少なければ少ないほど、市民階級には自由な活動の領域が確保されて、結果として、社会・国家の繁栄がもたらされると考えられていたのだ。

このため、近代自由主義国家では、国家の仕事は、国内治安の維持、外交・国防、国民の自由・財産の保護などの必要最小限の事項に限定されることになった。国政上の重要な課題については、何であれ議会が「国権の最高機関」としての法律の制定により解決することが可能だった。行政府の役割は、法治主義の原則に基づき、法律を忠実に執行することにあったが、そのことは消極的な意義しかもたなかった。このように、この時期の自由主義国家は、政治的に立法部優位の体制が確立されていたという点で、まさに「立法国家」と称するに相応しかった。

ところが、一九世紀末から二〇世紀にかけて、こうした「立法国家」の体制に大きく変容を迫るような経済・社会状況の変化が現れた。まず、一九世紀の先進資本主義諸国では、自由放任主義の下でたしかに目覚ましい経済的な発展を遂げたが、それは国民誰にも等しく富をもたらしたわけではなかった。資本主義社会の繁栄の陰で、社会の富は一部の資本家に集中して、貧富の格差は拡大したために、労働者の貧困・失業、苛烈な労使紛争といった社会問題が頻発した。こうした深刻な事態に直面して、資本主義経済の行き過ぎを是正して、現実に生じた経済的・社会的な不平等を解消することが、先進諸国における切実かつ重要な国家的な改革課題となる。

ここにおいて、「夜警国家」観に代わって、新しい国家像として、国家が社会的・経済的な弱者救済のために積極的な役割を担う「社会国家」の構築が不可避となった。いわゆる、現代的な「福祉国家」の登場である。「社会国家」あるいは「福祉国家」において主眼となるのは、いうまでもなく福祉行政の作用である。行政部が担い手となり、失業・貧困の解決による弱者救済、労使関係の調整、社会保険・社会保障への配慮、教育・医療・文化制度の整備・充実などの仕事が推進されることになる。

福祉行政の作用は、社会権の成立によって、「社会国家」あるいは「福祉国家」を特徴づける基本的な要素となった。ちなみに、第一次世界大戦以降、一九一九年のワイマール憲法をはじめとする多くの西洋諸国の憲法において、国民の生活・福祉の保障を要求する権利として、生存権・勤労者の権利・教育を受ける権利などの社会権が新しく実定化されるに至る（社会権については、第4章第二節参照）。

こうした福祉行政とともに、現代国家における行政の主要な特徴としてあげられるのが、行政上の計画（すなわち、行政計画）を軸とする計画行政の積極的な展開である。とくに一九二〇年代末からの世界経済恐慌による教訓は、自由放任主義に委ねられた資本主義体制は、表面的には繁栄を享受しているようにみえても、じつは常に破局的な事態を引き起こす危険性を内包していることを示した。さらに、第一次・第二次の両世界大戦における戦時計画の経験は、国民の経済生活にとって経済計画の有効性を教えていた。戦間期以降、社会主義国ではもとより、先進資本主義諸国でも、大規模な経済不況にあらかじめ対処し、資本主義の秩序を保持するために、政府により国民経済に計画的統制を加えることが認められるようになる。

また、現代都市における大衆社会化と巨大化の現象は、市民生活の喧騒化・複雑化、市民の相互依存の密接化を招来して、わずかなきっかけで、社会的な不安・危険を引き起こしかねない火種を抱えることになった。こうなると、社会秩序を確保して市民の生活環境を守り、さらには健全なる地域の発展を図るためには、行政の手により無秩序な都市化や開発を抑制し、土地利用計画・防災計画などによる総合的な都市計画を実施することが不可欠である。

このような行政計画化の動向は、現代国家の行政国家化を推し進める大きな動因になったし、また、今日では計画行政こそが行政権における中核的な役割を担っている。計画行政は、経済計画であれ、都市計画であれ、ひろく社会公共の視野から総合的・合理的な問題処理という側面をもつ。だから、政治的効果の点では社会秩序の確保のためといっても、消極的な行政作用の発揮にとどまることなく、むしろ社会公共性に焦点が合わされて積極的な公益の増進・創出が期待されている。

以上にみたように、現代国家における国家機能の著しい増加とそれに伴う行政権の拡大・強化という不可避の事態は、行政部の政治的な地位を大きく向上させた。国政上の問題の内容が複雑化・多元化するにつれて、その対処のためには、高度の専門的・技術的知識と能力をもつ行政官僚こそが有用となる。今日では、有能な行政官僚を含む行政部は、政策の形成や法律の制定の際には立法部に優越して実質的な政治的決定を行うとともに、政策の実施のために、自由裁量権の範囲を拡張しようとする傾向にある。

こうした行政部の優位に対して、立法部である議会は行政部が作成・提案した法案に対して、たんに賛否の意思を表明する機関に成り下がってしまった。現代国家における議会は、共通の弊害として複雑化した政治問題に対応する能力を大きく喪失して、本来の役割である代表機能・立法機能を効果的に果たすことができない状態に陥っている。二〇世紀の議会制民主主義における「議会主義の危機」がいわれる所以である。

第二節　行政国家の現象形態

わが国では、かつての明治憲法は、緊急命令権や独立命令権など行政府による独自の立法権限（旧憲八・九条）を定め、また、行政裁判所の制度（旧憲六一条）を設置していた点では、行政国家の体制を具体化していた。これに対して、日本国憲法では、国会を「国権の最高機関」あるいは「国の唯一の立法機関」と性格づけることにより、国会中心主義（憲四一条）を標榜する一方、行政事件については、司法裁判所に裁判権を認めている（憲七六条）ので、憲法構造上、行政国家は否定されているといえる。

ところが、戦後のわが国では、政府主導の経済発展と福祉行政・計画行政に代表される二〇世紀的な行政需要の増加によって、日本国憲法の成立によって一度は否定されたはずの行政権優位の統治体制が形を変えて現出し、しかも定着をみた。そうした行政国家的な現象は、日本国憲法が掲げる立法権優位の原則とは基本的には相容れることはなく、その限りでは憲法が予定しない出来事でもあった。

それでは、日本国憲法下における憲法現実として、行政国家化に伴う行政権優位の現象はどのような形態で現れているのだろうか。次にみてみたい。

一、立法過程における行政権による立法権の侵食

今日の国会の立法状況をみると、国会が審議する重要法案の大部分は政府（内閣）提出法案である。また、国会に提出される法案のうち、政府提出法案の件数は議員提出法案に比べてきわめて多く、しかも、成立案件でも政府提出法案が圧倒的に上回っている。たとえば、昭和六一（一九八六）年から平成七（一九九五）年までの一〇年間の統計によると、この間国会に提出された法案の総数は一四〇〇件を数えるが、このうち議員提出法案は三九二件（二八%）であるのに、政府提出法案は一〇〇八件（七二%）にも及び、また、成立案件の総数一〇八七件のうち、政府提出法案がじつに九五三件（八八%）を占めている。

こうした政府提出法案の優位を実質的に支えているのが、行政部の各省庁に他ならない。すなわち、法案の作成作業は、原案の企画・調査・立案から、与野党議員・省庁・外部団体との調整に至るまで、当該の主務官庁における官僚の主導により行われる。

一方、議員提出法案の場合には、議員個人の斬新な発想により作成され、自主的に国会提案できると思われがちで

あるが、実際には、国会法上かなり厳しい発議要件が課されている。国会法制定当初は、議員は単独でも法案を発議することができたが、昭和三〇年の国会法改正により、議案を発議するためには発議者の他、一定数の議員の賛成が必要となった。すなわち、議員による法律案の発議については、衆議院では議員二〇人以上、参議院では議員一〇人以上、また、予算を伴う法律案の発議については、衆議院では議員五〇人以上、参議院では議員二〇人以上の賛成を必要とする（国会五六条一項）。

学説上には、こうした制約に対して、「国の唯一の立法機関」である国会の自由な活動を制限し、少数党議員による議案発議権を奪うものだとする強い批判がある。だが、本来この規定の狙いは、国会法改正が実施された昭和三〇年当時、選挙民サービスのための「お土産法案」の乱発のため、国の財政が圧迫され内閣の予算編成権が大きく侵害される結果になったので、国会の立法権と内閣の財政権限との調整を図ろうとしたことにあった。事実、この改正を契機に従来の無責任な議員立法は消滅することになった。

二、行政権による立法権の吸収

現代国家における行政権の優位は、先にみたように立法過程における行政権の立法権の〝侵食〟という形で現れるだけではなく、行政過程への行政権による立法権の〝吸収〟という現れ方もしている。それを象徴する事態が、委任立法（行政立法）の増大である。

膨大な仕事を抱える現代国家では、行政需要が増大し、しかも行政内容が複雑化・専門化したために、国政上の問題の具体的な処理については、行政担当者に任せた方が適切かつ合理的である。議会による立法の場合には、審議時間の制約があり、また、複雑化した問題に対応しうる専門的知識を欠いていたり、事態の急変に即応する弾力性を失っているからである。このため、基本的な事項だけは法律で決定しておき、細目は行政機関による命令に委ねるという委任立法の手法が一般化することになった。

実際、現代の各国憲法の多くは、委任立法の制度を明文で認め、その限界を指示するという方法を採用している。たとえば、ドイツ連邦共和国基本法（一九四九年）は、「法律によって、連邦政府、連邦大臣またはラント政府に対して、法規命令を制定する権限を与えることができる。その場合、与えられた権限の内容、目的および程度は、法律において規定されなければならない」（八〇条一項）とする。また、イタリア共和国憲法（一九四八年）でも、「立法権能の行使は、原理と指針が確立され、期間が限定され、しかも対象が特定している場合でなければ、政府に委任することはできない」（七六条）と定める。

こうした動向に対して、日本国憲法は、委任立法を明示的に認める規定はおいていない。そこで、有力な憲法学説は、憲法上、内閣の政令に「特にその法律の委任がある場合」には罰則を設けることを認めている点（憲七三条六号）に注目して、国会立法に関する憲法の原則に抵触するような一般的・包括的な白紙委任でない限り、委任命令は容認されると解している。けれども、今日、わが国における委任立法の増大の傾向を直視するとき、委任立法を正面から認める憲法制度上の工夫がなされてよいのではないか。

三、行政部による財政権限の全面的引受け

日本国憲法は、財政民主主義の原則に基づき、国の財政の処理は国会の議決に基づくとして（憲八三条）、国会の財政監督権を明らかにする。これにより、さらに租税法律主義（憲八四条）と、国費支出・国の債務負担（憲八五条）・予算（憲八六条）・予備費（憲八七条）について国会議決主義を定める。ところが、今日、こうした財政民主主義の原則は形骸

化して、実質的な財政権限は行政部が全面的に掌握しているのが実状である。

予算の決定については、憲法上、内閣が予算の作成権を保持するが（憲七三条五号・八六条）、実際には予算編成の作業は、原案の作成から各省庁など政府機関からの概算要求に対する査定まで、大蔵省（とくに、主計局）の官僚の主導で進められる。こうして内閣が作成した予算案は、国会の審議・議決を経なければならないが、国会ではほぼ無修正でこれを可決するのが通例となっている。

また、今日、〝第二の予算〟とよばれ、財政政策上、予算に次いで重要な地位を占めているのが、昭和二八年に発足した「財政投融資計画」である。当初、「財政投融資計画」は、もっぱら内閣の決定事項とされ、法令の根拠を欠いたままその時々の経済情勢に応じて弾力的に運営されていたために、財政民主主義の見地から国会の審議・議決の対象とすべきではないか、という批判が強まった。そこで、昭和四八年、いわゆる「長期運用特別措置法」（昭和四八年法律七号）が成立し、「財政投融資計画」には、計画全体の個々の部分についてではあるけれども、国会の議決が必要とされるようになった（「財政投融資計画」については、第10章第四節に詳しい）。

四、行政裁量権の拡大と通達行政の浸透

近代法治国家（とりわけ、ドイツ・フランスの大陸ヨーロッパ諸国）における行政観によれば、行政権の恣意・濫用を防止するため、「法律による行政（法治行政）」の原理を確立することにより、行政は常に法律の根拠に基づき執行されて（つまり、法律の留保）、また、法律に反して執行することは許されなかった（つまり、法律の優位）。日本国憲法の国会中心主義（憲四一条）には、こうした行政権を議会制定法の拘束の下におくという法治行政の考え方が如実に反映されている。

ところが、わが国をはじめ現代行政の実際をみると、行政活動の対象領域はきわめて広範に及ぶので、行政の量は膨大となる一方、複雑かつ流動的な社会経済の実態に対応して、行政の内容は専門技術化している。こうなると、法律により現実に生じる行政上の問題をあらかじめ予測することは不可能であるから、実際には法律の執行にあたり、行政機関の自由裁量に大きく委ねるか、法律上は一般的な規定をおくにとどめ、行政機関みずからが具体的事情に即応した法律の解釈を行うことがどうしても必要となる。この点に、現代行政において「法律による行政」に代わり「通達による行政」が重要な意味をもつに至った主な原因がある。

一般に、通達とは、行政上の取扱いに統一を図るために、各大臣、委員会・行政庁の長官などが、指揮監督権に基づき所掌事務について所管の諸機関および職員に対して発する命令（すなわち、訓令）を意味し、とくに書面により示達されるものをいう（行組一四条二項）。本来、通達は、行政規則として行政組織内部でのみ妥当して、国民の権利・義務を左右する効力は生じない。しかし、現代行政における大量化・専門技術化・複雑化の趨勢は、法律の解釈、法令の運用方針あるいは行政上の裁量基準を内容とする通達の急増を促した。しかも、各行政機関では、法令よりも上級行政機関の発する通達を重視する傾向が顕著となった。実際には、通達は、もはや行政機関内の命令にとどまらず、民間の業界団体に向けて、法令の解釈、勧告および改善指導についての通知を意味すると受け止められるようになり、行政指導の典型的な方法となっている。

こうした通達行政の浸透という事態に対しては、「法律による行政」の原理を形骸化するものとして、法治主義の立場からの批判は根強い。しかし、これまでの通達行政の実績として、行政の不統一が回避され、具体的状況に対応した適切かつ公正な行政が実施されてきた意義は否定することはできないであろう。

第三節　行政国家化の要請と日本国憲法における内閣の特色

以上に明らかなように、日本国憲法下でも、二〇世紀的意味での行政国家化の進展に伴い、行政権の拡大・強化はすでに不可避の現実となっている。次に、行政国家化への対応という観点から、日本国憲法における内閣制度の特色を探ってみる。

一、明治憲法体制下の内閣制度

明治憲法体制下では、憲法自体には内閣についての規定や文言はまったく見受けられず、ただ国務各大臣の輔弼責任について「国務各大臣ハ天皇ヲ輔弼シ其ノ責ニ任ス」(旧憲五五条一項) といった規定をおくに過ぎなかった。内閣の組織や権限については、明治二二年一二月に設けられた内閣官制 (勅令一三五号) が根拠となり、内閣が国務各大臣からなる合議機関であること、法律案・予算案、条約、官制または規則および法律施行にかかわる勅令、帝国議会から送致された人民の請願、勅任官および地方長官の任命・進退などの事務は、閣議を経るべき事項であることなどを掲げていた。

一方、内閣官制第二条は、「内閣総理大臣ハ各大臣ノ首班トシテ機務ヲ奏宣シ旨ヲ承ケテ行政各部ノ統一ヲ保持ス」と定め、内閣総理大臣は、「各大臣ノ首班」として、閣内にあっては閣議を主宰し、外に対しては内閣を代表する地位にあることを明らかにしていた。しかし、憲法上では、国務各大臣は単独で天皇に対して輔弼責任を負わなければならず、その上、内閣総理大臣を含む国務大臣はすべて等しく天皇により任免された (旧憲一〇条) ので、内閣総理大臣とその他の国務大臣とは対等な地位にあるとみなされた。この意味では、内閣総理大臣は、内閣官制がいう「首班」にふさわしい権限は与えられておらず、いわゆる「同輩中の首席（primus inter pares）」にとどまった。このため、明治憲法下の内閣はややもすれば脆弱性を露呈して、閣内不統一を理由にして総辞職という事態もたびたび生じた。

二、日本国憲法の内閣規定をめぐる〝首相独任制〟的性格と〝内閣合議制〟的性格

これに対して、日本国憲法においては、新しく内閣の章（第五章）を設けて、行政権の最高の担い手として内閣に強い期待を寄せている。「行政権は、内閣に属する」（憲六五条）と定めて、内閣を行政権の主体として位置づける。内閣は、最高の行政機関として、とくに憲法第七三条では、法律の誠実な執行と国務の総理（一号）、外交関係の処理（二号）、条約の締結権（三号）、官吏に関する事務の掌理（四号）、予算の作成・提出権（五号）、政令の制定権（六号）、恩赦の決定（七号）という権限が認められている。憲法第七三条以外にも、最高裁判所の長たる裁判官の指名（憲六条二項）、最高裁判所の長以外の裁判官の任命（憲七九条一項）、下級裁判所裁判官の任命（憲八〇条一項）、国会の臨時会の召集決定（憲五三条）、参議院緊急集会の請求（憲五四条二項）、予備費の支出（憲八七条）、決算の国会への提出（憲九〇条）、国の財政状況の報告（憲九一条）などの権限を明示する。また、内閣の国会に対する連帯責任制（憲六六条三項）、衆議院の内閣不信任決議権とそれに対する内閣の解散権（憲六九条）をはじめとして、議院内閣制の原則を積極的に採用している（議院内閣制については、第5章第二節参照）。

しかし、日本国憲法下の内閣制度は、二〇世紀的な「行政国家」化の要請に充分に対応しているとは必ずしもいえない。たしかに、日本国憲法では、明治憲法下では「同輩中の首席」としか理解されていなかった内閣総理大臣の地

位と権限が強化されている。すなわち、内閣総理大臣は、「内閣の首長」としての地位にあり（憲六六条一項）、国務大臣の任免権（憲六八条）、内閣を代表しての国会への議案提出および一般国務・外交関係の報告ならびに行政各部の指揮監督権（憲七二条）、法律・政令への連署権（憲七四条）、国務大臣の訴追に対する同意権（憲七五条）、議会への出席・発言権（憲六三条）など、強力な権限を保持する。このように内閣総理大臣の優越的地位が認められれば、内閣総理大臣は他の国務大臣の上に立って内閣を統率することができ、内閣の統一性・一体性は容易に確保されることになる。

ところが、日本国憲法の内閣規定には、いわば〝首相独任制〟的な性格が強く認められるのに対して、内閣法（昭和二二年制定）の規定をみると、そこでは、憲法上の内閣総理大臣の優越性は影を潜めて、むしろ〝内閣合議制〟的な性格が顕著である。内閣法は、とくに「内閣がその職権を行うのは、閣議によるものとする」（内四条一項）と定めて、内閣における意思決定が閣議によって行われることを明らかにする。憲法第七二条による内閣総理大臣の行政指揮監督権は、「閣議にかけて決定した方針に基いて」行われ（内六条）、主任大臣間に権限疑義が生じた場合は、内閣総理大臣は「閣議にかけて、これを裁定する」（内七条）とし、また、内閣総理大臣による行政処分・命令の中止権も「内閣の処置を待つことができる」（内八条）とする。たしかに、内閣総理大臣には、閣議の主宰権が与えられている（内四条二項）が、たとえば、国会の衆参両院議長が保持している決裁権（憲五六条二項）や議事整理権（国会一九条）に相当するような権限は見受けられない。

このように内閣の地位をめぐり憲法と内閣法との間に違いが生じている理由として、現行の内閣法の成立の際に、当時の日本政府が明治憲法下の内閣制度の存続を目論んでいたことが指摘されている。内閣法の趣旨をめぐり、連合国軍総司令部（ＧＨＱ）民政局の側の意向は、内閣総理大臣の閣内における指導的地位の確保にあったというが、日本政府の内閣法制局は、国務大臣が個別的に天皇を輔弼するという明治憲法下の内閣制度を下敷きに、新憲法下でも各省大臣がそれぞれ最高行政官として対等な地位にあるという仕組を維持しようとしたのだった。

内閣は、通説上、「首長」である内閣総理大臣およびその他の国務大臣から組織される合議制機関として性格づけられている。閣議決定の方法について、明治憲法下では、憲法上、各国務大臣の地位は対等であったから、当然に全会一致制が採用されていたが、現行憲法下でも、慣行として閣議決定は全会一致制の方法で行われている。この点は、多くの学説が内閣の国会に対する連帯責任制（憲六六条三項）を根拠にして支持するところである。

しかし、日本国憲法の内閣には、国会、裁判所、行政委員会など通常の合議制機関にはない重要な特徴がある。それは、内閣以外の合議制機関の場合には、構成員の全員が外部の機関によって任命されるのに対して、内閣の場合には、内閣総理大臣以外の国務大臣が内閣の構成員である内閣総理大臣によって実質的に任命される点にある（憲六八条一項）。明治憲法体制下の内閣は、構成上、内閣総理大臣もその他の国務大臣も等しく天皇によって任命され、両者の地位は本来的に対等であったので、閣議決定の方法が全会一致制に拠っていても、それなりの理由があった。だが一方、日本国憲法の内閣では、内閣総理大臣は、内閣の「首長」として国務大臣の任免権をもつという点で、他の国務大臣に対する優越的地位は明らかである。

ところが、現行の内閣法には、こうした憲法上の内閣の性格、内閣総理大臣の地位の変化は充分には反映されていない。このため、従来の運用をみると、内閣における各国務大臣の地位は対等であり、そうした大臣による全会一致制をとる閣議が万能であるとする〝内閣合議制〟の論理が大きな障壁となり、内閣総理大臣が閣内で充分なリーダー・シップを発揮することはきわめて困難な事態になっている。

この点、通説では、憲法第七二条の内閣総理大臣の代表権について、「内閣を代表して」という文言を「内閣の意志にもとづいて」と理解して、内閣総理大臣といえども、内閣全体の意志に関係なく、単独で、行政各部に対する指揮監督権を行使することはできないと主張する。また、閣議決定の方法について、全会一致制に代わり、多数決制の導入を可能と解する見解は少数説にとどまっている（苫米地事件第一審判決、東京地判昭二八・一〇・一九参照）。

しかし、すでに昭和三〇年代半ば以降、二次にわたる政府臨時行政調査会（昭和三六〜三九年、昭和五六〜五八年）などの調査活動において、内閣の総合調整機能の強化の必要が提唱されてきた。わが国における内閣機能強化論の大きな狙いは、内閣の統合調整機能を回復することにより、いわゆる〝縦割り行政〟の構造を克服することにあるといわれる。そのためには、まず内閣総理大臣の権限強化により、内閣の基本方針の決定、各大臣・官僚の対立調整といった課題を解決することが期待される。

最近では、平成八年一一月に首相直属の審議会として設置された行政改革会議が、その最終報告書（平成九年一二月提出）の中で、次のように提言している。いわく、「内閣が『国務を総理する』任務を十全に発揮し、現代国家の要請する機能を果たすためには、内閣の『首長』である内閣総理大臣がその指導性を十分に発揮できるような仕組みを整えることが必要である」。

この最終報告の趣旨を受けて、平成一〇年の国会では中央省庁等改革基本法が成立するが、これに続いて、平成一一年、同法第二章「内閣機能の強化」を行政組織法制上に具体化するものとして、内閣法の一部改正が実施されるに至る。この改革で注目されるのは、新しく「内閣総理大臣は、内閣の重要政策に関する基本的な方針その他の案件を発議することができる」（内・改正四条二項）と定めて、内閣総理大臣の発議権が明文化されたことである。また、内閣の「首長」たる内閣総理大臣は「国会の指名に基づいて任命された」（内・改正二条一項）ことを明記するとともに、その他の国務大臣一般には「内閣総理大臣により任命された」（内・改正二条一項）という文言をつけ加えることにより、内閣総理大臣の議会主義的基盤を再確認し、閣内での統率力の強化を図っている。さらに、従来は内閣の構成は内閣総理大臣および二〇人以内の国務大臣により組織すると定めていたが、それが一般の国務大臣の数は一四人以内（特別に必要がある場合には一七人以内）にとどめること（内・改正二条二項）に改められた。

三、二〇世紀的意味における「行政権」概念

日本国憲法第六五条は「行政権は、内閣に属する」と定め、行政権の主体が内閣であることを明らかにする。現代国家における行政権の拡大・強化という現実をふまえたとき、憲法における「行政権」概念が改めて問題となろう。

これについては、学説上、これまで広い支持を集めてきたのが控除説（消極説）の立場である。その代表的な見解は、「行政とは、立法でも司法でもない一切の国家作用である……国家作用から立法と司法とを除いた部分の総称である」（清宮四郎『憲法Ｉ』（昭三二年）有斐閣、二九五頁）と定義する。この考え方によれば、たとえば、国公立学校の設置、税金の徴収、営業免許の付与などの作用は、立法作用でもなく、司法作用でもないから、行政に属することになる。

控除説は、もともと近代立憲君主制国家において、君主が占有していた統治作用のうち、立法作用と司法作用とが、それぞれ国民の代表である国会と独立の裁判所とに移行・分化した結果、残余の部分が行政権として君主の手中に残されたという歴史的展開に符合している。しかし、この説には、統治作用全体から立法・司法の作用を控除して残されたという「行政」の内容が明確に把握できないこと、また、現代福祉国家における行政概念の提示としては、消極的に過ぎるという欠点がある。

そこで、行政概念のメルクマールを国家目的の実現または公益の実現に求める積極説が登場する。積極説による代表的な定義としては、「行政とは、国家が、その目的を達成すべき現実の状態を惹起することに指し向けて行う作用

をいう」（佐々木惣一『改訂日本国憲法論』（昭二七年）有斐閣、二七九頁）とか、「近代国家における行政は、法の下に法の規制を受けながら、現実に国家目的の積極的実現をめざして行われる全体として統一性をもった継続的な形成的国家活動である」（田中二郎『行政法総論』（昭三二年）有斐閣、二二頁）などがある。こうした積極説は、行政をたんに法律の執行とみる近代自由主義国家的な見方を退けて、行政の能動性・継続性を強調している点では、現代行政の実態に適合しているといえる。

もっとも、最近では、従来の積極説に対して「〝国家目的〟とは何か、〝実現〟とは何かがさらに科学的に明らかにされなければ、行政の概念は学問的使用に堪えるだけはっきりと浮かび上がらない」（手島　孝『行政概念の省察』（昭五七年）学陽書房、三一頁）という批判を加えた上で、行政の意味を、「本来的および擬制的公共事務の管理および実施」と定義づける学説が登場している。この説にいう「公共事務」とは、「公共の目的のために公共の負担で行なわるべき事務」（すなわち、「社会成員の全体ないし大多数の利害にかかわるものとして、その負担において行なわるべきことを、社会的に正当化された事務」）のことを意味する（手島　孝『現代行政国家論』（昭四四年）勁草書房、一九頁以下）。

このうち、本来的公共事務とは、「事物の本性上自然的に公共事務であるもの」（たとえば、地方行政における塵芥・屎尿の処理、下水道の設置・管理、消防、国政における保健・防疫、郵便、社会保険）、また、擬制的公共事務とは、「政治過程による政策決定過程を経て公共事務たることを擬制されたもの」（たとえば、法律執行事務、民間企業への補助金交付、財政投融資、地域開発、デモ取締りなどの公安活動）を指すとされる。この見解は、とくに「公共性」の観点から、行政概念のより積極的な輪郭づけが試みられている点で、広い意味では積極説の立場に立つものである。

かつての近代自由主義国家では、行政といえば、社会公共の秩序の維持を目的とする「警察行政（取締行政）」を念頭においていた。とくに近代初期には、国民生活の自由な活動を最大限に尊重することを基本としていたために、政治権力の忌避・制限という支配的な思考の下で、国家活動の領域は、社会公共の秩序維持にとって必要最小限の範囲に限定されていたからである。

国家の統治作用を区別するに際しても、今日でいう控除説に従い、まず立法権と司法権が取り出されて、行政権は残余の領域として位置づけられた。しかも、こうした行政権とは、「法律による行政（法治行政）」の原理に基づき、国会が制定した法律を忠実に執行することを本質的な職務とする、いわゆる〝執行権〟を意味した。

ところが、一九世紀の後半以降になると、政治主体の単位が、「財産と教養」をもった限られた市民階級から一般の〝大衆〟へと一挙に拡大を遂げたため、新しい国家秩序形成の原理として、「政治権力への自由」（たとえば、参政権の拡大の要求）とか、「政治権力による自由」（たとえば、自由権の前提としての社会権の保障）が広く主張されるようになる。つまり、近代初期には嫌悪の対象であった〝政治的なもの〟の作用に、人々の大きな期待が集まるようになったのだ。

先に述べたように、現代国家の行政は、社会公共の秩序維持に加えて、「社会国家」の理念に従った、社会保障・医療・教育・文化など福祉行政（給付行政）の充実が中心的役割を占めるとともに、国民の経済生活、都市生活における基盤整序を目指した計画行政の重要性が高まっている。このような国家行政機能の拡大が進行して、〝仕事をする政府〟としての行政部の優位が明らかとなれば、行政権についても、たんに国会が制定した法律の誠実な執行と意義づけるだけではおぼつかなくなる。政府提出法案の優位、委任立法の増加という事態は、国会が行政部の政治的支配に服することを意味するし、行政裁量の範囲が広がれば、行政官僚を含む行政部内において実質的な政策決定が行われることになるからである。

日本国憲法では、とりわけ国会中心主義（憲四一条）により、立法権を有する国会が国政の基本を決定して、行政権の担い手である内閣は、その法律を誠実に執行する基本的構造をもつ。だから、この憲法が予定する〝政治〟(すなわち、立法部)と〝行政〟(すなわち、行政部)との役割区別はきわめて明確である。ところが、行政国家化の進展に伴う行政部の優位によって、これまで行政として一括してきた作用の中に、中立的・専門技術的な作用だけでなく、政治性の強い作用をも含むようになる。いわば、行政の〝統治〟作用化が、行政権概念に理論的な再構築を迫っているのが今日の問題状況だといえよう。

四、内閣の権限と行政委員会・審議会

日本国憲法の下で、行政の機能の拡大と複雑化に伴って、特定の行政分野の問題(たとえば、公共料金の規制、不公正競争方法の排除、公害紛争の解決)を総合的視点から処理するために設けられたのが、各種の行政委員会(独立行政委員会)である。行政委員会は、内閣からかなりの程度に独立して職務を遂行し、行政上の権限だけでなく、規則制定などの準立法権、争訟の判定などの準司法権をも営む合議制機関という点に特色がある。

わが国の行政委員会の制度は、戦後、アメリカの独立規制委員会をモデルにして導入され、普及したものである。人事院や公正取引委員会がその代表例であるが、他にも国家公安委員会、公害等調整委員会、司法試験管理委員会、中央労働委員会、地方公共団体における選挙管理委員会、教育委員会、公安委員会などがある。各種の行政委員会の設置の目的はきわめて多様であるが、主要な機能としては、①政治的中立性あるいは政策的一貫性の確保(人事院、公正取引委員会)、②専門的知識・経験の重視(司法試験管理委員会)、③対立する利害関係の調整(中央労働委員会)、④関係行政機関相互の権限調整(首都圏整備委員会、土地調整委員会)、⑤住民の行政参加の促進(教育委員会、公安委員会)などに分類することができる。

しかし、これらの行政委員会は、人事権および予算編成権の面では内閣による統制に服するが、具体的な職権行使については内閣の指揮監督を受けることはない。そこで、内閣を行政権の主体（憲六五条）とする憲法上の原則に照らして、内閣から独立して行政作用を行う行政委員会の合憲性が問題とされてきた。

すでに裁判所は、内閣から独立して公務員行政を行う人事院の合憲性について、「（人事院の）設置はよく憲法の根本原則である民主主義に適合し又国家目的から考えて必要であるというべく、従って人事院を目して憲法六五条に違反した国家機関であると解することはできない」と判断している（福井地判昭二七・九・六）。学説上、初期には、行政委員会の権限行使について、これを違憲とみる主張もあったが、今日ではその合憲性が広く認められている。

行政委員会は、特定の行政分野の問題を扱うとはいえ、社会統合の実現の上でこれまで重要な政治的機能を担ってきた。一方、行政国家の段階では、行政部で実質的な政策形成・決定が行われるようになるため、行政部の恣意的な行動を抑制・補正して、そこに社会的利害を反映する必要から始まったのが、審議会の制度である。

国の審議会は、府・省などの行政機関に付属して法律に基づき設置され、重要事項に関する調査審議、不服審査、あるいは「学識経験者」の合議により処理することが適当な事務を職務とする合議制の機関である（行組八条）。具体的な設置例は多数に及ぶが、法制審議会（法務省）、財政制度等審議会（財務省）、食料・農業・農村政策審議会（農林水産省）、産業構造審議会（経済産業省）、中央教育審議会（文部科学省）、運輸審議会（国土交通省）、中央社会保険医療協議会（厚生労働省）、郵政審議会（総務省）、中央環境審議会（環境省）などがその代表といえよう。

わが国の審議会の運用上の特徴は、「学識経験者」委員が重視され、彼らの利害調整・政策判断の能力に大きく依存している点である。たとえば、運輸審議会の委員は「年齢三十五歳以上の者で広い経験と高い識見を有する者」（運輸省設置法九条）、米価審議会の委員は「所掌事務に関し学識経験のある者」（農林省設置法五三条四項）と資格づけていたし、また、中央環境審議会の委員は「環境の保全に関し学識経験のある者を含む者で構成される」と規定する（環境基本法四三条一項・四四条）。

審議会は、あくまでも各省大臣の諮問に答申する諮問機関であるので、その答申には法的な強制力はない。しかし、とくに圧力団体との関係では、行政部が政治的決定に際して審議会の答申に最大限の考慮を払う場合には、圧力団体は審議会制度を通じてそれぞれの利害を表明しうることになるし、同時に、行政部は審議会を通じて政府の立場を各種団体に理解させることができる。こうした政治的機能の点で、審議会は、一定の社会統合を有効に果たす制度だといえよう。

第四節　現代行政国家型憲法の展開

一、フランス第五共和制憲法における公選大統領制

フランスでは、第三共和制（一八七〇～一九四〇年）および第四共和制（一九四六～五八年）の時代には、国会（下院）が政治の実権を掌握し、小党分立と政党間の権力闘争がくり返されたために、安定政権の樹立が常に妨げられてきた。そこで、一九五八年一〇月に成立したフランス第五共和制憲法では、それまでの国会中心主義の弊害を解消するために、強力な大統領制の導入により、行政権優位の統治体制を目指している。

このフランス第五共和制憲法は、もともと第二次世界大戦の〝解放の英雄〟であり、第五共和制初代大統領になったド・ゴール将軍の基本構想により作成されたので、「ド・ゴール憲法」とか「ド・ゴールの寸法に合わせて仕立て

られた憲法」と称されてきた。当初、大方の予想では、ド・ゴールとともに誕生した第五共和制憲法はド・ゴールとともに消滅するであろうと思われていたが、今日まで、ポンピドー、ジスカールデスタン、ミッテランを経て、シラクまで大統領政権が順調に継承され、この体制以前の政局不安定が嘘であったかのように、確実な地歩を固めてきた。その最大の理由は、共和国大統領の施政が広範な国民の支持を獲得して行われるようになったことにある。

第五共和制憲法の大統領は、任期については第四共和制と同じく七年とされたが、その選出方法については、憲法制定当初は、国会議員、海外領土の議会議員および市町村議会の代表者からなる選挙人団による間接選挙制を実施していた（旧六条）。これは、第四共和制の大統領は国民議会により選出されたため、国民議会への従属性が高かったことへの反省をふまえて、大統領の選出基盤の拡大を試みたことによる。しかし、その後、さらに大統領の地位の強化が要求されて、一九六二年一〇月の憲法改正により、大統領は国民議会と同じく国民から直接に選挙されることとなった。

こうした公選大統領は、憲法上、「憲法の尊重を監視する」憲法の守護者であり、「公権力の適正な運営および国家の継続性を確保する」仲裁者であり、さらに「国の独立、領土の保全および条約の尊重の保障者」（五条）として、統治機構上いわば〝扇の要〟という最重要の地位を占める。このため、内閣総理大臣および他の閣僚の任免権（八条）、閣議主宰権（九条）、法律に対する署名および再議要求（一〇条）、一定の法律案の国民投票付託権（一一条）、国民議会の解散権（一二条）、閣議で議決された行政命令への署名（一三条一項）、文官・武官の任命権（一三条二項）、大使・特使の信任状の授受（一四条）、国軍の統帥（一五条）、非常事態における緊急措置権（一六条）、条約の交渉・批准権（五二条一項）、憲法改正発議権（八九条一項）など、広範な権限を保持している。

もっとも、フランスの大統領制は、アメリカの大統領制とは異なり、内閣と国会との関係については、内閣が国会の信任を必要とする点では議院内閣制の構造を有している。たしかに、大統領は内閣総理大臣および他の大臣の任免権をもち、また、内閣閣僚の国会議員との兼職は禁止である（二三条）。しかし、内閣総理大臣が統轄する内閣は、国会に対して責任を負うとされている（二〇条三項）。下院である国民議会が、不信任案を可決するか、あるいは内閣総理大臣が提出した信任案を否決することにより、内閣の責任を追及し、倒閣が可能である（四九・五〇条）。こうした点で、第五共和制の統治形態は、「大統領制に傾斜した、議院内閣制と大統領制との混合形態」あるいは「半大統領制」とよばれている。

第五共和制における行政権優位の体制の確立は、第三・第四共和制に比べて、国会の地位を大きく低下させることになった。第五共和制でも、立法権は国民議会と元老院からなる二院制の国会に属する（三四条一項）が、国会による立法事項の範囲は憲法上に限定列挙されて（三四条二項）、それ以外は命令事項とする（三七条）。法律事項についても、内閣による委任立法の制度を認めている（三八条）。また、憲法は、国会の立法活動を抑制する目的で、法律案の審議手続を詳しく定める。たとえば、法律の発案権は内閣総理大臣および国会議員に属する（三九条）が、議員提出の法案・修正案には内容上の制限が課されて（四〇条）、政府提出法案が議員提出法案に優先して審議される（四八条一項）。さらに、大統領は、国会の審議・議決を経ることなく、重要な法律案を国民投票に付託することができる（一一条）。

このような第五共和制における国会の制度は、しばしば「合理化された議会制」として性格づけられる。そこでは、国会の権限を限定・制限することを通じて、行政権の安定の確保が目指されているのだ。

二、ボン基本法における「宰相民主主義」

一九四九年五月に成立したドイツ連邦共和国基本法（以下、ボン基本法）の場合には、ワイマール民主主義における失敗への反省が、憲法制定の重要な精神的な背景となっていた。ワイマール憲法は民主主義憲法の典型といわれたが、実際には、極端な小党乱立と相次ぐ連立内閣・少数派内閣のために政権の不安定は常態化し、ついには、ヒトラー＝ナチスの台頭と授権法（一九三三年）の制定により、事実上命脈を絶った。

そこで、ボン基本法の制定に際しては、民主主義の原理の確立だけでなく、安定政権の樹立という要請も具体化されなければならなかった。この要請に応えて採用された方法が、フランス第五共和制の場合とは対照的に、連邦大統領の権限はできるだけ名目化する一方、政治の実権を連邦宰相（連邦首相）に集中させる仕組を作ることであった。

こうしてボン基本法の下では、連邦大統領は、ほとんど実質的な権限をもたない国家元首として、国家を代表して条約の締結、外交使節の信任・接受（五九条一項）を行い、連邦裁判官・連邦公務員・士官および下士官の任免、恩赦権の行使（六〇条）などを主に行う。ただし、これらの行為が有効であるためには、連邦宰相または主任の連邦大臣の副署が必要である（五八条）。連邦大統領の選出方法は、ワイマール憲法における公選制から、連邦議会議員および州議会議員から構成される連邦会議による間接選挙制へと改められた（五四条一項・三項）。

一方、ボン基本法の統治体制は「宰相民主主義」あるいは「宰相政治制」と特徴づけられるほど、連邦宰相には行政部の中心として強力な政治権力が与えられている。とくに基本法六五条は、「連邦宰相は、政治の方針を決定し、これについて責任を負う。この方針の範囲内において、各連邦大臣は、独立してかつ自己の責任において、所管の事務を指揮する」と定めて、連邦宰相こそが政治方針決定の主体であり、内閣では連邦宰相が連邦大臣に対して優越的地位にあることを明らかにする。各連邦大臣は、所管する事務について自己の責任において遂行するが、連邦宰相が決定した「政治の方針」から逸脱することは許されない。

このように連邦宰相が政治方針の決定について責任を負うことになっている以上、連邦議会での不信任および信任決議が、内閣全体ではなく、直接に連邦宰相に向けられるのは当然のことであろう。ボン基本法では、連邦宰相の選出については、連邦大統領の提議に基づき連邦議会で議員の過半数をもって選挙され、連邦大統領により任命される仕組となっている。ただし、この提議が受け容れられなかったときには、連邦議会は、選挙手続後一四日以内に議員の過半数をもって連邦宰相を選挙することができる……（六三条）。いずれにしろ、連邦議会は、連邦宰相だけを選出し、また、連邦宰相だけを不信任および信任決議の対象としている（六七・六八条）。

しかし、ボン基本法では、内閣あるいは個々の連邦大臣を対象とする不信任また信任決議の制度は予定していない。連邦大臣は連邦議会が選出するのではなく、連邦宰相だけが、連邦政府（内閣）の閣員を選任し、その任免のためにこれを連邦大統領に提議する（六四条一項）。新しく成立した連邦政府に対する信任投票の制度は存在せず、連邦議会は、連邦大臣の任命に対して制度上はいかなる影響力ももたない。

このような連邦宰相の地位の強化は、たんに連邦政府内部だけでなく、連邦議会との関係でも保障されている。一般に、議院内閣制の制度的特徴としては、まず、衆議院において不信任されるか、あるいは信任を拒否された内閣は、みずから総辞職するか、衆議院を解散することがあげられる。ところが、ボン基本法の場合には、連邦議会の不信任決議がただちに連邦宰相の辞職の原因とはならない。すなわち、「連邦議会は、その議員の過半数をもって連邦宰相の後任者を選挙し、かつ、連邦大統領に連邦宰相を罷免すべきことを要請することによってのみ、連邦宰相に対する不信任を表明することができる」（六七条一項）として、後継の連邦宰相の擁立が見込めない不信任決議は無効とされているからである。この制度は、いわゆる「建設的不信任制」といわれ、ワイマール憲法体制下に経験した不安定な政局の克服を目的として導入されたものである。

今日の西欧では、ドイツはもっとも安定した民主主義国の一つになっているが、ボン基本法において連邦宰相に強力なリーダー・シップを保証したことは、戦後ドイツにおける民主主義の安定に大きく貢献することになった。それは、もちろん「宰相民主主義」の成功として評価することができる。しかし、それだけでなく、現代国家における行政権の役割を念頭におきつつ、福祉行政など増大する行政需要への対応を準備したのが、ボン基本法における連邦宰相規定の試みであったといえよう。

第五節　首相公選論

現代国家が行政国家の段階に入り、福祉行政や計画行政の積極的な展開が必要になると、当然に、行政上強力な政治的リーダー・シップの確立が必要となる。しかし、日本国憲法における議院内閣制の現状では、内閣の首長である内閣総理大臣は、とくに政権与党内の派閥関係の力学により決定されるため、きわめて不安定な地位に陥らざるをえない。首相公選論の主張は、内閣総理大臣（首相）を国民が直接に選出することにより、こうした派閥政治の弊害を除去するとともに、直接民主制的な原理を根拠にして、行政国家の要請に対応できる新しい政治の指導原理を樹立しようとする試みである（首相公選論の考え方については、小林昭三『首相公選論入門』〔改訂版〕（平一三年）成文堂、同『新憲法論・序説』（平八年）成文堂、一一七―一五八頁）。

首相公選論によれば、現代日本における政治の病弊は、次の三点に要約される。①派閥政治（首相や大臣、その他の政治的公職、そればかりか党内の役職までが派閥間の取引材料にされ、そのために政党も国家も派閥本位で動かされる）。②政権あるいは政局の不安定（衆議院の解散の反復、内閣改造の常態化によって、大臣が頻繁に交替して、そのために政局の安定を欠き、政策の継続が失われている）。③極端な政争（与野党間の対立が激しく、重要な議案になればなるほどその傾向は著しい）。

これらの政治の根本的欠陥はいずれも、いわば〝民意無視〟の現象形態である。そして、その原因は何よりも議院内閣制方式によってもたらされたか、さもなければ、議院内閣制方式によって助長されたものである。つまり、イギリスを模範として行われている日本国憲法の議院内閣制は、今や大きく行き詰まりを来している。議院内閣制の下では、国会議員は誰でも、議会政治家の立身出世の終着駅として、首相や大臣になろうとするので派閥が際限もなくはびこり、また、首相が国会から選出される仕組になっているので、結局、首相の地位が不安定になるのだ。

こうした憲法の議院内閣制に対する疑問を主要な契機にして、首相公選論では、次のようなまったく新しい政治機構を提案する。

①三権分立を明確にして、国会はとくに立法府として法律を作り政府を監督し、内閣は執行府として法律を執行し、裁判所は判定機関として法律を解釈することに専念する。

②首相が施政に際して、国会や派閥から足を引っ張られないようにするために、内閣と国会、議員と大臣の制度上の直接の結合を断ち切ることが必要である。そのためには、首相はもとより大臣と議員との兼職を禁止する。

③首相および副首相は、国民が直接に選挙により選出して、天皇はこれを認証する。首相は各大臣を全国民の中から選出して、首相の幕僚である行政長官とする。首相および副首相の任期は、たとえば四年と固定して、解散制度は廃止する。

④首相は、国会議員の中でも適任者がいれば大臣に任命することができる。その際、大臣は議員を辞職しなければならない。

⑤象徴天皇制との関連では、首相公選制が採用されても、憲法上、天皇が国家・国民の統合の象徴であるという地

位には何ら変更はない。

このように首相公選論は、行政部と立法部との厳格な権力分立を求めた上で、内閣の長である首相を国民投票で選出する点、大臣と議員との兼職を禁止する点、内閣は国会の信任を問う必要はなく、また解散権を行使できない点などが提案されているので、従来の制度論上の類型からすれば、むしろ大統領制に分類することができよう。そうなると、当然、議院内閣制を定めた日本国憲法の改正が視野に入って来る。首相公選に伴う日本国憲法の改正案は、たとえば、次のような形で提示されることになる（小林昭三「首相公選のための改憲論」『私の「憲法」気質』（平七年）成文堂、七四―七七頁、傍線箇所が改正部分）。

第　六　条　天皇は、国民の直接選挙による選出（現行は「国会の指名」）に基いて、内閣総理大臣を任命する。

第　七　条四　（天皇は）内閣総理大臣の直接選挙および国会議員の総選挙の施行を公示すること。

第六五条　行政権は、内閣総理大臣（現行は「内閣」）に属する。

第六六条③　（内閣の対国会連帯責任）削除

第六七条　内閣総理大臣は、三〇歳以上の日本国民の中から国民の直接選挙により選出される。

②　内閣総理大臣の任期は、四年とし、二期を越えて選出してはならない。

③　内閣総理大臣の候補者になるには、国会議員〇〇人、または都道府県会議員〇〇人、もしくは有権者〇〇万人の署名による推薦がなければならない。

④　内閣総理大臣の選挙は、衆議院議員総選挙と同じ日に行なう。

第六八条　内閣総理大臣は、任意に国務大臣を任免する。（但し書きの「（大臣の）過半数は、国会議員の中から選ばれなければならない」は削除）

② 内閣総理大臣および国務大臣は、国会議員を兼ねることができない。など。

もっとも、以上にみた首相公選論の提案に対しては、次の諸点からの有力な批判がある（それらの紹介は、杉原泰雄「首相公選制」清宮四郎・佐藤　功編『続・憲法演習』（昭四二年）有斐閣、一八九頁以下）。

①首相公選制が採用されると、首相に対する国会の統制権は著しく弱化し、また、内閣は完全に首相のための機関となるので、首相の統制がきわめて困難となる結果、首相が独裁制化して国民の自由を抑圧する方向に進む危険性がある。ワイマール憲法やフランスにおける二つの帝政憲法（一八〇四年および一八五二年）の歴史的経験は、人の選定についての国民投票制は常に独裁制に移行する可能性があることを教えている。

②首相公選論によれば、派閥政治、極端な政争、政権・政局の不安定といった現代民主主義の根本的な欠陥は、議院内閣制が原因であると説明する。しかし、これらの欠陥は、国民的基盤を欠いた政党の組織と運営、前近代的な政治資金の規制、和解しがたい利害関係にある諸階級の存在に由来するのであり、議院内閣制に原因があるわけではない。首相公選制によって、これらの欠陥が解消される保証はどこにもない。

③首相公選論では、政治課題解決に当たり、公選首相に国民統合の機能を大きく期待している。しかし、国会に対する政治責任からほとんど解放された公選首相に四年間の政治指導権を与え、法律案・予算・条約の提出権、拒否権、各大臣の任免権など強大な権限を与えることは、少数党を政治から疎外し、さらには、国民的な分裂を深刻化するおそれがある。

④首相公選制の下では、首相が指導する行政部と国会とが不一致を来した場合には、議院内閣制における解散制度のような有効な解決策を設けていないから、政局が大きく混乱したり、収拾不能の事態に陥る危険性が高い。

なるほど、現代行政国家における重要な憲法課題は、行政権の強化・拡大という憲法現実を制度的に追認するのではなく、どのように拡大・強化した行政権を議会主義的に統制するのかという点に帰するのかもしれない。そのような立場からすれば、首相や内閣に対する国会の統制権を著しく弱化させ、行政権の強大化に根拠を与える首相公選論には問題があるということにもなろう。

けれども、首相公選論の真意を、公選首相の独裁制化とか、国会の地位の低下といった点に求めるのは明らかに誤解である。首相公選論は、何よりも二〇世紀的な権力活用観を前提に、国会と公選首相との間を分離することにより、むしろ国会機能の活性化、首相と国会との役割分担を明確化して、それに伴う相互補完という効果が期待されているからである。民意との関連では、代表制の国会と公選首相との関係は、民意反映の場としての国会と、民意統合の中心としての公選首相とに役割分担できる。つまり、国会では国民の諸部分に焦点が合わされ、民意の諸側面の共存・競合が試みられる。これに対して、公選首相には、直接選挙による国民の一体感確認が契機となり、首相選出を通して民意の吸収が目指されているのだ。

ところが、一方には、民意統合の中心としての公選首相は、天皇制の存立と矛盾するので、首相公選制は、結局、天皇制廃止論に帰着するという見解がある。しかし、憲法政治を前提にしたとき、〝権力〟の担い手である公選首相と〝権威〟の担い手である象徴天皇とでは、それぞれが分担する国政上の役割はまったく性格を異にするはずである。公選首相の場合には、現実の政治課題の対処・解決に際して、国民を機能的に統合する中心であるのに対して、天皇が、憲法上、国家・国民の統合の象徴としての地位にあるのは、伝統的・文化的な意味においてだからである。憲法理論上、首相公選制の採用が、象徴天皇制を侵害したり、否定することはありえないといえよう（なお、象徴天皇制については、第1章参照）。

第8章

司法制度

吉田直正

第一節　司法の概念

司法とはその字義通り法を司ることであり、普通、事前に定立されている法を具体的な問題に適用し、それを解決する国家の作用をいう。その点では行政の作用と類似するが、事後的であることが大きな違いである。このような意味の司法を、実質的意味の司法という。また、そうした作用を主として担う機関が裁判所であることから、裁判所の権能すなわち司法権とされることもある。この意味での司法を形式的意味の司法という。

わが国の場合、古代より、裁判もその準則たる法も、いずれも外国で作られたものを一体として取り入れてきており（古くは律令制度、近代においては、明治初期の西洋法典と裁判制度の導入）、裁判は法に従って行われ、まさに司法というにふさわしいものではあった。しかし、対立し、衝突する問題の解決は何も法ができ上がるまで、いっさい行われなかったわけではない。歴史的にみれば、むしろ裁判が先で、法はそれを合理化するために後から、裁判による解決の集積を一般的なものとして作り上げられたものであることがわかる。こうした裁判はその社会で支配的権力をもつものによって、普通は領主、あるいは国王によって行われた。その後社会の複雑化に伴い専門の裁判官による裁判が行われることになる。イギリスの裁判所が長年にわたり形成してきた判例法の集積（コモン・ロー）は、最近では議会制定法が多くなりつつあるとはいえ、このことをよく表している。議会主権の確立により、制定法がコモン・ローに優位することは否定できないにしても、制定法に抵触しない限りで、裁判所が法形成作用を担うというかたちは、現在においても維持されている。

またこのことは、裁判所の権限、つまり司法権がそれぞれの国でどのように発展してきたものであるかによって、内容に差があることをも意味する。一般に法の大きな潮流として、英米法と大陸法とが区別される。英米では刑事事件、民事事件に加えて行政事件も裁判所が行うのに対して、フランスをはじめとするヨーロッパ大陸諸国では、行政事件は司法裁判所とは別に、行政機関に属する行政裁判所が行う。

イギリスでは、裁判官は国王によって任命されるが、一度任命されたものは国王といえども辞めさせることはできないという慣行が比較的はやくでき上がった。これは国王権力が当初強大であり、それに対抗する勢力が裁判所を拠点にしたことによる。国王は無答責とされたため、国王に代わって王権を行使する大臣の責任を裁判所で追及することによって、人々はみずからの自由や権利を護ろうとしたのである。それまでの慣行や取り決めに反する国王の大臣たちの行為について、裁判所にその排除を求めるという仕方は徐々に根付いていく。

これに対して、大陸諸国、とくにフランスでは、当初、国王の権力はさほど大きくなく、司法権はその地域を支配する封建領主によって行使されていた。その後徐々に国王の権力が増大することになるが、封建領主たちから司法権を奪うことはできなかった。国王権力の増大は、生産を拡大しつつあった経済活動に従事する人々にとっては、封建的領域を越えて市場を求めることができるという意味で、歓迎すべきことであった。しかしそうした動きに対して、司法権が大きな障害として立ちはだかる。国王がその政策実現のために発する法令が効力をもつためには、その地域の裁判所（高等法院）にそれを登録する必要があった。高等法院はそれを拒否することは認められていなかったが、国王に再考を促すために建白をすることは許されており、国王からの回答があるまで、登録を留保できた。高等法院はこの手段を用いることで、法律問題だけでなく、国の政治、行政の問題にまで干渉することができた。

アンシャンレジーム期のこうした裁判所の在り方への反省から、革命後の司法権はその守備範囲を大幅に制限されることになる。つまり、司法権の行使は、民事事件、刑事事件だけに限られ、行政機関の判断には干渉することは認められず、また立法機関の定立する法律の内容についても立ち入ることが許されない。民事・刑事事件だけを取り扱う司法裁判所とは別に、行政裁判所が設けられ、違憲立法審査権は否定される。さらに、イギリスの場合とは異なり、裁判官が一般的効力を有する法規を定立することは立法権への侵害として禁じられ、法規の適用による具体的判断だけを求めた。このような司法制度が生み出されたのは、以上のような経緯からである。またそれは、イギリスの制度のように、歴史的に生成したものではなく、アンシャンレジーム期の伝統からまったく自由に形成されたものであって、他の大陸諸国が模範とするに足るものでもあった。そのため、フランスの制度を取り入れる国が多く、いわゆる大陸法と一括される法体系ができ上がる。これに対して、イギリスで発達した制度はその影響を強く受けた地域、つまりイギリス植民地に主に受け継がれることになり、その代表たるアメリカ合衆国と合わせて英米法とよばれる流れを形成することになる。こうして先に触れた法の二大潮流ができ上がる。

このように、司法権の概念もその国の歴史の所産であり、それぞれの国のおかれた状況によって、さまざまである。このことに関しては、わが国の場合も例外ではない。それでは、わが国における司法権の概念を眺めてみることにしよう。

明治維新後の新政権にとって、まず何よりもやり遂げなければならなかったことは、条約の改正であった。治外法権の撤廃と関税自主権の回復がその中身であった。このうち司法の問題と深くかかわってくるのが治外法権である。西洋列強はわが国との間で条約を結ぶに当たって、日本における自国民の法律問題を処理する際、日本の裁判所においてではなく、自国が日本に派遣する領事によって行われるべきことを主張した。領事裁判権の要求である。その背景にあるのが、近代的な裁判制度をもたない国には、自国民が関係する法律問題の処理を任せられないという考え方であった。こうしたいわゆる不平等条約を引き継いだ明治政府にとって、西洋列強に条約改正を拒む口実を与えないためには、何よりも近代的な裁判制度を、それも大急ぎで確立しなければならなかった。

当時列強の中でもっとも強大な国は大英帝国であった。しかし、イギリスの裁判制度は、先にも触れたように、イギリスの歴史と切り離しては成立しがたく、容易に他の国に移植できるようなものではなかった。その中にあって、フランスは革命によって旧体制を完全に払拭し、まったく新しい制度を作り上げていた。それは裁判の制度だけにとどまらず、その準則たる法においても、いわゆるナポレオン法典という、体系的な成文法ができ上がっていた。他の国にも取り入れやすい、いわば汎用の制度をもっていたのである。さらに明治維新当時のフランスは、第二帝政の末期で、ヨーロッパでは最強の国で、また共和国家でなかったこともわが国が模範とするに当たって、好都合であった。わが国における近代的裁判制度の移植元は第一にフランスであった。明治一〇年代を通して、精力的にフランス制度の移植が行われる。

ただし、フランス特有の事情による特殊な制度(たとえば司法機関の終局判決を審理して差し戻す権限を有していた破毀院や、法律の非専門家に審理を委ねる特殊な裁判所の制度など――商事裁判所・労働裁判所など)が、そのまま導入されたわけでもなく、当時の日本の事情に合わせてフランスの制度を部分的に変更して制度を形作った点(フランスでは普通二審制であったものを、法令解釈の統一を図る目的で、三審制が採用されたことなど)には注意を要する(当時のフランスの破毀院は、最上級の司法裁判所ではなく、立法部に属し、伝統的に存在していた司法への不信感に対する担保として機能した。それに対し、わが国に設けられた大審院は、司法機関の最上級上告審裁判所として、法令解釈の統一に貢献する。各地に設けられた下級審裁判所でさまざまな判決の出るおそれがあり、かといって上級裁判所が指揮監督することは裁判の独立という近代的司法制度の要件に反することになる。わが国における三審制の採用には、こうした背景もある)。

その他のことは、たとえば、明治一四年に全府県に裁判所が設置されたが、大審院を除く、控訴裁判所、始審裁判所、治安裁判所の名称は、当時のフランスの裁判所名の直訳であったことをみても、いかに当時フランスの制度を積極的に移植しようとしていたかがうかがわれる。

しかし、フランスは明治四年、プロイセンとの間の戦争に敗れ、その勢力にやや翳りをみせ始め、一方、プロイセンはドイツの諸邦をまとめてドイツ帝国を作り上げ、強国の仲間入りを果たす。

わが国では、明治二二年に大日本帝国憲法が制定され、それがドイツの影響を強く受けていたこともあり、盛んにドイツ法の移植が行われるようになる。裁判制度もこうした傾向から自由ではなく、それまでのフランスの制度からドイツの制度への転換が行われた。ただいずれの制度も、大陸法系であることにはかわりはなく、司法権は民事・刑事の事件に限るということでは大きな違いはなかった。またそのこともあって、ドイツの制度にあって、わが国の制度に適合的でないこと（たとえば連邦制に伴う問題など）は、引き続きフランスの制度を維持した。

その後わが国の法学教育がドイツ法学の影響を強く受けることもあって、戦前はドイツ一辺倒であったかのように思われるが、それは必ずしも正しい見方であるとはいえない。

このような戦前の、大陸法に傾斜したわが国の裁判制度は、戦後大きくその方向を変えることになる。連合国総司令部作成の憲法原案による日本国憲法の成立をはじめ、あらゆる分野にわたって合衆国の強い影響を受けることになる。裁判制度もその例外ではなく、違憲審査制度、刑事手続における当事者主義、司法機関による司法行政権の確立など戦前にはなかった制度を取り入れることになる。

司法の概念も行政事件を含まなかった戦前とは異なり、あらゆる法律上の争訟が司法裁判所の審理の対象とされることにより、大きく広がった。違憲立法審査権が裁判所に与えられたことによっても、裁判所の果たす役割に大きな注目が集まるようになった。

このように、わが国の司法制度、裁判制度は、大陸法と英米法という、異なった法体系いずれからも影響を受けており、またそれらが相互に関連しあっていることもあって、制度的にも、またその制度を運用する人々の法思考の面からも、複雑な様相を示している。わが国の裁判を考えるときには、こうした点に注意する必要がある。

第二節　裁判所の構成と権限

憲法は「すべて司法権は、最高裁判所及び法律の定めるところにより設置する下級裁判所に属する」(憲七六条一項)とし、下級裁判所に関しては法律事項としている。憲法施行に先立って、昭和二二年四月一六日に制定され、憲法と同時に施行された裁判所法は第一条で、「日本国憲法に定める最高裁判所及び下級裁判所については、この法律の定めるところによる」と規定し、下級裁判所として、高等裁判所・地方裁判所・家庭裁判所・簡易裁判所を認め、その権限・組織について定めている。

最高裁判所は東京都に一ヵ所おかれ、最高裁判所長官と一四名の最高裁判所裁判官で構成される。長官は内閣の指名に基づき天皇が、その他の裁判官は内閣が任命する(憲七九条一項)。この一五名の裁判官の任命は、任命後はじめて行われる衆議院議員総選挙の際、国民審査に付され、その後一〇年を経過するごとに、はじめて行われる衆議院議員総選挙の際に国民審査に付される。国民審査で罷免を可とする投票が多数を占めた場合には、その裁判官は罷免されることになる(憲七九条二・三項)。

最高裁判所は一五名の裁判官全員で構成する大法廷と、五名ずつの裁判官で構成する小法廷のいずれかで裁判を行う。いずれで扱うかは最高裁判所規則で定めるが、裁判所法は次の場合には必ず、大法廷で裁判することを義務づけている（裁一〇条）。①当事者の主張に基づき、法律・命令・規則・処分が憲法に適合するかしないかを判断するとき。ただし、以前に大法廷の合憲判断があり、小法廷がそれと同意見の場合は、小法廷のみで裁判することができる。②当事者の主張がなくとも、法律・命令・規則・処分が憲法に適合しないと判断するとき。③憲法その他の法令の解釈適用が、前の最高裁判所のした裁判に反するとき。またこの他に、最高裁判所裁判事務処理規則では、小法廷での意見が同数で対立したときと、小法廷で事件を大法廷に移した方がよいと判断したときをあげている。

大法廷、小法廷の定足数はそれぞれ九名、三名である。また違憲の判断をする場合には、八名以上の裁判官の同意が必要である。

最高裁判所の裁判官に限って、裁判書への意見の表示が義務づけられている。英米法では、複数の裁判官による裁判の場合でも、合議というより、複数の裁判官それぞれの意見を合わせたものとみるのが一般的であり、わが国の場合も最高裁判所にのみ、その方法を取り入れた。最高裁判所裁判官は国民審査を受けることになっており、どの裁判官がどのような意見をもっているかをはっきりさせておくことは、その場合の判断材料を提供することになるからである。

最高裁判所が有する裁判権（裁判しうる事項の範囲）は、裁判所法によれば、上告と訴訟法でとくに定める抗告の二つである（裁七条）。上告とは一般に、第二審判決に対する不服の申し立てをいい、民事事件（民訴三一一条以下）では、特別の場合（第一審判決に対し、当事者間で事実問題に争いがなく、法律解釈の争いのみがある場合、合意によりただちに最高裁に上告できる）を除き高等裁判所のなした第二審判決に対し不服がある場合に最高裁判所に行う法律審への上訴をいう。上告審では憲法もしくは判決に影響を及ぼす法令の解釈についてのみ行う。刑事事件（刑訴四〇五条以下）では、高等裁判所のなした第一審または第二審判決に対する不服の申し立てとして、憲法もしくは判例違反を理由として行われ、法令の解釈をめぐる上告は最高裁判所が受理した場合にのみ認められる。またこれらの理由がなくとも、原判決を破棄しなければ著しく正義に反すると認められる場合には、最高裁判所は原判決を破棄し、原裁判所もしくは第一審裁判所または同等の裁判所に差し戻すことができる。抗告とは判決以外の決定や命令に対する独立の上訴であり、訴訟法でとくに定める抗告とは、民事の場合、憲法違反を理由とする抗告、刑事の場合、憲法違反および判例違反を理由とする抗告で、これらを特別抗告という。

高等裁判所は、東京・大阪・名古屋・広島・福岡・仙台・札幌・高松の八都市におかれ、その都市の名を冠してよばれる。ただし、その管轄地域が広域にわたるため、名古屋は金沢に、広島は岡山および松江に、福岡は宮崎および那覇に、仙台は秋田に、それぞれ支部をおいている。

高等裁判所は、高等裁判所長官および相応な員数の判事で構成される。各高等裁判所の裁判官の数は、最高裁判所が定める。高等裁判所も、合議によって裁判権を行使する。合議の員数は三名が原則で、とくに法律で定めのある場合（内乱罪および公正取引委員会の審決の訴訟）は五名で行う。

高等裁判所の裁判権は、控訴・抗告・民事事件の地方裁判所第二審判決に対する上告と刑事事件の簡易裁判所第一審判決に対する上告、および高等裁判所が第一審管轄権を有する事件（選挙に関する行政訴訟、内乱罪などに関する刑事事件）である（裁一六条以下）。東京高等裁判所は、さらに、公正取引委員会や特許庁のような準司法的機関の審決の訴訟について、第一審裁判権をもっている（独禁法八五－八七条・特許法一七八条など）。

控訴は第一審判決への不服申し立ての手続で、第二の事実審への上訴をいう。ただし、民事事件では控訴審ではじめから事実審を続行するのに対し（続審）、刑事事件は、第一審判決をふまえてその当否を審理する（事後審）。抗告は判決以外の決定・命令に対する上訴で、特別抗告を除く。

地方裁判所は、各都道府県庁の所在地に、その名を冠するものがおかれる他、北海道には函館・旭川・釧路の各都市にもおかれ、合わせて五〇ヵ所がおかれている。高等裁判所と同様、その管轄地域に支部（総数二〇三ヵ所）が設けられている。

地方裁判所は相応な員数の判事および判事補で構成される。各地方裁判所の裁判官の数は、最高裁判所が定める。判事補は判事と異なり、特別の場合を除いて、単独で裁判を行うことができない（昭和二三年、判事補の職権の特例に関する法律により、判事補五年で、最高裁の指名により、判事と同様の権限をもつことが認められた）。地方裁判所は原則として単独制で、合議は例外的な場合に限られる。合議の場合は三名の裁判官により行われる。

地方裁判所の裁判権は、高等裁判所および簡易裁判所の管轄に属さないすべての第一審事件および簡易裁判所の民事の判決、決定・命令への控訴、抗告である。

家庭裁判所は、地方裁判所と同じく全国に五〇ヵ所設けられており、支部も同様であるが、本庁および支部から裁判官が出張して、家庭事件の審判および調停だけを行う出張所がおかれている。家庭裁判所は、裁判所法制定時からのものではなく、昭和二三年法律第二六〇号による裁判所法改正により、昭和二四年一月一日に設けられた。

家庭裁判所の権限としては、家事審判法で定める家庭に関する事件の審判および調停、少年法で定める少年の保護事件の審判、少年法で定める、少年に関する成人の犯罪についての刑事事件の第一審の裁判などがある。

審判または裁判は一名の裁判官で行う単独制が原則で、他の法律で合議体で扱うとされている場合には、三名の裁判官で合議を構成する。家事審判、少年審判の特殊性に鑑み、家庭裁判所には特に家庭裁判所調査官がおかれ、裁判官を補佐する。

簡易裁判所は、全国に四三八ヵ所おかれている。少額（訴額九〇万円以下）の民事事件、軽微な刑事事件（罰金以下の刑に当たる罪および窃盗、横領などの比較的簡単な罪の訴訟事件など）の第一審の裁判を行う、最下級の裁判所である。簡易裁判所は、その管轄に属する事件について、罰金以下の刑または三年以下の懲役刑しか科することができない。この制限を超える刑を科するのを相当と認めるときは、事件を地方裁判所に移送しなければならない。簡易裁判所判事は、これまでみた裁判所の裁判官と異なり、法曹資格をもたないものからも選任される。国民の身近なところに存在する裁判所という要請にこたえるために、簡易裁判所の民事事件は口頭で訴えを提起することができる。また、民事調停といい、身近な民事紛争を話し合いで解決する制度もある。調停で合意が成立し、その内容が調書に記載されると、それは判決と同じ効力をもつことになる。訴訟に比べて費用も安く、裁判官と二名以上の調停委員による調停委員会が当事者双方の言い分を聞いて合意に導く。調停の申し立ても口頭で行える。裁判は常に一名の裁判官で行う。

平成八年、民事訴訟法の全面改正（施行は平成一〇年一月一日）で、少額訴訟に関する特則が規定され、訴額三〇万円以下の訴えについては、極力手続を簡素化し、原則的に一回の口頭弁論期日で判決の言い渡しまで行えるようになった。身近な裁判所である簡易裁判所をさらに利用しやすくしようということであるが、今後の運用が注目される。

憲法は最高裁判所と下級裁判所の区別を認め、下級裁判所はすでにみたように、四種類が法律によって設置されている。これらの裁判所の上下の関係を審級という。しかし裁判所の審級関係は、行政機関の上下関係と異なり、下位の裁判所が上位の裁判所から一般的な指揮監督を受けるわけではない。下級裁判所の裁判官も「その良心に従ひ独立してその職権を行ひ、この憲法及び法律にのみ拘束される」（憲七六条三項）に過ぎないからである。しかし、下級審の判決は、当事者の不服に基づく上訴により、上級審によって取り消されたり、変更されたりすることがある。この限りにおいて、下級裁判所は上級裁判所の下位に位置するわけである。わが国の裁判制度では、原則としてこのような上級審への上訴を二度認めていることから、三審制を採用している。

上訴は当事者の不服による裁判の見直しであるが、それを認めることによって、不服を解消することはもちろん、誤った判断を是正することにもなる（誤判の防止）。しかしもう一つ重要な点は、上訴を通じて上級裁判所の法令解釈を下級裁判所に及ぼすことにある。先にも触れたように、上級裁判所が下級裁判所の判断に介入することは認められないが、こうした方法によって、間接的に法令解釈の方向を示すことはできる。とくに、最高裁判所の判断は、法令解釈の統一を図る上で重要なものになる。先に触れたように、わが国の裁判制度における三審制は、このような目的に奉仕するため、明治期から採用されている。

しかし、誤判の防止の観点からは、三回の審理で必ずなくなるものでもなく、法令解釈の統一を図る目的からは、その目的に適う事件を選び、それをできるだけ早く最高裁に上げる方がよい。その他の事件については、一度の不服申し立てを認めるだけで、充分ではなかろうか。外国の例でも、二審制が主流で、三審制をとる場合でも、訴額や訴訟の種類によって上訴を制限することが多い。憲法の保障する「迅速」な裁判の要請からも、三審制にこだわることはないように思う。とくに刑事事件においては、検察、被告人双方に二度の上訴の機会を与えることは、裁判を長期化させ、そのことで、被告人を長期間、不安定な立場におくことになるだけでなく、事実関係をめぐって一番重要な第一審を軽視しがちになるため、改善が図られるべきである。

第三節　司法権の独立

現行の制度では、司法の自主性を確保するため、つまり、司法権の行使が他の国家機関の介入により左右されないようにするため、司法機関に対し戦前のそれのもたなかった権限が与えられている。まず、裁判官の独立が保障され、個々の裁判は他の国家機関からのみならず、司法機関の内部からの干渉も禁じられている。次に、司法機関にはその運営に関する事項について、みずから規則を定めることのできる規則制定権が与えられている。さらに、裁判官の指名・補職、裁判所職員などの任免・補職、裁判所に関する予算の編成への関与および実施などの司法行政権が与えられている。以下それぞれについてみてみよう。

憲法は第七六条ですべて司法権は最高裁判所および下級裁判所に属するとし（一項）、特別裁判所の設置を禁じ（二項）、裁判官はその良心に従い独立してその職権を行うべきことを規定する（三項）。一・二項は、司法権が他の権力、とくに行政権によって行使されてはならないという、いわば権力の分立の観点に、三項は裁判官が裁判を行うに当たり、他のいかなる干渉をも受けてはならないという、いわば裁判官の独立の観点に焦点が合わされている。

普通、司法権の独立といった場合、これら二つを合わせて観念されるが、両者はいささか、その由来を異にする。明治三四年、日本を訪問中のロシアの皇太子に、警備に当たっていた警官が斬りつけたという事件が起きた。当時の政府はロシア側への配慮もあって、犯人を極刑に処すべきだとして、裁判所に圧力をかけた。しかし、大審院の院長児島惟謙は、刑法の規定通り、普通の殺人未遂罪を適用して処理すべしと主張し、そのようになった。これがいわゆる大津事件で、児島惟謙はこれにより司法権の独立を守ったとされる。たしかに、政府の圧力を跳ね返し、法律に従った判断をしたという点では司法権の独立は守られたが、実際に大審院の特別法廷の裁判官ではなかった児島が、事件担当の裁判官に圧力をかけたとしたら、裁判官の独立は守られたとはいいがたい。

個々の裁判で、裁判官は、いっさいの干渉を受けずに、当事者のいい分と憲法および法律に従ってのみ判断を下す。この裁判官の職権の独立が実はもっとも重要なものであり、わが国のように裁判官任用制度が官僚機構とほぼ同じである場合にはとくに大切である。

このような裁判官の独立を確保するために、憲法は公の弾劾によらない罷免を禁じ（憲七八条）、在任中の報酬の減額を禁じた（憲七九条六項）。裁判所法はさらに、意に反する転官・転所・停職をも禁じている。裁判官がその意に反して職を失う場合は、公の弾劾による罷免の他、心身の故障のため職務をとることができないと裁判で決定されたとき、裁判官としての欠格事由（後見開始または保佐開始の審判を受けること。禁錮以上の刑に処されること）が生じたとき、定年に達したとき（最高裁裁判官と簡易裁判所判事は七〇歳、その他は六五歳）、下級審の裁判官の場合、一〇年の任期（憲八〇条一項）の後再任されなかったとき、最高裁の裁判官の場合、国民審査で罷免を可とする票が罷免を可としない票を上回ったとき、に限られる。

このうち、公の弾劾による罷免とは、国会の弾劾裁判所の裁判による罷免のことで、「すべて司法権は……裁判所に属する」（憲七六条一項）という原則に対して、国会議員の資格に関する争訟が各議院に属するとされていること（憲五五条）とならび、憲法が認める例外である。罷免の訴追の請求は、国会の訴追委員会に対して誰でもすることができる。罷免の訴追の請求があった場合、または訴追委員会が罷免の事由があると判断したときは、委員会はその事由を調査し、訴追すべきと判断したときは、弾劾裁判所に訴追する。弾劾裁判所は国会の各議院で選挙した七名ずつ一四名の裁判員で構成する。

憲法は第七七条で「最高裁判所は、訴訟に関する手続、弁護士、裁判所の内部規律及び司法事務処理に関する事項について、規則を定める権限を有する」と規定している。これを最高裁判所の規則制定権といい、国会を「国の唯一の立法機関」とする憲法の原則の例外をなす。裁判所の規則制定権は英米法に特徴的なもので、大陸法の知るところではなかった。したがって、明治憲法下においては、訴訟手続などはすべて法律で定められ、裁判所の事務章程も、司法大臣が省令で定めていた。ただ、大審院は、その事務章程をみずから定め、司法大臣の認可を受けて実施することになっていた。これに対し、現行憲法は、訴訟に関する手続、つまり訴訟手続まで、規則で定める権限を最高裁判所に与えた。

第七七条の原型である、マッカーサー草案第六九条第一項は、「最高法院ハ規則制定権ヲ有シ其レニ依リ訴訟手続規則、弁護士の資格、裁判所ノ内部規律、司法行政並ニ司法権ノ自由ナル行使ニ関係アル其ノ他ノ事項ヲ定ム」とし、よりいっそうその内容を明確にしていた。しかし、その後の制定過程を経て、現行の規定に落ち着く。刑事訴訟法は、現行憲法制定後、全面的に改正されたが、民事訴訟法は平成八年に全面改正されるまで（施行は平成一〇年一月一日）、明治二四年に制定されたものを用いてきた。憲法で訴訟手続まで、規則で定めることができるとしても、そうした現実の前では、おのずとその範囲を狭めてみがちにならないだろうか。

アメリカ合衆国では、もともとイギリスの影響が強かった州では、裁判所が固有の規則制定権をもつとされていたが、徐々に法律で訴訟手続を決めるようになった。しかし今世紀になって、訴訟法の改正を待っていては効率的な訴訟活動が困難になり、訴訟費用が増大するなどの弊害が出てきたため、多くの州で裁判所の規則制定権を再び認めるようになった。連邦でも、民事手続は一九三四年に、刑事手続も一九四〇年に最高裁判所に規則制定権を与えた。

規則制定権は、このように、裁判手続に関しては、もっとも実際の実務を理解している裁判所に、そのルールの作成を委ねようとの合理的な理由から来たものであった。しかし、わが国の場合にはそのような背景もなかったことから、第七七条の規則制定権の理解について、合衆国の場合とは異なった解釈がされることになった。つまり、あくまで国会の制定する法律が大枠を決め、規則はその細目について規定する、というように。当然、法律と規則が抵触する場合には、法律が優位するという立場がとられる。英米の規則制定権の在り方からは、むしろ逆の見方がされるようになった。

第七七条は第三項で「最高裁判所は、下級裁判所に関する規則を定める権限を、下級裁判所に委任することができる」とし、下級裁判所も最高裁の委任により、規則制定権を有する。

憲法は以上の裁判官の独立および規則制定権とは異なり、司法行政権については明示の規定をおいていない。しかし、内閣が下級裁判所の裁判官を任命するには、最高裁判所の指名した者の名簿によって行わなければならないこと（憲八〇条一項）、最高裁判所などに内部規律に関しても規則制定権を認めたこと、裁判官の懲戒は行政機関が行うことができないこと（憲七八条後段）などの点から、司法機関内部における管理作用、つまり司法行政権を認めていると思われる。

これを受けて、裁判所法は裁判官以外の裁判所職員の任免は、最高裁判所の定めるところにより、各裁判所が行うこととしている。このため、裁判所職員は、国家公務員法のいう特別職として、人事院の管理に属さない。

また、裁判所の経費は、独立して予算に計上され、内閣がそれを減額したときは、原案を付記しなければならない。つまり、国会がそれを修正し、原案を復活させるのを容易ならしめるためである。そのため、内閣提出の予算案に原案への増額に必要な財源を明記すること（二重予算）が要求される。

司法行政権は、最高裁判所が最高監督権者としてほぼ独占的に行使するが、下級裁判所も自己または下級の裁判所に関する司法行政事務を行う。司法行政事務は、最高裁および高等裁判所では全裁判官による裁判官会議で、地方裁判所および家庭裁判所では全判事による裁判官会議で、簡易裁判所では裁判官が一名の場合にはその裁判官が、二名以上のときは、最高裁判所の指名する一名の裁判官により行われる。

司法行政権が戦前のように行政機関（司法省）によって行使されず、裁判所みずからが行使することにより、他の国家機関、とくに内閣からの独立がよりいっそう強化されたことは明らかであるが、裁判所内部、とくに最高裁判所による個々の裁判官の独立を脅かす心配はないのかという点が問題になる。このことでとくに問題になったのは、昭和四六年、任期一〇年の裁判官が再任を希望したにもかかわらず、最高裁判所が「適任ではない」として、再任を拒否するという事件が起きた(宮本判事補事件)。下級裁判所裁判官の一〇年任期は、裁判官の新陳代謝を促す制度として、適正に運用されれば合理的な制度であるといえる。しかし、運用のされ方如何によっては、最高裁判所が下級裁判所裁判官に対してもつ大きな武器にもなる。その後、こうした問題は表面化していない。再任希望者を名簿に載せることについて、最高裁判所が裁量権をもつことは当然として、名簿登載に当たって、思想信条による差別の許されないこと(国公二七条)もまた当然である。

第四節　違憲審査権

憲法は第八一条で「最高裁判所は、一切の法律、命令、規則又は処分が憲法に適合するかしないかを決定する権限を有する終審裁判所である」と規定し、裁判所の違憲審査権を明文で認めている。憲法の文言にあるように、この権限は法律だけでなくあらゆる国家行為に及んでいる。これをことさらに、違憲「立法」審査権とよぶのは、法律の制定、つまり議会の立法権は国民の一般意思を表明するもの(したがって、常に憲法に適合するはず)で、その憲法適合性を他の機関が判断することはできない、と長い間考えられてきたためである。

ヨーロッパ諸国では、今日においてもそうした考え方が支配的で、法律に対する違憲審査を認める場合でも、それを通常の司法裁判所の権限とはせず、特別の憲法裁判所を設け、そこで判断をすることにしている。しかし、そのような憲法裁判所が設けられるようになったのも、第一次世界大戦後のことで、大陸法の影響が強かった戦前のわが国では、問題にもならなかった。

これに対して、アメリカ合衆国では早くから裁判所の判例により、この権限が裁判所にあることが認められており、戦後その影響を受けたわが国でも、明文でそれを規定した。しかし明文の規定がおかれたことで、憲法解釈をめぐって学説の対立がみられた。すなわち、合衆国では憲法に規定がないにもかかわらず、違憲審査権が認められており、その合衆国の強い影響を受けた日本国憲法でも、明文規定がなくとも違憲審査権を認めることは可能である。にもかかわらず第八一条がおかれたのは、合衆国型の最高裁判所（その他の下級裁判所が、具体的事件の解決に必要な限りにおいて違憲審査を行う制度で、これを普通、付随的違憲審査制度という）ではなく、むしろヨーロッパ型の憲法裁判所（が、具体的事件に関係なく、関係者の要請により、法令の違憲審査を行う制度で、これを普通、抽象的違憲審査制度という）を予定しているとの解釈が行われた。この点に関しては、最高裁判所みずからが判決で合衆国型であるとしたためと（最大判昭二七・一〇・八）、憲法裁判所であるとするには憲法にそれを予定する規定がおかれていないことなどもあって、現在ではほぼ、ほとんどの学説は合衆国型であるとしている。

違憲審査制度というハードの面ではそうであるとして、法の実際の運用というソフトの面で、英米法の経験があまり豊かでないわが国において、この両者がうまく嚙み合っているかどうかは注意してみる必要がある。とくに裁判所の法形成機能において、現在においても英米法とは遙かに距離があることを考えれば、大陸的憲法裁判所制度も視野に入れて眺めることは、大きな意味があると思われる。

第八一条は違憲審査の対象を「一切の法律、命令、規則又は処分」としている。ここでいう命令とは行政機関の制定する抽象的な法規をいい、政令、府令、省令、規則など名称の如何を問わない。規則とはこの場合、国会両院の規則、裁判所規則を指す。地方公共団体の制定する条例は法律に準じて扱われる。処分とは行政機関の具体的な措置をいうが、裁判所の裁判もこれに含められる。

条約が違憲審査の対象になるかどうかについては見解が分かれる。まず、そもそも条約が憲法に優位するのか、または憲法が条約に優位するのか、いずれをとるかが問題になる。前者の立場に立てば、条約が違憲審査の対象となりえないことはいうまでもない。第八一条が条約に触れていないのはこの観点から当然であると考えられる（A説）。後者の立場に立った場合、さらに二つに見解が分かれる。一つは、条約も「一切の法律、命令、規則又は処分」に含まれるとし、違憲審査の対象になるとするものである（B説）。もう一つは、条約も憲法に優位するものではないが、国内法規とは違って、相手国のある国際法規であり、その点で憲法は第八一条から条約を除いたとするものである（C説）。

憲法の文理解釈として、B説は採用しがたい。A説、C説はいずれも条約が違憲審査の対象にならない、という点ではかわりがないが、条約によって、憲法の基本原則が変更される（実質的に憲法が改正される）ような場合には、その差は明白である。A説に立てば、憲法改正の手続を経ずに、それより遙かに容易（条約締結に必要な国会の承認は、衆参両議院の意見が一致しない場合、衆議院の議決、出席議員の過半数による議決だけで足りる）に実質的に憲法の改正が行われるからである。

違憲審査権が行使されて、ある国家の行為（とくに法令）が違憲であるとの判決が下された場合、それはどのような効力を発するのかという点でも見解が分かれる。問題となる国家行為は、その事件に限って無効であるという考え方（個別的効力説）と、違憲判決が出た限り、およそ一般的に問題の国家行為は無効であるとする考え方（一般的効力説）とが対立する。

付随的違憲審査制度は事件の解決に必要な限度で憲法適合性を判断するということであるので、その限りにおいて違憲無効とされるまでで、これによると個別的効力説が妥当するように思われる。しかし、とくに法令への違憲判決の出た後でも、その法令が一般的には無効とされないとすれば、法的安定性の面からも問題がある。だからといって、違憲判決に一般的効力を認めてしまうことは、裁判所に一種の立法権を与えることになり、権力の分立という面からみて、どうかと思われる。

結局のところ、違憲判決に対して、他の国家機関がどのような対応をとるかが重要である。最高裁判所の判断を尊重し、迅速に対処することが望ましいが、最終的にはその国家機関の処置に対して、国民がその是非を判断することになろう。

現在まで、法律の規定を違憲であるとした最高裁判決は六件ある。

①昭和四八年四月四日、尊属殺人罪を定めた刑法二〇〇条を憲法一四条一項違反としたもの。②昭和五〇年四月三〇日、薬局の開設などの許可基準の一として距離制限を定めた薬事法六条二・四項を憲法二二条一項違反としたもの。③昭和五一年四月一四日、衆議院議員選挙区および議員定数を定めた公職選挙法一三条別表第一および同法付則七項ないし九項（昭和五〇年法律六三号による改正前のもの）を憲法一四条一項に違反するとしたもの。④昭和六〇年七月一七日、同じく公職選挙法一三条別表第一および同法付則七項ないし九項（昭和五〇年法律六三号による改正後のもの）が憲法一四条一項に違反するとしたもの。⑤昭和六二年四月二二日、共有物の分割請求を、価額に従い、過半数の持分を有する者以外の者に対して禁止した森林法一八六条が、憲法二九条二項に違反するとしたもの。⑥平成一四年九月一一日、書留の郵送遅れで生じた損害に対し、国の賠償責任を紛失や棄損などに限定した郵便法の規定が、憲法一七条に違反するとしたもの。

このうち、①を除いて、判決後ただちに国会は問題の規定を削除もしくは改正した（③は判決当時すでに改正されていた。また、⑥は翌年の通常国会で一部改正案の提出が検討されている）が、①の場合は、多数説も立法目的そのものを違憲だとしていないこともあって、長らく改正されなかった。平成七年、刑法の表記が平易に改正されたことに伴い、ようやく削除された。ただし、判決後、最高検察庁は、高裁・地裁で審理中の尊属殺人罪事件を普通殺人罪事件に切りかえるよう通達を出した。

このようにみると、最高裁判所の違憲判決に対し、他の機関は、おおむね、それを尊重しているといってよいように思われる。

裁判所法は、第三条で「裁判所は、日本国憲法に特別の定のある場合を除いて一切の法律上の争訟を裁判」する権限のあることを認めている。

この規定を引用して、ある判決は「現在の憲法下における司法権（は）……一切の法律上の争訟において、憲法上特別の定めのない限り、すべての行為が法規に適合するや否やの判断を為す権限を附与されているものである。従って、当該行為が法律的な判断の可能なものであり、それによって個人的権利義務についての具体的紛争が解決されるものである限り、裁判所は、一切の行為について、それが法規に適合するや否やの判断を為す権限を有し、又義務を負うものである」（東京地判昭二八・一〇・一九、苫米地事件第一審判決）と述べ、あらゆる国家行為が司法審査の対象になるとした。

これに対して、同じ事件の最高裁判決（最大判昭三五・六・八）は「直接国家統治の基本に関する高度の政治性のある国家行為のごときは、たとえそれが法律上の争訟となり、これに対する有効無効の判断が法律上可能である場合であっても、かかる国家行為は裁判所の審査権の外にあり、その判断は主権者たる国民に対して政治的に責任を負うところの政府、国会等の政治部門の判断にまかされ、最終的には国民の政治判断に委ねられているものと解すべきである」と述べ、法的判断が可能な場合でも、司法審査の対象外であるとしている。

最高裁の見解は、一般には統治行為の理論とか政治問題の理論とよばれ、事柄の性質上、司法審査の及ばない領域を認めるものである。

統治行為の理論は、もともとフランスの行政裁判所がその裁判の対象になりうるものとなりえないものとを区別するために用いた概念で、前者を行政行為、後者を統治行為という。判例で形成されたもので、個々具体的な行為がいずれに当たるかは、その都度判断される。

政治問題の論理は、これもやはり、合衆国の連邦最高裁判所の判例により形成されたもので、政府の政治的部門の決定を最終的なものとし、裁判所もそれに従うべきだとする考え方である。連邦制度や共和制に関する問題、議会の選挙区の画定などが政治問題だとされてきたが、議員定数不均衡問題に関しては、一九六〇年代に政治問題から外されるなど、その範囲は確定的ではない。

このように、いずれもそれぞれの国の歴史の中で発展してきたもので、一般的に他の国に適用できるものでもない。「一切の法律上の争訟」といっても、裁判所も国家機関の一つであり、その権限も憲法によって与えられたものであるとすれば、その権限にはおのずから限界がある。統治行為や政治問題といった概念を用いなくとも、日本国憲法の各条章、および前提から線引きができるであろう。たとえば、憲法がある国家機関に、決定の裁量権を与えていることが明らかな場合、裁判所はその問題に立ち入ることを許されない。また、ある国家機関の内部の問題について、憲法がそれに運営自立権を認めている場合、同様に裁判所はその問題に介入できない。また、裁判所も国の機関であることから、裁判所の判断が国の存立にかかわる場合、裁判所にそのような判断ができないのはいうまでもない。裁判所に対し、その権限の限界を越えた機能を期待し、それが期待はずれに終わったからといって失望したり、非難したり、というのはあるべき姿勢ではない。しかし、裁判所自身が、その本来与えられた権限を充分行使することをせず、他の国家機関への遠慮や気兼ねといった理由から自己抑制をすることはあってはならない。むしろ、裁判所が憲法問題に積極的な姿勢を示すこと（このことは、積極的に合憲、違憲の判断を下すべきだということを意味するのではなく、法令の憲法適合性が争点となった場合には、それへの明確な回答を示すべきだということを意味する）こそ、主権者である国民に何が問題の核心であるかを知らせ、最終的に問題の事柄に対する是非の判断を下す材料を提供することになるのではなかろうか。

第五節 裁判の公開

憲法は第三七条で、刑事事件において、被告人に「公平な裁判所の迅速な公開裁判を受ける権利」を保障し、さらに、第八二条で、裁判一般について、「対審及び判決は公開法廷で」行う旨規定する。秘密裁判・密室裁判において権力者の恣意により不公正な裁判が行われた例は、歴史上枚挙にいとまがない。近代の憲法はそうしたことのないように、公開裁判を保障するのが一般的である。

対審とは、裁判官の前で当事者がそれぞれの主張を述べることをいう。民事訴訟における口頭弁論、刑事訴訟における公判期日の手続がこれに相当する。訴訟手続の核心的段階とされ、そうした核心的段階に当たらない準備手続や決定、命令などの手続は公開が義務づけられない。非訟事件の手続や決定という形式で裁判することにされている裁判手続もこれに含まれない。非訟事件とは、裁判所が私人間の生活関係に介入し、後見的見地からその関係を調整することを目的とする（=行政作用）。両当事者の争いを一般的法規を適用して客観的に解決する、つまり権利義務関係を確定することを目的とする（＝司法作用）訴訟事件とは区別される。決定で行う裁判手続としては、破産手続、会社更正手続に関する裁判、法廷などの秩序維持に関する法律違反に制裁を科す裁判などがあげられる。しかし、非訟事件と訴訟事件との境界線は明確ではなく、それを立法に委ねることは、公開裁判を受ける権利に対する侵害とみることができる。また非訟事件の性格をもつ家事審判、少年の保護・教育を目的とし、刑罰を科することを目的にしない少年審判もここでいう対審には含まれない。

判決とは原告または検察官の申し立てに対する裁判所の判断をいい、命令や決定は含まれない。

裁判の公開は、前述のように公正な裁判が行われることによって、国民の権利の保障を確実なものにすることを目的とする。したがって裁判を公開することによって、国民の権利が侵害される場合には非公開とすべきである。憲法は「裁判官の全員一致で、公の秩序又は善良の風俗を害する虞があると決した場合には、対審は、公開しないでこれを行ふことができる。但し、政治犯罪、出版に関する犯罪又はこの憲法第三章で保障する国民の権利が問題となつてゐる事件の対審は、常にこれを公開しなければならない」（憲八二条二項）と定め、非公開の場合の条件を規定している。ただその条件は、公序良俗を害するおそれのある場合で、しかも基本権が問題となる場合には常に対審の公開が義務づけられている。

刑事事件の場合、犯罪事実とは直接関係のない被告人の個人的な情報に言及される場合もあり、民事事件においては、公開されたくない事柄そのものが裁判の対象となることもある。こうした場合、公開が義務づけられると、裁判によって、訴訟当事者がいっそうの不利益を被ることになりかねない。市民的及び政治的権利に関する国際規約第一四条第一項には「当事者の私生活の利益のため必要な場合において又はその公開が司法の利益を害することとなる特別な状況において裁判所が真に必要があると認める限度で、裁判の全部又は一部を公開しないことができる」と規定していることは、この問題を考える場合に、有益な示唆を与える。

公開が絶対的な要件になっているのは、次の場合である。まず、判決は必ず公開法廷でなされなければならない。公開の停止が認められるのは、対審のみである。さらに、政治犯罪、出版に関する犯罪には、その対審を必ず公開しなければならない。

国家の基本秩序の変革を目的とする政治犯罪は、歴史的に秘密裁判で処理されたことに鑑み、その対審の公開を義務づけた。ただ、政治犯罪を、被害法益が国家の政治的秩序であるかどうかによって決定する客観説によってとらえるものと、国家の政治的秩序を破壊しようという行為者の主観をも顧慮すべしとする主観説によってとらえるものの、二種類の見解がある。主観説はさらに、行為者の単なる主観で足りるとする動機説と、主観内容の実現の客観的可能性を必要とする目的説とがある。対審の公開が、公正な裁判の実現と、被告人の人権の保障とを目的とすることを考えれば、主観説の中の目的説が妥当である。

出版に関する犯罪が何を意味するかについても見解が分かれる。英文は、マッカーサー草案を含めて、現行憲法の英訳でも「the press」の犯罪とされており、出版物などの内容が刑罰規定に触れる場合を想定していると思われ、表現の自由、それも社会の木鐸とされる新聞などの、広く影響を及ぼす可能性のあるメディアの報道の自由が制約される場合には、必ず公開での対審によるべきだとする。問題は、その内容がどのようなものであっても、出版という形式をとった犯罪のすべてに対審が義務づけられるのか、という点である。この規定の目的が、公器としての出版物の報道の自由をみだりに侵害することを防ぐ点にあるとすれば、その限りにおいての犯罪に限定されるべきであろう。およそ出版という方法でなされた犯罪すべてを含むとすることは、広きに失すると思われる。

さらに、「憲法第三章で保障する国民の権利が問題となつてゐる事件」も、人権制約立法による刑罰規定に反する行為により被告人の立場に立たされた場合、その裁判の対審は公開が義務づけられるという意味であり、すべての刑事事件がその対象になるわけではない。というのは、「第三章の国民の権利が問題にな」る事件は、広く解せば、あらゆる刑事事件が含まれることになり、そうであれば、第三七条の「すべて刑事事件においては、被告人は、公平な裁判所の迅速な公開裁判を受ける権利を有する」との規定と同じことをいうに過ぎないことになるからである。

第六節　司法制度改革

第一節でみたように、わが国の近代的司法制度は明治維新とともに導入され、当初フランス、ついでドイツの制度をモデルにして整備された。明治憲法が発布された明治二二年には、フランスに範をとった治罪法がドイツ的に刑事訴訟法と改称され、翌明治二三年には、戦前を通じてわが国の裁判所制度を規定した裁判所構成法、平成八年の新民事訴訟法の制定まで一〇〇年以上にわたって用いられた民事訴訟法が制定された。これらもドイツの強い影響を受けている。このように、戦前期の司法制度の大枠は、この時期にほぼ形成されるが、その後も、いくつかの改革をみた。大正一一年には、少年法が制定され、一八歳に満たない少年の犯罪や非行についての特則が定められ、少年審判所が設けられた。また同年、懸案であった刑事訴訟法の全面改正が行われ、フランス色を一掃する。翌大正一二年には、陪審法が制定され、昭和三年から施行された。刑事事件における一種の公判陪審で、当初かなり利用されたが、その後あまり行われなくなり、戦局の悪化も伴って、昭和一八年、陪審法は停止された。

司法制度を運用する人的な面において、近代的な裁判所の整備が明治政府の急務であったためもあり、裁判官・検察官（判検事と一括された）の養成は早くから官費で行われたが、弁護士養成への国の姿勢は戦前期を通じて冷淡であった。当初代言人とよばれた弁護士の名称は、明治二六年の弁護士法制定により用いられることとなり、判検事と共通の資格試験が用いられるようになったのは、ようやく、大正三年のことである。裁判官、検察官、弁護士を合わせて法曹というが、わが国の場合、在朝の法曹である判検事と、在野の法曹である弁護士との対立は、こうして戦前期を通じて厳しいものがあった。

このような状況の下、戦後の司法制度改革が占領下という特殊事情の中で行われることになる。フランス、ドイツといっても、いずれも大陸法系であることに変わりはなく、その点では明治憲法の制定を境にした制度の変革も根本的な変動をもたらすことはなかった。しかし、戦後の改革は、そういうわけにはいかなかった。とくに司法の概念の拡大に対しては、学説、実務ともども大いに苦慮した。わが国にそれまで英米法の伝統がなかったからである。戦後のあわただしい時代状況の中では制度にまつわる、それを支える前提を整えるというようなことは許されなかった。そのため、従来の大陸法的なシステム（それもわが国の事情に合わせて変更を加えられたもの）を根本的に方向転換することなく、英米法的なシステムを受け容れざるをえなかった。先に触れたように、司法制度はとくにそれぞれの国の歴史の影響を色濃く受ける。戦後の改革は、したがって当初から問題を抱えていた。

法曹の一翼を担う弁護士は、たとえばドイツでも、司法制度の中に組み入れられ、他の法曹とともに、司法制度を支えるものとしてとらえられる。わが国の場合、弁護士と他の法曹との間には、そうした協同関係はみられず、むしろ対立していたことは先にみた通りである。戦後の一連の司法制度改革の中でも、この図式は解消されず、むしろ対立はいっそう深まる。現行の弁護士法は、司法制度関連の他の法律と異なり、政府内で準備されるに至らず、議員提出法案として国会に上程され、可決された。そうした事情と、戦前に弁護士がおかれた状況への反発のためもあり、弁護士の独立にあまりにも重点がおかれ、他の法曹とともに司法制度を担うという側面は希薄になった。

その後、昭和三七年五月、政府は臨時司法制度調査会を内閣に設置し、戦後の改革の見直しを行うこととした。政府が調査会に命じたのは、法曹一元の制度と裁判官・検察官の任用・給与制度に関する事項を中心にして司法制度全般にわたり改革すべき点をあげることであった。調査会は、昭和三九年に意見書を提出したが、その中で、法曹一元の制度は時期尚早として退け、それの基盤培養のため、とるべき具体策を示した。そうした種々の提言も、結局法曹三者が協力する姿勢を打ち出せないことで、一部分実現をみただけで終わった。

ここで大きく議論の対象に取り上げられた法曹一元の制度とは、もともと英米の制度に由来し、基本的には、裁判官はすべて弁護士から任用することを原則にする制度である。裁判官、検察官、弁護士は職業としては同じで、だから法曹一元というわけである。その中でも裁判官は、法曹のいわば長老として位置づけられ、高い尊敬と名誉を受ける。根はすべて同じであるから、立場の違いによる深い対立は考えられず、法曹の協力も得やすい。こうした法曹一元の制度を求める声は、戦前からもあったが、政府主導の臨時司法制度調査会で取り上げられて、立法化を前提にした具体的検討が行われることになった。結果は先にみた通りである。

平成一一年七月、内閣に司法制度改革審議会が設けられ、ふたたび戦後の司法制度の全面的な見直しが始められることとなった。審議内容について、①国民が利用しやすい司法制度の実現、②国民の司法制度への関与、③法曹の在り方と機能充実の三項目が例示されたが、あくまで審議会が主体的に改革の方向性を示すという点では臨時司法制度調査会よりも、よりいっそう踏み込んだ提言が期待される。具体的な検討課題とされるのは、法曹人口の増大、法律扶助制度の拡充、陪審・参審制度の採用の是非、法曹一元制度の是非などが考えられる。

わが国の法曹人口は、欧米諸国と比較してきわめて少ないことが従来から指摘されており、そのため、法的紛争を抱える人が法律の専門家の助力を得ることが難しかったり、裁判官の数が少ないため、裁判期間が長引いたりという問題が起きている（法曹一人当たりの国民数では、米二七九人、英六二八人、独六九五人、仏一六四八人に対して、日本は五七四四人である）。刑事事件について、被告人には国が弁護人をつける制度についてはよく知られているが、民事事件では、そうした制度はない。経済的に困難な状況にある人が、民事事件で弁護士を選任する場合、その費用が大きな負担になる。それを一時的に立て替える制度が現在あるが、これも欧米諸国に比較して、わが国の場合、充分とはいえない。そうした法律扶助制度を拡充することで、泣き寝入りを防ぎ、法的に問題を処理する道筋を広げようというわけである。また刑事手続での国選弁護人制度は、被告人に保障されたものであり、起訴前にはその保障はない。そのため現在、弁護士会で当番弁護士制度を運用しているが、それに要する費用は寄付に頼っている。被疑段階での専門家の適切な助言は、冤罪を防止する意味でも重要であろうと思われる。少なくとも一回の弁護士との接見は国費で賄うことが検討されてよいのではなかろうか。

わが国でかつて陪審制度が運用されていたことは先に触れた通りである。現行憲法と同時に施行された裁判所法の第三条第三項には、「この法律の規定は、刑事について、別に法律で陪審の制度を設けることを妨げない」という規程がおかれている。昭和一八年、停止されたままになっている陪審法も、廃止されたわけではない。しかし、以前の運用実績や、日本人の国民性などから、わが国には陪審制度はなじまないのではないかという意見がある。また、陪審制度はその運用に多額の費用がかかることもあって、むしろ、参審制を導入すべきだとする見解もある。

陪審制度とは、もともとイギリスで発達した制度で、起訴不起訴を判断する大陪審（二三名以下の陪審員で構成）と、公判で事実の認定を行う小陪審（一二名の陪審員で構成されることが多い）とがある。イギリスでは一九三三年に大陪審が廃止され、民事事件の小陪審も一部を除いて行われなくなったが、それを継受したアメリカ合衆国では、大陪審も民事・刑事の小陪審も、広く行われている。わが国で普通陪審というと、小陪審を指し、かつて行われた陪審制度もそれであった。国民の中から任意に選ばれた陪審員が、法廷に提出された証拠に基づき、事実の認定を行う。その際、全員一致が原則で、裁判官はその事実認定に従って、法の適用を行う、というものである。わが国のかつての陪審制度は、陪審の判断に裁判官が拘束されず、適当でないと認めた場合、他の陪審に判断させることもできた。これは明治憲法が、裁判官の裁判を受ける権利を保障していたため、裁判官が陪審に拘束されることになると、違憲の疑いが生じるためであった。国民の司法参加という観点以外に陪審制の利点として、裁判のスピードアップが図られることが指摘できる。一般の国民を長期間、裁判に縛りつけておくことはできないからである。陪審制を採用している国は、ほぼ連日開廷が原則であり、わが国で現在行われているように、月に一度の開廷というわけにはいかないからである。

これに対し、参審制度は、やはり法律の専門家でない人に裁判への関与を認める制度ではあるが、陪審が裁判官に独立して裁判に関与するのと異なり、裁判官とともに、合議を構成するという制度である。ドイツで発達した制度で、区裁判所の一部や地方裁判所刑事部では、職業裁判官と参審員とで構成される法廷があり、これらの参審員は裁判官と同等の権限で合議に参加する。その他に、特殊な事件を専門に扱う裁判所では、職業裁判官以外に法曹資格をもたない専門家を合議に加えることも行われ、これも参審制とよばれることがある。後者の場合、国民の司法への参与という観点からは、それほど間口を広げることにはなりえず、前者の場合、陪審制と異なり、法律の専門家に伍して合議で素人が充分意見を主張することができるかが問題となる。

法曹の在り方の問題としては、これまでみてきたように、わが国の場合、裁判官および検察官と弁護士との関係において、互いの利害を主張するだけで、司法制度を利用する側の視点に立った議論が行われてこなかったきらいがある。この度の司法制度改革審議会の委員の人選は、前回の臨時司法制度調査会の場合（二〇名のうち、国会議員七、法曹三者各三、大学教授二）と異なり、広く各界を代表するかたちで行われた。これも前回の轍を踏むまいということであろう。法律専門家がこれまでのわだかまりを棄てて、真に国民の頼りになる司法制度を模索することを期待したい。

法曹一元制の採用の是非については、法曹三者の一体感を作り出すことについてはこれほど適当な制度は他にない。とくに裁判官が法曹の長老として位置づけられることは、訴訟指揮を円滑ならしめる効果をもたらすであろう。互いに相手の事情がよくわかっているだけに、おのずから共同して裁判を行うという姿勢が表れるからである。しかし、一方では、世故に長けた、ともすれば清濁併せ呑むといった裁判官を生み出すおそれは多分にある。それよりはむしろ、現在のようにほぼ純粋培養的に裁判官の養成を行った方が、清廉公正（まかり間違うと、世間知らずということにもつながるが）な裁判官を得やすいということもある。この問題は、たんに裁判官任用の仕方だけでなく、報酬や任地をどうするかといったその他の問題とも絡んで、全体的な制度改革が不可欠なだけに、充分議論を尽くすことが必要であろう。

平成一三年六月一二日、司法制度改革審議会は最終意見を内閣に提出した。内閣は一五日、三年以内を目途として改革の実現を具体化する旨の対処方針を閣議決定した。

第9章 地方自治

吉田 直正

第一節　地方自治の概念

憲法は第八章に地方自治と題して、九二条から九五条まで、四つの条文をおく。明治憲法には地方自治に関する規定はなかった。しかし憲法の起草者たちが「地方自治」に無関心であったり、それに反対であったから、というわけではない。実際に、原案作成過程の最終段階に至るまで、「地方自治」の語さえ存在した。それが憲法の本文に規定されなかった理由としては、当時の諸外国の憲法一般にみられる規定でなかったことと、当時の日本の地方制度がまだ充分に成熟したものになっていなかったこと、したがって、たやすく改正されにくい憲法への記載がためらわれたことなどがあげられる。事実、市制、町村制が発布されたのは憲法発布の前年、府県制、郡制が制定されたのは憲法発布の翌年のことである。

明治憲法下を通じて、北海道庁長官および府県知事は国の官吏であり、市町村長も市町村会による選挙で選ばれた。しかし民選の府県会は早くも明治一一年に、同じく民選の区町村会（区は大都市市街地の行政区画で、後にこれが市になる）は明治一三年に設けられた（後に述べるように、一時期複選制が採用されたことがあったが、地方議会の議員は、旧憲法下においてもおおむね直接選挙で選ばれた）。執行機関の長が住民の直接選挙で選ばれるべきだとする住民自治の要請は満たしていないにしても、不充分ながらも国とは法的に独立の機関たる府県および市町村が存在し、一定の事務を扱うという意味での団体自治の要請は満たしていた、といえる。

ところで、次節で詳しく扱うが、一般に地方自治の概念は、ここでいう住民自治と団体自治の両者を含むものとされる。そうすると、明治憲法の下では、完全な「地方自治」が実現されていたわけではなく、一部分実現されていたに過ぎないということになる。しかし、「地方自治」をどのようなものとしてとらえるかについては、実は普遍的な見方があるわけでなく、その国々の歴史によって大きく異なる。問題はそれぞれの国においてどのような「地方自治」が一番ふさわしいか、ということになるのではなかろうか。

ところで、みずからがみずからを規律するということが自治であるとして、憲法がそれを認めたことは、地方にそのような自治の権利、自治権を認めたことに他ならない。しかし、その自治権は憲法によってはじめて与えられたものであるのか、それとも憲法の規定はもともと存在した権利を確認したものに過ぎないのかについては、従来学説の対立したところである。前者を「伝来説」、後者を「固有権説」とよぶ。

伝来説は、地方公共団体の自治権は、中央集権的な近代国家成立後もなお、地方統治の実際的必要性から国家が付与したものであるとの考えから引き出される。これに対し、固有権説は、ヨーロッパ古代の都市国家や中世の自治都市など、近代国家成立以前からそのような自治組織がもっていた権利を、近代国家成立後も引き続き認めたとする。

近代国家成立に際し、それまでの伝統的枠組みは解体され、改めて再構成されたと理解する限りにおいて、固有権説は支持しがたいであろう。ただし、中央集権的中央政府の側からでなく、統治の対象たるそれぞれの地方の側に立ち、さらに最近の価値観の多様性をもふまえて、自治権の強化を望む立場からの固有権説再検討の動き（新固有権説という）がある。

また、地方自治権はいわゆる権利ではなく、地方自治という制度——それは歴史的、伝統的にとらえられるものであるが——そのような制度を保障したものであり、そうした制度を根本的に破壊するような法律は憲法に反する、という見方がある。これを「制度的保障説」という。伝来説、固有権説の欠点を補い、かつ憲法による地方自治制度の保障を実効あるものにしようとの立場からのものである。ただ、問題は、はたして憲法は、どのような地方自治制度を保障しようとしているか、である。

第二節　地方自治の本旨

前節で触れたように、憲法が保障しようとする地方自治制度とはどのようなものであるか、について憲法はまったく語っていない。ただ、第九二条で「地方公共団体の組織及び運営に関する事項は、地方自治の本旨に基いて、法律でこれを定める」としているだけである。ここにいう「地方自治の本旨」が、憲法の保障しようとする地方自治制度の内容であること、つまりそれに反する立法は憲法違反であるということには、あまり異論がない。

では、地方自治の本旨とは何か。普通、地方自治の本旨とは、住民自治と団体自治とを合わせもった概念であると説明される。住民自治とは、一定の地域における公共事務はその地域の住民の意思によるべきだとするものであり、団体自治とは、一定の地域の公共事務は国から独立の人格を有する地方公共団体の意思によって行われるべきだとするものである。しかし、この二つの自治はそれぞれ別個に発達してきたもので、必ずしもそれらが同時に満たされなければ地方自治とはいえない、というわけではない。たとえば、イギリスでは「地方自治は住民自治または人民自治であることを本質的要素とした」のに対し、ヨーロッパ大陸では「地方自治というのは、国から独立した地方公共団体が、みずからの事務をみずからの機関によって行うこと、すなわち、国から独立した団体のいわゆる団体自治を意味した」とされているように。またこれら二つの関連についても、住民自治は結果として団体自治を伴うが、団体自治は必ずしも住民自治を必要条件とはしない。前節で触れたように、明治憲法下においても住民自治の点では現行の制度と大きく差があるが、団体自治に関しては、充分とはいえないにしても、その要件をある程度満たしていた、といえる。

このように、地方自治はそれぞれの国で、独自の発展を遂げ、その内容として住民自治に重点をおいたものと、団体自治に重点をおいたものがあり、必ずしもその両方の要素を兼ね備えていなければ地方自治ではない、とはいえないようだ。

そうすると現行憲法のいう「地方自治の本旨」とは結局何を意味するのであろうか。一般に説明されるように、住民自治と団体自治の両方を含まなければならないとすれば、右に記したように、住民自治は当然団体自治を結果するから、住民自治に重点をおいたものにならざるをえない。第九二条の解釈として「ここに地方自治というのは、もっぱら住民自治の意味である」とする通説の見解は、このような理解から引き出されるのであろう。さらに、それに続けて、「地方自治の本旨に基いてとは、…その地方の公共事務が何よりもその地方の住民の意思に基づいて行われるように、との意味である」とされる。このように、「地方自治の本旨」が、地方の公共事務が住民の意思に基づいて行われなければならない、ということを意味するとして、その具体的内容はどのようなものであるのか。

これが明らかになるためには、まず、「地方の公共事務」とは何か、そしてそれが「住民の意思に基づいて行われる」とは、どのようなことを意味するのか、が問われなければならない。

地方公共団体の行う事務は、公共事務（地方公共団体が存立する本来の目的を達成するための事務で固有事務ともいう。具体的には、財産・財務会計の管理、職員の人事管理、小中学校・病院・市場・火葬場などの設置管理、上下水道・交通施設の設置管理など）と行政事務（国の事務に属さない、権力的性格をもつもので、具体的には、道路交通の規制、消防・水防・防災・青少年保護のための規制など）、および委任事務（法律またはこれに基づく政令により地方公共団体に属するとされる事務で、団体委任事務という。具体的には、保健所の設置、失業対策事業など。なお、委任事務でも、地方公共団体の長が、国または他の地方公共団体からの委任で行う事務を機関委任事務といって、区別する）の三種類（地自二条二項）であるが、ここでいう「地方の公共事務」とは、これら三つをあわせたもの、国家の事務に属さない、いわゆる地方的事務を指す（地方公共団体の事務をこのような三種類に分けることに実益はなく、その基準もはっきりしないことから、これら三種を統合して自治行政事務とし、それと地方公共団体の長に委任される機関委任事務との二種に分け、さらに機関委任事務の多くを自治行政事務に切り替えるべきだとの意見がある。そして、このことは「地方分権の推進を図るための関係法律の整備等に関する法律」（平成一一年七月一六日法律八七号）による地方自治法の一部改正で、実現をみ、平成一二年四月一日から施行されることになった。二条二項も書き改められ、地方公共団体の処理する事務は、地域における事務と、法律またはこれに基づく政令により処理することとされるその他の事務の二種類に分けられた。詳しくは第五節で扱う）。しかし、地方的事務と国家的事務の境界をどこにするかは、一概には決められない。地方自治法第二条第三項に詳細に掲げられてはいるが、法自身がいうように例示の域を出ない。

そこで、たとえば、警察事務を地方的事務とするのか、国家的事務とするのかについては、人により見解が分かれる。また、時代の進展に伴い、国家的事務とされていたものが、地方で処理すべきこととされたり、あるいは逆に、伝統的に地方的事務とされていたものが、国家的事務に組み入れられたり、という場合もあるであろう。地方的事務はこのように流動的であり、その内容について具体的に定義づけることは困難である。

「住民の意思に基づいて行われる」が何を意味するかについても、表現のわかりやすさとは裏腹に、それがどのような制度を想定しているかとなると、明らかでない。何ら代表関係のない機関が、住民の意思を僭称するのは論外としても、代表者によることで足りるのか、直接制を要求するのか。「行われ」なかった場合は、政治的に責任を負うのか、それとも、何らかの形で法的責任まで問われるのか。このような点は、結局憲法全体の理念をふまえて、所与の条件を考慮して、立法機関が法律で決めざるをえないであろう。

むしろ、憲法のいう「地方自治の本旨」とは、固定的な概念ではなく、国民の期待する地方自治の理想像をくみ取り、国民の代表者で構成される国会が、その時々に応じて判断すべきもの、ということになろうか。もちろん、このことは法律で定めることによりどのようにでもなるという意味ではなく、たとえば、国の立法機関が地方自治の必要性を認めないと判断すればそれを廃止してもよいということを意味するのではなく、地方の自治をより充実させる方向で立法せよ、ということを意味する。

この「地方自治の本旨」という語は、マッカーサー草案（以下、マ草案）にもともとあった言葉ではなく、日本政府が総司令部との折衝のたたき台として草した「三月二日案」から用いられるようになった。すなわちマ草案にあった「Local Government」と題する章の三つの条文（内容的には現行第九三条ないし第九五条と同じ）の前に、章全体の総則的規定としておかれた条文の中で用いられた。ちなみに、このときに章の題名も現在の「地方自治」、英文では「Local Self-Government」に改められた。もちろん日本国憲法の解釈は、制定経過がどうであれ、日本語正文で行うのが筋であろう。しかし、このことからみても、地方自治の本旨は、憲法の想定する地方自治の在り方を大枠で示したものであることがわかる。ここでおかれた条文は、その後ほぼそのまま現行第九二条となる。

第三節　地方公共団体の機関と権能

地方公共団体の組織について、憲法は法律で定めるとしているだけで、その内容について、積極的な定義をしていない。そのため、これを受けて地方自治法は、地方公共団体を、まず、普通地方公共団体と特別地方公共団体の二つに分け、さらに、前者には、都道府県と市町村があり、後者には特別区・地方公共団体の組合・財産区・地方開発事業団の四種があると規定している。

このうち地方公共団体の組合、財産区、地方開発事業団が、憲法上の地方公共団体でないことは学説上異論がない。これらは、普通地方公共団体の存在を前提とし、特別の目的で設置された組織であるからである。組合には、①一部事務組合、②全部事務組合、③広域連合、④役場事務組合の四種があり、①は自治体のいわば部分連合で、共同してごみ・屎尿処理施設や特養ホーム作り、職員研修などの事務を行うべく作られる公共団体で、数多く設けられているが、②および④は現在存在しない。③は平成六年地方自治法改正で新設されたもので、市町村・特別区に都道府県も加わることができる。構成地方公共団体が、総合的な広域行政を策定する場合に設けられ、広域道路網、公立大学の設置や、最近では、介護保険事務の連合も作られている。財産区は、市町村・特別区の一部で財産をもち、または営造物を設けているものをいう。地方開発事業団は、普通地方公共団体が共同して一定地区の総合開発のために上下水道や港湾建設、工場用地取得、区画整理事業などの実施を委託する目的で設置する事業団体である。

また基礎的自治体としての市町村が、憲法上の地方公共団体であることについてもほぼ異論がない。見解の分かれるのは、都道府県と特別区についてである。

マ草案には、地方公共団体という文言はなく、府県・市町という語を用い、その長と議員の公選を定めていた。さらに、法律の範囲内でみずからの憲章（charter）を作成する権利が認められていたのは、都（metropolitan areas）および市・町の住民だけであった。これが日本政府部内で翻訳され、案文のたたき台となった三月二日案において、地方公共団体という包括的な語が用いられることになった。こうした経緯もあり、都道府県を憲法上の地方公共団体であるとするか、必ずしもそうする必要はないとするか、意見が分かれる。

前者は、憲法制定当時、都道府県・市町村といった重層構造の地方公共団体が存在しており、憲法はそれを前提としている。したがって、法律でもって、その制度を改めることはできないとする。つまり都道府県は、憲法上の地方公共団体と考える。

後者は、憲法は必ずしも制定当時の現状を保障しているとみるべきではなく、地方公共団体の組織も、法律で決めるべきだとしているのであり、都道府県を解消して市町村だけの単層構造にしたり、それらを解体して新たな枠組み（いわゆる道州制を導入するといった試み）をこしらえても、憲法に反することはない、とする。この説では、都道府県を憲法上の地方公共団体とは考えない。昭和三二年、第四次地方制度調査会が「地方制度の改革に関する答申」の中で、「基礎的公共団体たる市町村の充実強化を図ることによって、日本国憲法の基本理念たる地方自治の本旨の実現に資するとともに、現行府県はこれを廃止し、国と市町村との間には、いわゆるブロック単位に、新たに中間団体及び国の総合地方出先機関を設置し、同一人を持って両者の首長及び必要な補助職員とする等の方法により、その一体的総合的運営を確保し、もって、国及び地方を通ずる総合的な行政運営の体制を確立することが、行政の効率化の要請と我が国情に即した国勢と地方自治の調整の見地より、最も妥当な方法であると考える」と述べているのは、このような見地に立ってのものである。

現在においては、学説上も実務上もほぼ前者が支配的であるようだ。しかし、必ずしも全国あまねく二重構造をとる必要はなく、地方自治法制定当時規定されていた、特別市（府県の機能と市の機能を合わせ持ち、国に対しては府県を介在させず、直接対する。しかし、これを具体化する法律が制定されず、またこれを定めた地方自治法規定も、昭和四〇年の改正の折削除された。その代わり、政令指定都市の制度が地方自治法に定められたが、特別市とは基本的に異なる）のような制度は考えられてもよいとする見解がある。

特別区（地方自治法は第二八一条で、「都の区は、これを特別区という」と規定する）については、昭和二七年、地方自治法の改正により、それまで公選とされていた区長が、区議会の推薦による都知事の任命制に変更され、その憲法適合性が争われた。特別区が憲法上の地方公共団体であれば、公選によらない区長の選出は憲法第九三条第二項に違反することになるからである。最高裁は「地方公共団体といい得るためには、単に法律で地方公共団体として取り扱われているというだけでは足らず、事実上住民が経済的文化的に密接な共同生活を営み、共同体意識を持っているという社会的基盤が存在し、沿革的にも、また現実の行政の上においても、相当程度の自主的立法権、自主的行政権、自主財政権等地方自治の基本的権能を附与された地域団体であることを必要とする」（最大判昭三八・三・二七）とし、特別区はこれに当たらず、首長の公選制廃止は憲法違反ではないとした。

しかし、その後、区長公選制復活への運動が活発に展開され、昭和四九年、地方自治法の改正により、それが実現した。さらに、それまで市に与えられていた権能で、特別区には与えられていなかった権能の、都からの大幅な移管が行われたこともあり、今日では、市町村とほぼ同じ地方公共団体とみてよい状況にある。

このように、時代の推移に応じて憲法上の地方公共団体の範囲も変化があり、結局、望ましい地方自治制度の在り方とは、地方自治の本旨というより他なく、それの模索は国会の責務であり、最終的には国民の意思による。考えなければならないのは、国民は国民であると同時に、地方公共団体の構成員たる住民でもあるということだ。国民の視点と住民の視点が必ずしも常に一致するとは限らないが、そのような場合、どうすべきであろうか。最近よく取り上げられる問題としては、たとえば、産業廃棄物の最終処分場の必要性は、国民の視点においては理解することができても、住民の視点では、その建設に反対するというようなことがある。また、国の防衛という視点からは日米安全保障条約の下、在日米軍基地の必要性は必ずしも否定できないとしながらも、実際に基地の存在する地域の住民の視点からは、その廃止ないし縮小を希望するといったこともある。

これらの問題は、国と地方公共団体との間だけでなく、地方公共団体内部でも起こりうる問題である。結局のところ、このような問題を解決していくためには、住民の意思を充分に尊重した上での政策決定が行われること、それが充分に公正なものであること、また、また住民の側にも、単なる地域エゴからするものでなく、国民の視点にも立った判断をすること、というようなことが求められるのではないだろうか。

憲法第九三条は「地方公共団体には、法律の定めるところにより、その議事機関として議会を設置する。地方公共団体の長、その議会の議員及び法律の定めるその他の吏員は、その地方公共団体の住民が、直接これを選挙する」と定め、地方公共団体には、議決機関としての議会と、執行機関としての長をおき、いずれも公選によることを規定している。したがって、議事機関と執行機関の関係は、国のそれのように議院内閣制でなく、首長制を採用している。これはアメリカ合衆国の大統領制に典型的にみられる制度であるので、大統領制ともよばれ、議員と長がいずれも住民を代表し、相互の抑制均衡により、公正な政治・行政が行われることを期待する制度である。地方自治法も、議員と長との兼職の禁止など、首長制を前提とする規定をおいている。また議会の決定などに対し、長は、合衆国大統領のもつ停止的拒否権と同様な権限をもつ（地自一七六条）。ただし、地方自治法では、長の議案提出権を認め、議会の長への不信任決議権を認め、その場合、長は議会を解散できるなど、一部、議院内閣制を取り入れた制度になっている。解散後はじめての議会で、再度不信任決議がなされた場合には、長は退職しなければならない（地自一七八条）。

地方自治法には、町村には議会をおかず、それに代えて有権者の総会（町村総会）を設けることのできる旨の規定（地自九四条）がある。このことは法律によれば議会を設けずともよいことを意味するのではなく、有権者全員による総会は、むしろ代表者によって構成される議会より、直接に民意を反映すると考えられるからであろう。

法律の定めるその他の吏員とは、長および議員以外で公選が予定されていた特別市の行政区の区長（実施されることなく昭和三一年廃止）、教育委員会の委員（はじめ公選制がとられていたが、昭和三一年廃止）などがそれに該当すると考えられていたが、現在のところこれに該当するものはない。地方自治法で用いられている吏員という語は憲法でいう吏員とは異なり、地方公共団体の職員の一部を指す（地自一七二条）。

憲法は第九四条で「地方公共団体は、その財産を管理し、事務を処理し、及び行政を執行する権能を有し、法律の範囲内で条例を制定することができる」と規定し、地方公共団体の権能を定めている。これによって、地方公共団体は、その具体的内容は法律により定められるものの、財産管理・事務処理・行政執行に関する権能をもつことが、憲法によって保障された。このことは、団体自治の憲法的保障を意味する。すなわちこの規定により、日本国憲法の下では、地方公共団体が自主的にみずからの責任においてその職務を行うことが明記された。このことをふまえて、地方自治法は、地方公共団体の行う事務を定め、詳細な例示規定をおいている。

また地方公共団体は、法律の範囲内で条例を制定することができる。ここでいう条例は、地方公共団体がその自治権によって制定する法形式を総称していうもので（広義の条例）、地方議会の議決する「条例」（狭義の条例）だけでなく、長の制定する規則、委員会の制定する規則（教育委員会規則・都道府県公安委員会規則・人事委員会規則など）も含まれる。

ただし、憲法でいう条例は狭義の条例のみを指すという説もある。憲法のいう条例制定権は、制定する機関にかかわらず、広く地方公共団体の自主立法権を保障したものとすれば、広義の条例とするのが妥当であると思う。

「法律の範囲内で」とは、法律の委任がなければならないことを意味せず、そのような委任がなくても、法律と矛盾・抵触しない限り、自由に制定できる。ただし、法律で取り上げていない事柄については、それを取り上げないことが法律の趣旨である場合には、条例であえてそれを取り上げることは、法律に反し、許されない。

地方自治法は、さらに、「法令に違反しない限りにおいて」（地自一四条一項）とし、条例は国の行政機関の制定する命令にも違反できないことになる。命令は、すべて法律の実施のため（執行命令）に、あるいは法律の委任に基づいて制定され（委任命令）、その意味で法律と一体をなすものであるから、という理由による。

昭和三〇年代後半、高度経済成長に伴って各地に公害が発生し、それを規制するため、各地方公共団体は公害防止条例を制定した。それらの条例の中には、国の法律の基準より厳しい基準を定めたもの（いわゆる上乗せ条例）や、法律の規制事項以外の事項を規制するもの（いわゆる横出し条例）があり、「法律の範囲内で」の解釈をめぐり、議論が展開された。

先に触れた、地方自治権における「新固有権説」からは当然のこととして受け止められたが、一般に条例が法律に上位するとはいい難く、通説は次のようにとらえる。すなわち、条例に関係する法律には、「規制限度法律（規制事項の性質と人権保障とに照らして、当面における立法的規制の最大限までを規定していると解される法律）」と「最低基準法律（全国的な規制を最低基準として定めていると解される法律）」とがある。前者の場合には、法律に示す規制限度を超えて規制しようとする条例は法律に反し、後者の場合、それ以上の規制を各地方の行政需要に応じて地方公共団体に委ねる趣旨であるので、そのような「上乗せ条例」は法律に反することはない。

こうした理解は法律の規定に反映されることもあり、たとえば、水質汚濁防止法、騒音規制法、大気汚染防止法などのように、法律の定める基準よりも高い基準を条例で定めることができる、と明文で規定するものがある。

地方自治法は、「条例に違反した者に対し、二年以下の懲役若しくは禁錮、百万円以下の罰金、拘留、科料又は没収の刑を科する旨の規定を設けることができる」（地自一四条三項）としている。憲法は第三一条で「何人も、法律の定める手続によらなければ、その生命若しくは自由を奪はれ、又はその他の刑罰を科せられない」とし、さらに第七三条第六号で「政令には、特にその法律の委任がある場合を除いては、罰則を設けることができない」と規定する。条例は法律の範囲内で制定されるとしても、先にみたように、条例の制定に必ずしも個別的委任が必要でないとすれば、これらの規定との抵触が問題になる。罪刑法定主義と包括的・一般的委任命令禁止の原則が、条例による罰則を認めることと矛盾しないかという問題である。

通説は、憲法が国会の立法権の例外として地方公共団体に条例制定権を認めたことから、条例による罰則も同様の例外と解することにより、またさらに、ここでいう条例は狭義の条例で、民主的機関である地方議会の制定するものであること（つまり第三一条は行政機関による刑罰権の濫用防止が主眼であること）も勘案して、憲法に反しないとする。地方自治法は、地方公共団体の長の定める規則に対しても、五万円以下の過料を科す旨の規定を設けることを認めている（地自一五条二項）が、これは刑罰ではないので、第三一条には抵触しないが、第七三条第六号からの類推解釈により、法律による個別的委任が必要条件とされる。

憲法は第二九条第一項で「財産権は、これを侵してはならない」と定め、第二項で「財産権の内容は、公共の福祉に適合するやうに、法律でこれを定める」と規定する。このことから、条例で、財産権に制約を加えることの憲法適合性が問題になる。通説はこれを肯定的にとらえ、その根拠として、右の罰則を条例で定めることのできる点をあげ、さらに、自由権的基本権の制約を認めた以上、社会権的側面をもつ財産権の制約を認めないことは、均衡を失するとする。この問題でよく取り上げられる判例として、奈良県ため池条例をめぐる最高裁判決（最大判昭三八・六・二六）があるが、これは条例により財産権を制約することができるかどうかに正面から答えたものではなく、ため池の損壊・決壊の原因になるような堤の使用は財産権の埒外にあり、条例で禁止・処罰しても、憲法・法律に反しないとするものである。最近では、放置自転車の処理を条例で定める場合にも、この点が問題になる。

憲法第八四条は「あらたに租税を課し、又は現行の租税を変更するには、法律又は法律の定める条件によることを必要とする」と規定し、地方税について条例で定めることの憲法適合性が問題にされる。通説は条例を地方公共団体においては法律に代わるものとしてとらえ、したがって、第八四条の「法律」には条例も含まれるとして、地方公共団体の租税が条例で定められることは憲法に反しないとする。

以上みてきたように、地方公共団体の権能、とくに条例制定の限界については、徐々にその範囲を広げる方向で推移している。身近な問題への対応は、全国画一に定めるよりは、その地域ごとの事情で判断するに越したことはないからであろう。むしろ、憲法の規定がそうした状況に充分対処できているかどうかである。ここで検討してきたように、地方自治の章の条文と、他の憲法規定の間に、必ずしも充分な整合性があるとはいえないからである。

第四節　地方住民の権利

憲法が地方公共団体の住民に保障している権利は、長および議員の選挙権（憲九三条二項）と、いわゆる地方自治特別法に対する住民投票権（憲九五条）の二つである。

まず、長および議員の選挙権であるが、憲法は明文で直接選挙を保障しているので、間接選挙（有権者が選挙人を選び、その選挙人が選挙を行う）などの制度で行うことは許されない。わが国では国政選挙はすべて直接選挙で行われてきたが、地方選挙では、間接選挙に準ずる複選制（公務員を別の選挙で選ばれた公務員が選挙する制度）が採用されたこと（明治二三年から三二年、府県会議員・郡会議員の選挙）があり、第九三条でとくに「直接」としたのは、そのためであるかも知れない。公務員の選挙権を規定した第一五条第三項には、「直接」の文言がなく、国会議員の資格を定める第四三条第一項も同様であることから、国会議員の選挙は、必ずしも直接選挙によらずともよいとする説がある。しかし、これはわが国の国政選挙が、常に直接選挙によって行われ、そのような事実を前提にしていると考えれば妥当でない。また、第一五条により、選挙は普通・秘密選挙で行われなければならない。

地方自治法は、第一七条ないし第一九条で、長および議員の選挙権、被選挙権の大枠を規定するだけで、その他はすべて公職選挙法に委ねている。日本国民たる満二〇歳以上のもので、引き続き三ヵ月以上市町村の区域内に住所を有するものは、その属する普通地方公共団体の議会の議員および長の選挙権を有する。都道府県および市町村の議会の議員の選挙であって、それぞれの選挙の選挙権を有するもので、満二五歳以上のものは、その被選挙権を有する。つまり住所の要件が満たされなければならない。ただし、長の選挙に当たっては、都道府県知事は満三〇歳以上、市町村長は満二五歳以上の日本国民であれば、住所の要件なしに被選挙権が認められる。

地方自治特別法に対する住民投票権は、第九五条に規定されている。通常の法律が国会の意思のみで成立することに対する唯一の例外である。法律はすべての地方公共団体に平等に適用されるべきものであるが、ある特定の地方公共団体にのみ適用される特別法が制定されることがある。それを地方特別法または地方自治特別法とよぶ。その場合には、国会の意思だけで法律が成立するとはせず、適用される地域の住民投票において、過半数の賛成を必要とするというものである。

もともとこのような規定は、アメリカ諸州の憲法に多くみられる規定で、そこには次のような歴史的背景が存在した。すなわち、州内の地方自治団体は州政府の成立以前からあったのではなく、すべて州政府によって創り出されたものである。それぞれの地方自治団体の権限は州議会の制定する個々の特別立法によって付与される。一九世紀以降の人口の増加とそれに基づく行政需要の増大が、そのような特別立法を多く成立させた。さらに利権が絡んでくることにより、州議会の利害がそのままそうした特別立法に反映することになる。このようにして、州議会の恣意的な介入により、地方自治団体の自主的権限は大きく制限されることになった。そこでこのような弊害を防止するため、一九世紀末頃から州憲法の改正により、州議会の介入から地方自治団体を保護する規定がおかれるようになった。それには、あらゆる種類の地方自治特別法の制定を禁止するもの、特定の事項について地方自治特別法の制定を禁止するもの、特別法の制定につき、一定の手続(住民投票も含む)を必要とするものなどがあり、このいずれかの規定をおいている憲法をもつ州が多い。

このような歴史的背景のないわが国では、第九五条の規定が重要な意味をもつことはあまり多くないと思われ、実際の運用についても首尾一貫したかたちでは行われていない。

とくに解釈上の問題となるのが、「一の地方公共団体のみに適用される特別法」とはどのような法律をいうか、である。「一の地方公共団体」が必ずしも一つの地方公共団体である必要はなく、複数の場合もあること(昭和二五年の旧軍港都市転換法は、横須賀・呉・佐世保・舞鶴の四市に適用された)。「適用される特別法」とは、地方公共団体の組織・権限に重大な影響を及ぼすものであって、特定の地方公共団体に適用されるが、主として国の事業に関係するものは含まれないこと(首都圏整備法などはしたがって地方自治特別法の扱いを受けなかった)。こうした点では、学説上の大きな不一致はない。しかし、地方公共団体の組織・運用に及ぼす影響が軽微の場合はどうか(地方自治法では、都や道については、他の府県と異なる取扱いをしており、地方自治法制定当時には、それらの改正にも住民の投票が必要とされていた。しかし、その後の改正では、特別法として扱われなかった)、地方公共団体に利益を与えるのみで、不利益を与えない場合はどうか(本条の目的が地方公共団体に不利益となることを防ぐことにあるとし、利益のみを与える法律が地方自治特別法の扱いを受けなかった例がある)、などについては見解が分かれる。

なお、地方自治特別法として住民投票に付す手続を経て制定された法律は、これまで一五件あるが、いずれも昭和二五年前後に集中しており、昭和三〇年以降、この手続がとられた法律はない。

国の場合(選挙以外に国民が直接政治に参加することのできる制度は、右の地方自治特別法に対する住民投票と、最高裁判所裁判官に対する国民審査、憲法改正の際の国民投票の三種である)と異なり、地方公共団体の場合、大幅に直接請求権が認められている。地方自治法では、第七四条から第八八条にわたり、詳細な規定がおかれている。そこで規定されている直接請求は、条例の制定改廃請求、地方公共団体の事務の監査請求、議会の解散請求、議員・長・副知事もしくは助役・出納長もしくは収入役・選挙管理委員もしくは監査委員または公安委員会の委員の解職請求の四種である。

条例の改廃請求(地方税の賦課徴収ならびに分担金、使用料および手数料の徴収に関するものを除く)、事務の監査請求は、有権者総数の五〇分の一以上の連署を要件として、住民に条例の制定・改廃請求権、事務監査の請求権を与えたものである。要件が整うと、条例の改廃請求の場合は、長はそれを議会に提出し、議会審議が行われる。事務監査請求の場合は、監査委員は監査し、その結果を公表しなければならない。議会の解散請求、議員・長などの解職請求は、有権者総数の三分の一の連署を要件として、解散または解職の投票が行われ、その過半数の賛成で解散または解職が決定する。

このような直接請求の権利が、はたして憲法が予定しているものであるかどうかについては、一概にいえない。「地方自治の本旨」という言葉の中にそれらを読みとることも可能ではあるが、現在行われている制度を制約することのすべてが憲法に反するともいえない。結局、国・地方、いずれのレベルにおいても、国民主権をどのように解するかによって違った結論に達することになる。

最近の新しい傾向としては、特定の事項に関して、その採否に当たり直接住民自身の意向を反映させていこうとするものがある。原子力発電所の建設、産業廃棄物処理場の設置、駐留アメリカ軍用地の使用の問題などに関して、その是非を住民投票で明らかにしようとする動きである。原子力発電所に関しては七つの市町村（高知県窪川町、三重県南島町、宮崎県串間市、新潟県巻町、三重県紀勢町、新潟県刈羽村、三重県海山町）で、住民投票条例を制定している。そのうち三つ（巻町・刈羽村・海山町）では実際に住民投票が実施された。産業廃棄物処理場の問題では、岐阜県御嵩町で住民投票が実施され、駐留アメリカ軍用地整理縮小の問題をめぐっては、都道府県レベルではじめての住民投票が、沖縄県で行われた。

これらの投票結果は、地方公共団体の長や議会を法的に拘束するものではないが、それがもつ政治的意味合いは小さなものとはいえない。ただ、先にも触れたように、地方の住民は同時にわが国の国民でもあり、両者の視点の違いをいかに調整していくかが今後の問題とされよう。

第五節 地方分権

マ草案では、現行八章の表題、「地方自治（Local Self-Government）」は「Local Government」とされていた。マ草案の政府訳では「地方政治」とされていたが、「地方政府」と訳すこともよく行われる。先に触れたように、そこでは、都（metropolitan areas）、市および町は、法律の範囲内で自身の憲章（charter）を作る権利が認められていた。こうしたことから、総司令部が描いていた地方自治のイメージには、合衆国の多くの州とその市および町との関係が重ね合わされていたようである。現在このような憲章の制定を憲法によって保障している州が約三五ある。憲章に規定できる事項は、自治体の名称、区域の画定、人事・組織、課税・予算・決算・財務、都市計画、自治立法、住民参加など、あらゆる事項が含まれる。こうした広範な権限は、実際問題として州の権限との抵触が不可避で、その解決はしばしば裁判所に委ねられる。そうした判決を通じて、州と市および町の権限の線引きが行われるようである。

アメリカの多くの州にみられるこのような州と市との関係は、しかし今世紀になってようやく確立したものである。先にも触れたように、一九世紀の半ば以降顕著になった州政府の市政への介入、それは市に対する多くの特別立法の制定により行われたが、そうしたことを通じて、市の自主的決定権は大きく制限された。今世紀はじめ、州議会の過度の干渉から脱却しようとの運動が市の住民の間で展開され、市に憲章制定権を与え、州議会による特別立法の禁止を盛り込んだ州憲法の改正が行われるようになった。

わが国の場合、合衆国のような州政府と市との関係がこれまで存在せず、むしろ、住民の間にも全国画一の行政サービスを受けることを良しとする風潮があり、地方に、できるだけ多くの分野で自主的決定権を、という声がなかなか現実のものにならなかった。画一的行政サービスの要求は、必然的に各公共団体の財政均衡の要求に繋がり、地方財政の均衡に果たす国の役割の増大を招く。地方公共団体の自主財源である地方税などの収入以外の、地方交付税、地方譲与税、国庫支出金は国から地方に配分されるもので、依存財源といい、それらは国の管理下にある。このような依存財源の配分を通して、国は地方公共団体の政策決定に種々の影響を及ぼすことができる。とくに一般に国庫補助金とよばれる国庫支出金は、その交付に際して、政治的配慮が払われるなど、問題点も少なくない。国と地方公共団体の事務処理量と、その経費を賄う財源の関係をみると、事務処理量では三対七の割合であるのに対し、自主財源（主として税金）は七対三と逆転する。三割自治とよばれる所以である。不足分は、先の依存財源で賄わざるをえない。必然的に、地方公共団体は国に従属しがちになる。

平成七年五月、五年間の時限立法として地方分権推進法が制定されたのは、このような状況に対処するためである。その第一条に法の目的として「この法律は、国民がゆとりと豊かさを実感できる社会を実現することの緊要性にかんがみ、地方分権の推進について、基本理念並びに国及び地方公共団体の責務を明らかにするとともに、地方分権の推進に関する施策の基本となる事項を定め、並びに必要な体制を整備することにより、地方分権を総合的かつ計画的に推進することを目的とする」とし、さらに第二条に「地方分権の推進は、国と地方公共団体とが共通の目的である国民福祉の増進に向かって相互に協力する関係にあることを踏まえつつ、各般の行政を展開する上で国及び地方公共団体が分担すべき役割を明確にし、地方公共団体の自主性及び自立性を高め、個性豊かで活力に満ちた地域社会の実現を図ることを基本として行われるものとする」とその基本理念を謳い上げている。

この法律で総理府におかれることになった地方分権推進委員会が、平成八年一二月の第一次勧告以来、平成九年一〇月の第四次勧告に至るまで、四つの勧告を政府に提出し、それに基づき政府は平成一〇年六月までに「推進計画」を定めることになっている。これまでの勧告に盛られた改革の要点は、機関委任事務を廃止し、自治事務と法定受託事務に整理すること、地方に権限と税財源を委譲し、補助金を削減すること、駐留米軍用地の強制使用手続の手直し、国と地方公共団体との間の係争処理機関の設置、である。都道府県の事務に機関委任事務が占めていた割合が八割であったのが、三割強に減り、自治事務の割合が七割弱に増えるなど、これまでとは大きく変わる可能性もあるが、反面、国の権限や税財源の委譲などは具体性が乏しく、地方分権の実がどこまで上がるかには異論もある。

こうした勧告をふまえて、平成一一年七月「地方分権の推進を図るための関係法律の整備等に関する法律」が制定され、地方自治法が大きく改正された。この改正は平成一二年四月一日から施行される。

この法律の内容のあらましは、以下の通りである。
①国と地方の分担する役割を明確にすること。
②機関委任事務制度を廃止し、これに伴い、地方公共団体への国の包括的な指揮監督権を定める地方自治法および関係法律の改正を行い、地方公共団体の処理する事務を自治事務と法定受託事務とに区分すること。機関委任事務を前提にした地方事務官制度を廃止すること。
③法定主義の原則、一般法主義の原則および公正・透明の原則に基づき、地方公共団体に対する国または都道府県の関与の見直し・整備を行うこと。
④国の権限を都道府県に、また、都道府県の権限を市町村に委譲すること。これに関連して、二〇万以上の人口規模を有する市を、申し出に基づき権限をまとめて委譲する特例市に指定すること。
⑤必置規制の廃止または緩和を行うこと。
⑥地方公共団体が徴収する手数料について、実費等を条例で定めることのできるようにすること。
⑦市町村の合併の促進、地方議会の活性化、中核市の指定要件の緩和等を行うこと。

説明を付け加えると、機関委任事務は、先にも触れたが、もともとは戦後、国の出先機関としての都道府県知事に行わせていた事務を、民選の知事に委任するかたちで継続的に処理することにしたもので、制度的にはいささか無理があった。地方事務官の制度も、そうした機関委任事務を処理していた官吏（国家公務員）を、「当分の間」身分は国においたまま地方公共団体の事務を処理することとしたものである（地自附則八条）。都道府県の職員はすべて地方公務員という原則への例外で、健康保険、厚生年金など社会保険事務に従事する者、職業安定・雇用保険事務に従事する者（地自施行規程六九条）が地方事務官とされた。

法定主義、一般法主義、公正・透明の原則とは、国の地方公共団体への関与について、常に恣意的であってはならないこと、法的な紛争に際しては、公平な第三者機関によって裁定されるべきことをいう。このため、総理府に、国の行政委員会である、「国地方係争処理委員会」がおかれることになった。

特例市は、従来からの政令指定都市、後で述べる中核市に加えて新たに設けられるもので、府県事務のうち一三の事務を移管される。これにより、開発許可や騒音振動規制地域の指定など、都市環境整備を行うことができるようになった。

必置規制とは、国が、地方公共団体に対し、地方公共団体の行政機関もしくは施設、特別の資格もしくは職名を有する職員または付属機関の設置を義務づけることをいう。法令に基づくものもあれば、通達によって義務づけられるものもある。

中核市とは、平成六年六月の地方自治法改正で新設されたもので、行政区を設けることはできないが、その他はほぼ政令指定都市に準じるものである。府県事務のうち六〇が移管される。

このように、戦後地方自治制度の発足以来、長らく国に対して従属的な立場におかれてきた地方公共団体は、国と対等の関係でもって、それぞれ分担して事務を行う体制が整った。ただ今回の改革は、もう一つの懸案である財源問題、つまり地方財政制度の見直しを伴っていない。今後の課題である。

第六節　新しい「地方の時代」への展望

地方自治の政治的意義として、それは、自由との関係において、学問における小学校の位置づけと同じであるとか、民主主義の学校であるとかは、ド・トクヴィルやブライスの言葉を引くまでもなく、明治憲法下の地方自治制度を作り出したといわれる山県有朋の言葉の中にも同様の表現がある。つまり、地方自治は、身近な公務に対する参加の経験を通じて、よりよき公民を育て上げる場、ということであろう。学校であるからには、就学する前のように、生活の全面にわたって面倒をみてもらうというようなことは許されない。自主的にさまざまなことを学び、成長するためには、その時々に自分で判断することが認められていなくてはならない。親のいう通りにしていればよかった時代ではなく、自分のことは自分で判断し、その結果責任もみずから負う、そのような場が地方自治、ということであろう。今までの地方自治体と国との関係は、多分に就学前の子供と親との関係であった。地方分権推進により、それがようやく本来の在り方に近づいたといえる。しかし、親は子を、独立した人格として認めるとしても、まったく他人の関係になるのでないことはいうまでもない。対等といってもそれはあくまで相手を一人の人間として認めることであり、それぞれの役割はおのずと異なる。この点を誤解しないようにしなければならない。

マ草案に至るまでに、総司令部民政局において、憲法の各章ごとに小委員会が設けられ、そこで作られた試案が運営委員会で検討され、草案にまとめられていった。地方自治の章もその経過をたどったが、小委員会案は運営委員会で廃棄され、運営委員会で作られた案をもとに、マ草案が作られたという。小委員会案が棄てられた理由は、その案が地方公共団体に、残余権限を留保した一種の地方主権を確立した点にあったとされる。運営委員会は地方公共団体の保護については、議会と裁判所に任せて大丈夫だと考えたという。主権国家の枠内で、各地域ごとにまとまった、調和のとれた地方公共団体の集まり、そのようなイメージが考えられていたのであろう。マ草案のその後の推移については先にみた通りである。

「地方の時代」という言葉がある。昭和五三年、当時の長洲神奈川県知事が横浜で開かれたシンポジウムで提唱したといわれている。それ以来、地方自治の拡充をめぐるスローガンとして盛んに用いられる。しかし、この言葉は、あるべき地域社会の姿を模索するというより、中央に対して、地方から奪い取ったものを返せという意思表示としてしばしば用いられた。というのも、当時、各地で革新首長が誕生し、中央で充分満たされない政治的欲求不満を、地方で解消しようという機運が高まり、そのための合言葉としてこの言葉が用いられた背景があるからである。そこでの国と地方との関係は、あたかも、マ草案作成過程で廃棄された地方主権の確立という様相を帯びた。お互いに役割分担を決めて、相協力して国民・住民の福利を増進するというより、国は対立する相手で、地方はそうした国から少しでも余計に利益を引き出すことだけに専念するという姿勢がみて取れた。今改めてこの言葉を新しい意味で用いる時期がきているのではなかろうか。中央対地方というとらえ方でなく、中央と、その中に存在するさまざまな顔をもつ諸地方というとらえ方での。平成一一年四月一日施行の改正地方自治法第一条の二は次のようにいう。「国は、……全国的な規模で若しくは全国的な視点に立って行わなければならない施策及び事業の実施その他の国が本来果たすべき役割を重点的に担い、住民に身近な行政はできる限り地方公共団体にゆだねることを基本として、地方公共団体との間で適切に役割を分担するとともに、地方公共団体に関する制度の策定および施策の実施に当たって、地方公共団体の自主性および自立性が十分に発揮されるようにしなければならない」。

第⑩章 財政

齋藤 康輝

第一節　財政処理の基本原則

財政に関する議決主義の原則は、明治憲法以来確立されてきたものである。それは、国会の議決がなければ、行政機関は財政処理権を行使できないという原理である。しかしながら、このような原理があるにもかかわらず、財政決定の主導権は内閣にあり、国会はあくまで監督的地位に過ぎないかのような現実がある。こうした規範と現実のずれをどう考えるべきであろうか。以下に、わが国における財政の規範と現実をみていくこととする。

日本国憲法は、財政についての諸原則を定めている。まず、第八三条で「国の財政を処理する権限は、国会の議決に基いて、これを行使しなければならない」と規定する。これは、英米法の法諺である「代表なければ課税なし」という言葉を具体化したものであり、財政における国会中心主義、財政立憲主義の原則を定めている。憲法第八三条は、第八四条以下の規定の総論的規定であるとされる。

「あらたに租税を課し、又は現行の租税を変更するには、法律又は法律の定める条件によることを必要とする」(憲八四条)。この規定は、租税は国民に対して、直接負担を求めるものであるから、必ず国民の同意を得なければならないという趣旨である。いうまでもなく、国会中心財政主義を、租税について具体化したものであるが、憲法ではこの第八四条の他、第三〇条で、国民の義務の面からも規定している。

租税については、一年税方式(毎年議会の議決を必要とする形式)と永久税方式(一度議会の議決を経れば、これを変更する場合の他はあらためて議会の議決を経ることなく、毎年賦課徴収できる形式)の二つのやり方が考えられるが、租税法律主義を採用したのは、永久税方式を認めることを意味するとされる。もちろん憲法が一年税方式を完全に否定したわけではないが、わが国においては、明治憲法以来、永久税方式をとっている。

このような租税法律主義の基本理念については争いはないようであるが、適用の範囲となると問題は別である。すなわち、普通、租税とは、国または地方公共団体が、その経費を支弁するために、国民から無償で強制的に徴収する貨財をいうのだが、形式的には租税といわれないもので、実質的に租税と同じように国民の自由意思に基づかないで徴収されるものに対してどう考えればよいかという問題である。

たとえば、①国権に基づいて収納する課徴金、②国または地方公共団体の独占に属する事業の料金、③公共企業体の行う事業の利用料金ないしその専売物の価格、④国または地方公共団体の事業以外であっても、公益事業であって独占的形態を有するものの利用料金（電力会社の電気料金など）、⑤国または地方公共団体が、私人のために行う公の役務、または私人に許容する公物の使用に対する反対給付として徴収する手数料の中で、強制賦課の性質を有するもの（営業許可に関する手数料、各種の検定手数料、郵便・郵便貯金・郵便為替の料金など）、というような形式的には租税といえないものについて、どう考えるべきであろうか。

この問題に対する解答として、租税法律主義の原則は、前記のような場合にも適用されると理解するのが一般的である。しかし、憲法第八三条との関係で国会の議決を要するとしても、手数料などをすべて第八四条にいう「租税」に含めて解釈するのは妥当ではない、と主張する論者もいる。租税は、特別の給付に対する反対給付の性質をもたないので、手数料などとは区別して考えるべきだというのがその論拠である。

租税法律主義に関して、憲法第三〇条、第八四条の規定する租税法律主義は、「課税要件のほか、租税徴収手続も法律又はその委任に基づく政令等によって明確に定められていることを要求する趣旨である」（東京地判昭四〇・六・二二）という判例がある。

また、サラリーマン税金訴訟では、租税法律主義の原則は、「課税要件や徴税手続等はすべて法律をもって定めることを必要とし、又、租税法規はその意義ができる限り明確に規定されることを要請されるが、同原則は、それを超え、当該租税法規の拠っている理論的根拠ないし内容までが明確であることを要求するものではない」（京都地判昭四九・五・三〇）とされた。

さらに、課税の要件に関して、「消費税法が課税対象取引として定める要件中の『事業』『事業者』及び『対価』という概念は、いずれも社会通念に従って解釈すればその通常の意味内容が容易に確定できるものといえるから、消費税法の規定を無効にするほどの曖昧なものであるとはとうていいえるものではない」（東京地判平一一・三・二六）とした判決もある。

あるいはまた、税法相互の関係については、「国または地方公共団体に対する寄付について、寄付の主体が個人である場合と法人である場合とで税法上異なった取扱いをすることを定めた所得税法七八条と法人税法三七条との関係についても、異なった取扱いをする立法に正当な理由がある場合には、その区別の態様が立法理由との関連で著しく不合理なものであることが明らかであるといった特殊の事情が認められる場合でない限り、その合理性を否定することはできない」（東京地判平三・二・二六）と判示した。

このように租税法律主義に関する判例をいくつかみてきたが、ここで重要な問題が浮上する。すなわち、地方税につき地方公共団体の条例が定め、関税について条約が定める場合、租税「法律」主義の原則との整合性をどう考えればよいのかという問題である。いずれも、地方税法や関税法といった法律が条例や条約によって租税を定める旨を指示しており、憲法第八四条にいう「法律の定める条件による」場合にあたると解してよいのかどうか疑問の余地がある。条例や条約で租税を定めることを租税法律主義の原則の例外ととらえるか、条例や条約を法律に準じたものとしてとらえるか、二通りの解釈が可能となろう。

また、租税について法律が政令など他の法形式に委任することができるかどうかについても議論がある。委任立法の限界の問題がある以上、無制限の委任には同意できないものの、法の明示の根拠があれば、委任自体は合憲と解すべきである。

なお、それまで非課税物件とされていたパチンコ器械に国税局長の通達によって課税されることを違憲として争った事件で、裁判所は、次のように判示した（最判昭三三・三・二八）。①物品税法（昭和一五年法律四〇号）の解釈として「遊戯具」の中にパチンコ球遊器は含まれる。②国税局長の通達を機縁としてパチンコ球遊器に物品税の課税が行われても、通達の内容が法の正しい解釈に合致する以上、課税処分は法の根拠に基づく処分であり、憲法第八四条違反の問題を生じない。③国税局長の通達を機縁として課税処分が行われたとしても、通達の内容が法の正しい解釈に合致するものである以上、その課税処分は法の根拠に基づく処分である。

次に、国費の支出と国の債務負担について述べる。憲法第八五条は、「国費を支出し、又は国が債務を負担するには、国会の議決に基くことを必要とする」と規定する。本条の趣旨は、国の財政における支出の面につき国会中心主義を確認したものといえよう。ここで、「国費の支出」とは「国の各般の需要を充たすための現金の支出」（財二条）をいう。支出についての国会の議決は、憲法第八六条により予算の形式で行われる。

第二節　予算と決算

一、予算制度

憲法第八六条は、「内閣は、毎会計年度の予算を作成し、国会に提出して、その審議を受け議決を経なければならない」と規定し、毎年内閣が作成する予算に対する国会の統制を確保した。予算とは、一会計年度の歳入歳出の見積もりであり、その性質上、歳入に関する部分は法的拘束力を有しないが、歳出に関する部分は各国家機関の支出の準則として法的拘束力を有すると解される。

予算は、「予算総則」「歳入歳出予算」「継続費」「繰越明許費」「国庫債務負担行為」という内容を含んでいる（財一六条）。財政法は、内閣による予算の「作成」と区別して、国会の議決を「成立」と表記している。本来は、内閣が作成するのはあくまで予算「案」であり、国会の議決によってはじめて「予算」そのものが成立すると解するべきであろう。

予算の作成は内閣の専権事項である（憲七三条五号・八六条）。国会議員は予算を発案することはできない。内閣総理大臣は、内閣を代表して予算案を国会に提出する（憲七二条）。必ず衆議院が予算を先議し、議決に関しても、衆議院が参議院に対して優越している（憲六〇条）。

予算の法的性格については、明治憲法時代から学説の対立が存在する。すなわち、第一説（予算行政説）、第二説（予算法形式説）、第三説（予算法律説）の三つである。

第一説は、予算は国家の歳出歳入に関する国家の意思であり、予算は法ではなく、予算を議決する作用は立法ではないとする立場（訓令説）と、法律は国家の人民に対する意思表示であるが、予算は国会が政府に対して一年間の財政計画を承認する意思表示であって、もっぱら国会と政府との間でその効力を有するとする立場（承認説）に二分される。

第二説は、予算とは、一会計年度における国の財政行為の準則、主として、歳入歳出の予定準則を内容とし、国会の議決を経て定立される国法の一形式をいい、法規範としての性質をもつもので、国家内部的に国家機関の行為のみを規律し、しかも一会計年度の具体的行為を規律するという点で、一般国民の行為を一般的に規律する法令とは区別される、と解する。

第三説は、予算は国法形式としても法律と区別されず、予算もまた法律である、と解する説である。

さて、それぞれの学説の検討に移りたい。まず、第一説は、予算は行政行為であり、法規範性を認めず、その法的性格を否定するもので、明治憲法下の通説であったが、今日では、財政民主主義の原則と矛盾するのではないかという指摘がある。

次に第二説は、予算に法的性格を認めるものの、法律とは異なる国法の一形式であるとするもので、これが通説である。この学説の根拠は、①予算は法律のように一般国民の行為を規律しないこと、②憲法上、「法律」と「予算」を区別した表現が用いられていること、③国会における議決手続は予算と法律とでは異なる（発議権、先議権、衆議院の優越）こと、④法律と異なり予算は公布の手続を規定した条文がないこと、などである。

第三説は、通説に対抗する学説として、財政民主主義を徹底する見地から主張されている。その根拠は、①予算以外にも、一般国民への規制に限定されない行政組織法のような法律もあること、②議決の方式の違いについては、憲法第六〇条の特別の議決手続は第五九条が認めている「特別の定のある場合」であること、③予算が法律であれば、予算の公布手続を定める必要はないことなどをあげているが、第二説の論拠と比べると全体的に弱いといわざるをえない。

ところで、予算の性格を論じた有名な判決がある。その判旨は、国の予算は国会が政府に対し一年度間の財政計画を承認する意思表示であって、もっぱら国会と政府との間に効力を有するにとどまり、国民の権利義務には直接の関係がないものであり、他面国民の納税義務は、具体的には税法によって定まるもので、国会の予算の議決によって左右されるものではないから、予算中軍事費に該当する分については原告を含む日本国民において納税の義務がないことの確認を求めるというような訴は、法律上の利益を欠く不適法なものとして却下を免れない、というものであった（京都地判昭二八・二一・二二）。

次に、国会の予算修正権について述べる。内閣が提出した予算を国会が修正できるかどうかについては議論がある。予算に対する国会の統制を確保しようとする憲法第八六条の趣旨からすれば、国会は増額修正・減額修正のいずれもなしうると解される。しかし、予算の作成権はあくまで内閣にあるのだから、提出された予算をまったく無視するような極端な修正は許されないのは当然である。

また、予算が新年度開始前に成立しないことが明らかに予見されるときは、暫定予算を内閣が作成し、国会に提出することになっている（財三〇条一項）。なお、暫定予算は正規の予算が成立したときに失効する。

それから、憲法第八七条一項は、「予見し難い予算の不足に充てるため、国会の議決に基いて予備費を設け、内閣の責任でこれを支出することができる」と定める。予備費は、歳入歳出予算の中に設けられる（財二四条）。予備費の設定自体は事前に国会で議決を経てはいるものの、その使途や目的については国会の承認を経ていないことから、憲法は第八七条第二項で、「すべて予備費の支出については、内閣は、事後に国会の承諾を得なければならない」と規定している。

ここで、事後の承諾が得られなかった場合が問題となるが、その場合でも法的効果は発生せず、内閣の政治責任を生ずるのみで、支出の効力には影響を及ぼさないと解すべきである。

次に、皇室の財政について述べる。憲法第八八条は、「すべて皇室財産は、国に属する。すべて皇室の費用は、予算に計上して国会の議決を経なければならない」と規定する。憲法第八条に関連して、皇室の財政についても「国会中心財政主義」が及ぶことを明記したわけである。

ちなみに、明治憲法の下では、天皇および皇室の財産は、皇室自律主義の下、議会の関与は認められなかったが、日本国憲法は、天皇および皇族の公的な財産をすべて国有財産として、国会中心財政主義の範囲に引き入れた。なお、皇室の財産の授受が国会の議決に基づくことについては、別途定められている（憲八条）。

また、次に、公の財産の支出に関して、憲法は、「公金その他の公の財産は、宗教上の組織若しくは団体の使用、便益若しくは維持のため、又は公の支配に属しない慈善、教育若しくは博愛の事業に対し、これを支出し、又はその利用に供してはならない」（憲八九条）と規定している。

本条は、憲法第二〇条の政教分離の原則を財政面から徹底させようとするものである。「社寺等に無償で貸し付けてある国有財産の処分に関する法律」が、国有地である寺院の境内地などを無償またはとくに安い価額で寺院に譲渡することにした点が憲法違反ではないかが争われた事件で、裁判所は次のように判示した。

①社寺などに無償で貸し付けてある国有財産の処分に関する法律（昭和二二年法律五三号）および同法附則第一〇条第二項は、憲法第八九条に違反しない。②昭和二二年法律第五三号附則第一〇条第二項の規定は、譲与または売払の申

請がされている土地については、その譲与または売払の日までは、旧国有財産法第二四条の効力を存続させる趣旨と解すべきである（最判昭三三・一二・二四）。

思うに、このような法律は、政教分離の前提を作るための経過的措置としてはじめて、合憲とみなされるものといえよう。また、寺院の建物の修理に国が補助金を出すことは、宗教組織の維持のためではなく、文化財保護のためであることが明らかである場合には合憲といえる。

そして、宗教への公金支出の問題とならんでよく議論されるのが私学助成に関する問題である。この点につき、裁判所は、次の通り判示し、私学助成の合憲性を認めた。

「教育関係法規による法的規制を受けている私立学校は、憲法八九条にいう『公の支配』に属していると解され、これに対する公的助成は、学問の自由、思想および良心の自由を侵害しない限り、憲法秩序全体の趣旨から許される。……市による私立大学医学部附属病院の誘致計画に基づいて取得した同病院建設用地の造成費用等に充てるために、市の公金を支出すること、および右用地を右大学に無償で譲渡することは、右公金支出等には教育振興の目的が含まれ、また、公金の使途が明らかで、その支出に伴う公的な監督権限の担保もあるうえ、右公金支出が右大学の私立学校としての独自性等を侵すものでもないから、憲法八九条に違反しない」（千葉地判昭六一・五・二八）。

また、別の判決では次のように判示している。すなわち、「教育の事業が憲法八九条後段の『公の支配』に属しているというためには、国または地方公共団体等が事業の運営、存立に影響を及ぼすことにより、事業が公の利益に沿わない場合にはこれを是正しうる途が確保され、公の財産が濫費されることを防止しうることをもつて足り、必ずしも事業の人事、予算等に公権力が直接関与することを要するものではない」（東京高判平二・一・二九）。

こうしてみると、憲法第八九条にいう公の財産の使用・利用の制限については、前段の宗教のための使用・利用については禁止を厳格に解するのが一般的であるのに対して、後段の慈善、教育、博愛事業のための使用・利用については、むしろ禁止をゆるく理解しようとする傾向がみられる。

二、決　算

憲法第九〇条第一項は、「国の収入支出の決算は、すべて毎年会計検査院がこれを検査し、内閣は、次の年度に、その検査報告とともに、これを国会に提出しなければならない」と規定している。これは、国会による財政に対する事後的なコントロールを確保するためのものである。

決算は、内閣がこれを会計検査院に送付する。そして、会計検査院は、決算内容の合法性についてチェックするのである。会計検査院は、その職務の中立性から「内閣に対し独立の地位を有する」(会検一条)ものとされ、独立行政委員会の一つに数えられる。検査官には身分保障が与えられている。

内閣は、次の会計年度に、会計検査院の検査報告とともに、決算を国会に提出しなければならない。かりに国費の支出が違法と決議されても、その支出の効力に影響を及ぼさない。決算の審議は、両院がおのおの独立して行い、両院一致の議決をする必要はない。

また、憲法第九一条は、「内閣は、国会及び国民に対し、定期に、少くとも毎年一回、国の財政状況について報告しなければならない」として規定している。これは、国会および国民に対する内閣の財政報告義務を明らかにしたものである。

なお、財政法は、「内閣は、予算が成立したときは、直ちに予算、前前年度の歳入歳出決算並びに公債、借入金及び国有財産の現在高その他財政に関する一般の事項について、印刷物、講演その他適当な方法で国民に報告しなければならない。……内閣は、少くとも毎四半期ごとに、予算使用の状況、国庫の状況その他財政の状況について、国会及び国民に報告しなければならない」(財四六条)と定めている。

第三節　議会による財政統制

これまで、財政に関する憲法の規定の中で、財政についての国会の権能を、予算と決算を中心にみてきた。ここで、議会による財政統制について考えてみたい。

議会による財政統制は、財政民主主義の根本原則であり、日本国憲法ももちろん財政の章の中で諸規定を設けているが、現実は「行政国家」の名の下にその原則が揺らいでいる。すなわち、資本主義の高度化により、元来、政策の執行機関であるべき行政が基本的政策の形成・決定にも中心的役割を担うことで、行政機能の拡大という現象が起き、議会による行政・財政統制は形骸化しているという問題が提起されている。

「行政国家」の特徴は、行政機関の権限の拡大、基本政策の形成・決定の行政機関への移行、立案作業に参与する行政委員会・審議会の増加などを指摘することができる。とくに、予算編成過程における財務省(旧大蔵省)の主導性は、議会のコントロールはおろか内閣さえも抑制できないような状況がみられ、よく議論されるところである。

本来、議会こそ財政についての主導的決定権をもつべきであるのに、現実には内閣が、とくに一部の官庁が財源を握っているのである。ここに、財政法的に大きな問題点が存する。また、特別会計および財政法に根拠をおかない政府関係予算の乱立という予算構造は、財政制度全体の風通しを悪くし、議会による財政統制をより困難なものにしている。

また、予算委員会制度についても問題がある。予算委員会は、本来、予算項目の具体的検討をし、国会が予算について全般的にチェックをするという重要な法的使命を担うべきものであるが、実際には、現行の予算委員会は、国政一般に関する質問が中心になっていて、予算の項目に関する具体的検討をしていない。これは、内閣が提出する予算につき、国会が充分それを検討するシステムになっていないことを意味する。大いに問題があると思う。

今後、議会による財政統制を実効化し、財政民主主義を確かなものとするには、どのような方法が考えられるだろうか。しばしば論じられているところを整理すれば、次の四点がとくに重要な提案としてあげられよう。

第一に、予算に関する議員立法の制限を再考すること。政府の予算編成権を害することなく、国会議員が予算を伴う法律案の提出あるいは予算の修正権の提出を認めやすくするような制度改革が必要なのではないか。

第二に、予算を事業別予算にするなどして一部官庁主導の体制を是正する予算制度改革が必要なのではないか。

第三に、決算についても、決算法として国会の議決の対象とすることによって、行政により責任をもたせるような制度改革が必要なのではないか。

第四に、予算委員会をもっと活性化し、予算の具体的項目について検討する分科会の数を増やすような制度改革が必要なのではないか。

そして、政府が財政政策を執行するに当たって、議会の承認なしに、あるいはまた法的根拠なしにその処分が行われた場合は違法であるということを憲法に明記すれば、議会の財政決定権の確立に資することにもなるのではないだろうか。その際、イギリス、フランスにおける議会による財政決定権がきわめて強固である事例を参照すべきであろう。すなわち、両国においては、政府は、議会の財政決定権に反して財政処分を行うことができないという原則が確立しているのである。

第四節　財政投融資

議会による財政統制について、制度改革の必要性を述べたが、財政を論じる上で非常に重要なテーマとして財政投融資の問題がある。しかも、財政投融資は、議会統制のもっとも及ばない領域であるとされている。次に、この問題について考察する。

財政投融資とは、一般的には、政府の投資・融資活動全般を指すが、慣例として政府の財政投融資計画に基づく投資・融資活動のことをいう。郵便貯金や厚生年金など、国の制度や信用を通じて集められた公的資金を統合して財源（原資）とし、それを政府関係機関や地方自治体に供給することによって、社会資本の整備や厚生福祉、産業政策などの政策を推進するものである。ただし、利子を支払わなければならないため、その使途が制限されてしまう。財政投融資の規模が一般会計の半分を上回るようになったため、第二の国家予算とよばれている。

国の融資的活動は、昭和二八年度以来毎年予算審議の参考として財政投融資計画にまとめられ、国会に提出されている。財政投融資計画それ自体は、予算と異なり国会の議決の対象となるものではない。

そして、昭和四八年度からは資金運用部門と簡保資金について、その運用の期間が五年以上のものについては、その運用額を運用対象区分ごとに特別会計の予算総則に規定することによって国会で議決されることになった。財政投融資計画と資金運用部資金による国債引受けをあわせて財政投融資とよび、その財源は、資金運用部資金、簡保資金、産業投資特別会計からの資金および政府保証債・政府保証借入金の四つで、中でも資金運用部資金の割合が大きい。

財政投融資は、社会資本整備、住宅対策、環境対策、中小企業対策、地方開発などを推進するため、民間金融機関では採算が取れない長期、固定、かつ低利の資金を供給する仕組みになっている。そして、財政投融資の規模は、数年前には五〇兆円を超え、肥大化に伴う弊害が指摘され、制度改革へ向けての動きが活発化している。ただし、こうした財政投融資のスリム化を目指す抜本改革は、不景気の長期化のため、困難な状況にある。

このように、財政投融資計画は、予算の一部として議会の議決の対象となる領域が拡大されたり、改善のための動きはあるものの、依然、議会統制が充分及ばず、財政法的に多くの問題を抱えている。したがって、財政投融資の問題は、今後、議会によるチェックをよりいっそう重視する方向で対処していかなければならない。そうでなければ、財政民主主義の実現がますます遠のいてしまうことになる。

第五節　地方財政

これまで、国の財政について述べてきたが、最後に、地方の財政について若干述べたい。地方公共団体の財政に関する法律として、昭和二三年に制定された地方財政法がある。

地方自治法の規定（地自二〇八条～二四三条の五）が地方財政制度の基本を定めるのに対し、地方財政法は、地方財政の健全性を確保し地方自治の発達に資する目的（地財一条）から、地方債の制限を含む財務処理上の基本準則（地財二～八条）、国と地方公共団体との経費負担の関係（地財九～一二条）、都道府県と市町村との財政関係（地財二七～三〇条）などを詳しく定めている。

地方公共団体の歳出は、原則として地方債（地方公共団体が歳入の不足を補うために金銭を借り入れることによって負う債務）以外の歳入をもってその財源としなければならないが、例外として、一定の公営企業費・出資金・貸付金などの財源とする場合などに限って、地方債をもってその財源とすることができる（地財五条）。地方公共団体がこの意味での地方債を起こすには、予算の定めるところによらなければならず、さらに地方債の目的・限度額・起債の方法・利率・償還方法も予算で定めなければならない（地自二三〇条）。

ところで、バブル経済崩壊の影響などで、今日の自治体財政は危機に瀕している。とくに大阪・神奈川・愛知・東京という四つの自治体は破産寸前であるといわれている。

自治体の収入は、自主財源（地方税、使用料、手数料、分担金、負担金、財産収入、寄付金、繰入金、繰越金、諸収入など）と依存財源（地方交付税、国庫支出金、都道府県支出金（市町村の場合）、地方譲与税、地方債など）に分けられるが、歳入総額に占める自主財源の割合が、自治体の自主性の程度を示す尺度とされている。自主財源についての問題も山積しているが、国との関係で重要な問題を抱えるのが、依存財源、とくに国庫支出金と地方債ではないだろうか。

国庫支出金は、使途を特定して国庫から自治体に支出交付する資金の総称で、一般には国庫補助金とよばれ、自治体全体の歳入決算額の約一四パーセント（平成一四年度）を占め、重要な財源であるが、主管省庁がその交付を通じて自治体の事務運営を細かく規制しているので、その整理合理化など規制緩和に向けた改善策が今、求められている。

また、地方債についても数多くの議論がある。地方債の発行は国および都道府県知事の許可が必要で、毎年度国の財政投融資計画の一環として、地方債計画に基づいて運営されている。しかしこの起債許可制度に対して、従来自由化の主張があり、自治体側は地方分権を合い言葉に規制緩和を求めていた。この起債許可の問題については、法律の見直しが進み、平成一一年七月の地方自治法ならびに地方財政法の改正によって、平成一八年度以降、許可制を廃止し、協議制度とすることとなった。

参考文献

＊印の文献は、各担当章の本文中にも引用した。

序　章　日本国憲法への視座

小森義峯『日本憲法資料選〔増補版〕』（嵯峨野書院、昭和五七年）
伊藤博文著、宮沢俊義校注『憲法義解』（岩波文庫、昭和一五年）
「日本国憲法のすべて」（『This is 読売』平成九年五月号臨時増刊、読売新聞社）
小林昭三『新憲法論・序説』（成文堂、平成八年）

第Ⅰ章　天皇制

「特集・象徴天皇制」（『ジュリスト』九三三号、有斐閣、平成元年）
「特集・転換期の象徴天皇制」（『法律時報』六一巻六号、日本評論社、平成元年）
「特集・天皇制の研究」（『プレジデント』平成元年三月号、プレジデント社）
村西義一『天皇制の研究』（天理時報社、平成三年）
清宮四郎・佐藤　功編『憲法講座・第一巻――総論・天皇・戦争の放棄』（有斐閣、昭和三八年）
小森義峯『天皇と憲法』（皇学館大学出版部、昭和六〇年）
佐藤幸治『憲法〔第三版〕』（青林書院、平成七年）
今谷　明『象徴天皇の発見』（文芸春秋、平成一一年）＊
坂本多加雄『明治国家の建設・日本の近代二』（中央公論社、平成一一年）＊

第2章　戦争の放棄・憲法改正

小林昭三「憲法前文がえがき出す国際社会像」「憲法第九条の変遷と日米安保条約」（同『日本国憲法の条件』成文堂、昭和六一年）
小林昭三『戦後の憲法史（第一分冊）』（成文堂、昭和四六年）
尾吹善人『日本憲法――学説と判例――』（木鐸社、平成二年）
尾吹善人『憲法教科書』（木鐸社、平成五年）
中川　剛『憲法を読む』（講談社、昭和六〇年）
長尾龍一『憲法問題入門』（ちくま書房、平成九年）
西　修『日本国憲法を考える』（文芸春秋、平成一一年）
竹花光範『憲法改正論への招待』（成文堂、平成九年）
芦部信喜『憲法講義ノート』（有斐閣、昭和六一年）
佐伯宣親・高乗正臣・酒井憲郎編著『現代法学と憲法』（成文堂、平成一一年）

第3章　人権の歴史と思想／第4章　自由と権利

プラトン著、加来彰俊訳『ゴルギアス』（岩波文庫、昭和四二年）
J・ロック著、鵜飼信成訳『市民政府論』（岩波文庫、昭和四三年）
モンテスキュー『法の精神』（井上暁裕訳『世界の名著二八「モンテスキュー」』中央公論社、昭和四七年）
エドマンド・バーク『フランス革命についての省察』（水田　洋訳『世界の名著三四「バーク・マルサス」』中央公論社、昭和四四年）
トクヴィル著、井伊玄太郎訳『アメリカの民主政治（上・中・下）』（講談社学術文庫、昭和四七〜六二年）
トクヴィル著、井伊玄太郎訳『アンシャンレジームと革命』（講談社学術文庫、平成九年）
J・S・ミル著、塩尻公明・木村健康訳『自由論』（岩波文庫、昭和四六年）
エンゲルス著、戸原四郎訳『家族・私有財産・国家の起源』（岩波文庫、昭和四〇年）
カール・マルクス著、城塚　登訳『ユダヤ人問題によせて・ヘーゲル法哲学批判序説』（岩波文庫、昭和四九年）

G・イェリネク、エミール・ブートミー著、初宿正典編訳『人権宣言論争』(みすず書房、昭和五七年)
高木八束・末延三次・宮沢俊義編『人権宣言集』(岩波文庫、昭和三二年)
水木惣太郎『基本的人権』(有信堂、昭和三一年)
ロスコー・パウンド著、恒藤武二・山本浩三訳『自由権の歴史』(ミネルヴァ書房、昭和三四年)
小林昭三「人権の担い手のこと」「自由権と社会権と」「〃法の下の平等〃の原則」「信教の自由と政教分離」「家庭・教育のことに消極的な憲法規定」(同『日本国憲法の条件』成文堂、昭和六一年)
小林昭三「基本的人権論再検討」(同『新憲法論・序説』成文堂、平成八年)
小林昭三「『国策の指導原則』という憲法的試み」(同『比較憲法学・序説』成文堂、平成一一年)＊
土居靖美『人権に関する司法審査基準の研究』(政光プリプラン、平成一一年)
榎原　猛・土居靖美・伊藤公一・佐伯宣親編著『論考憲法学II 人権論』(嵯峨野書院、平成八年)

第5章　代表議会制

小林昭三『政治制度の思想』(成文堂、昭和四三年)
小林昭三「議会制の論理」(同『日本国憲法の条件』成文堂、昭和六一年)
小林昭三「代表制の憲法的アプローチ」(同『比較憲法学・序説』成文堂、平成一一年)
原田一明『議会制度』(信山社、平成九年)
大山礼子『国会学入門』(三省堂、平成九年)
阪本昌成『憲法理論I』(成文堂、平成五年)
高橋和之『国民内閣制の理念と運用』(有斐閣、平成六年)
芦部信喜『憲法〔新版・増訂版〕』(岩波書店、平成一一年)＊
大石　眞『立憲民主制』(信山社、平成八年)＊
大石　眞「憲法問題としての『国会』制度」(佐藤幸治・初宿正典・大石　眞編『憲法五十年の展望I』有斐閣、平成一〇年)

間宮庄平「国会」、時本義昭「内閣」(榎原　猛・阿部照哉・土居靖美編著『現代憲法学』嵯峨野書院、平成一〇年)
岡田信弘「代表民主制の構造」、原田一明「両院制」、糠塚康江「国権の最高機関」、新　正幸「唯一の立法機関」、高見勝利「議院内閣制の意義」(ジュリスト増刊『憲法の争点』〔第三版〕有斐閣、平成一一年)

第6章　政党国家

小林昭三「政党の『憲法的融合』についての再論」(『早稲田政治経済学雑誌』一八九号、昭和三九年)
小林昭三「政党国家――憲法と政党――」(清水　望編『比較憲法講義』青林書院新社、昭和四七年)＊
小林昭三「政党国家的民主制の論理」(同『日本国憲法の条件』成文堂、昭和六一年)＊
小林昭三「政党国家論のための予備的考察」「政党国家論」(同『比較憲法学・序説』成文堂、平成一一年)＊
手島　孝「現代憲法と政党」(芦部信喜編『岩波講座「現代法」第三巻・現代の立法』岩波書店、昭和四〇年)＊
G・ライプホルツ著、阿部照哉・初宿正典・平松　毅・百地　章訳『現代民主主義の構造問題』(木鐸社、昭和四九年)＊
丸山　健『政党法論』(学陽書房、昭和五一年)＊
佐藤幸治「政党」(同『憲法〔第三版〕』青林書院、平成七年)＊
野中俊彦「政党と国民代表の性格」(佐藤幸治・中村睦男・野中俊彦『ファンダメンタル憲法』有斐閣、平成六年)＊
岡田信弘「憲法と政党」(杉原泰雄編『憲法学の基礎概念Ⅰ』勁草書房、昭和五八年)
吉田栄司「政党」(『岩波講座「現代の法」第三巻・政治過程と法』岩波書店、平成九年)
森　英樹編著『政党国庫補助の比較憲法的総合的研究』(柏書房、平成六年)

第7章　行政国家

小林昭三「二〇世紀性的考慮の薄い行政権規定」(同『日本国憲法の条件』成文堂、昭和六一年)
手島　孝・中川　剛『憲法と行政権　現代憲法体系一〇』(法律文化社、平成四年)
手島　孝「行政権優位の憲法問題」(奥平康弘・杉原泰雄編『憲法学五・統治機構の基本問題Ⅱ』有斐閣、昭和五二年)

百地　章「内閣」（佐藤幸治編著『憲法Ｉ』成文堂、昭和六一年）
法学セミナー増刊『内閣と官僚』（日本評論社、昭和五四年）
西尾　勝・村松岐夫編『講座・行政学（一～六巻）』（有斐閣、平成六～七年）
田中二郎・原龍之助・柳瀬良幹編『行政法講座・第四巻・行政組織』（有斐閣、昭和四〇年）
大石　眞「内閣制度の再検討」、岡田信弘「首相の権限強化」（「特集・国家の役割と統治構造改革」『ジュリスト』一一三三号、有斐閣、平成一〇年）
阪本昌成「議院内閣制における執政・行政・業務」（佐藤幸治・初宿正典・大石　眞編『憲法五十年の展望Ｉ』有斐閣、平成一〇年）
阿部　斉・有賀　弘・斎藤　眞『政治――個人と統合』（東京大学出版会、昭和四二年）
清水　望『西ドイツの政治機構』（成文堂、昭和四四年）
片岡寛光『内閣の機能と補佐機構』（成文堂、昭和五七年）

第8章　司法制度

小林昭三「いわゆる『三権分立理論』の成立」（同『政治制度の思想』成文堂、昭和四三年）
小林昭三「民主主義における司法」「憲法裁判の制度」（同『日本国憲法の条件』成文堂、昭和六一年）
兼子　一・竹下守夫『裁判法〔新版〕』（有斐閣、平成一一年）
田宮　裕『日本の裁判〔第二版〕』（弘文堂、平成七年）
東京弁護士会編『司法改革の展望』（有斐閣、昭和五七年）
瀧川叡一『日本裁判制度史論考』（信山社、平成三年）
佐藤幸治『現代国家と司法権』（有斐閣、昭和六三年）
芦部信喜編『講座・憲法訴訟（一～三巻）』（有斐閣、昭和六二年）
芦部信喜『憲法訴訟の理論』（有斐閣、昭和四八年）
三日月章編『岩波講座「現代法」第五巻・現代の裁判』（岩波書店、昭和四〇年）

第9章　地方自治

小林昭三「地方自治」(同『日本国憲法の条件』成文堂、昭和六一年)
阿部照哉・佐藤幸治・園部逸夫・畑　博行・村上義弘編『地方自治大系I　歴史・比較法』(嵯峨野書院、平成元年)
阿部照哉・佐藤幸治・園部逸夫・畑　博行・村上義弘編『地方自治大系II　理論・制度』(嵯峨野書院、平成五年)
阿部　斉・進藤宗幸『概説日本の地方自治』(東京大学出版会、平成九年)
阿部　斉・大久保皓生・寄本勝美編『地方自治の現代用語』(学陽書房、平成八年)
兼子　仁『新地方自治法』(岩波書店、平成一一年)
地方自治制度研究会編『Q&A改正地方自治法のポイント』(ぎょうせい、平成一一年)
ジュリスト増刊『条例集覧・条例百選資料集』(有斐閣、昭和五九年)
大森　彌『現代の地方自治』(日本放送出版協会、平成七年)
小林良彰編『地方自治の実証分析』(慶応大学出版会、平成一〇年)

第10章　財政

雄川一郎・塩野　宏・園部逸夫編『現代行政法体系(一〇)』(有斐閣、昭和五九年)
小林昭三「財政民主主義」(同『日本国憲法の条件』成文堂、昭和六一年)
北野弘久『租税学原論〔第二版〕』(青林書院、昭和六三年)
小嶋和司『憲法と財政制度』(有斐閣、昭和六三年)
小島和夫『予算が成立するまで』(ぎょうせい、平成二年)
廣田健次編『日本国憲法』(有信堂、平成八年)
名雪健二・和知賢太郎・齋藤康輝・石川多加子『ゼミナール憲法〔増補版〕』(南窓社、平成一〇年)
芦部信喜『憲法〔新版・増訂版〕』(岩波書店、平成一一年)
杉山嘉尚・齋藤康輝『現代日本の法制』(南窓社、平成一二年)
芦部信喜編『判例ハンドブック・憲法』〔第二版〕(日本評論社、平成四年)

付録

日本国憲法

〔一九四六（昭和二一）・十一・三公布〕
〔一九四七（昭和二二）・五・三施行〕

朕は、日本国民の総意に基いて、新日本建設の礎が、定まるに至つたことを、深くよろこび、枢密顧問の諮詢及び帝国憲法第七十三条による帝国議会の議決を経た帝国憲法の改正を裁可し、ここにこれを公布せしめる。

御名　御璽

昭和二十一年十一月三日

内閣総理大臣兼
外務大臣　吉田　茂
国務大臣　男爵　幣原喜重郎
司法大臣　木村篤太郎
内務大臣　大村清一
文部大臣　田中耕太郎
農林大臣　和田博雄
国務大臣　斎藤隆夫
逓信大臣　一松定吉
商工大臣　星島二郎
厚生大臣　河合良成
国務大臣　植原悦二郎
運輸大臣　平塚常次郎
大蔵大臣　石橋湛山
国務大臣　金森徳次郎
国務大臣　膳　桂之助

日本国憲法

日本国民は、正当に選挙された国会における代表者を通じて行動し、われらとわれらの子孫のために、諸国民との協和による成果と、わが国全土にわたつて自由のもたらす恵沢を確保し、政府の行為によつて再び戦争の惨禍が起ることのないやうにすることを決意し、ここに主権が国民に存することを宣言し、この憲法を確定する。そもそも国政は、国民の厳粛な信託によるものであつて、その権威は国民に由来し、その権力は国民の代表者がこれを行使し、その福利は国民がこれを享受する。これは人類普遍の原理であり、この憲法は、かかる原理に基くものである。われらは、これに反する一切の憲法、法令及び詔勅を排除する。

日本国民は、恒久の平和を念願し、人間相互の関係を支配する崇高な理想を深く自覚するのであつて、平和を愛する諸国民の公正と信義に信頼して、われらの安全と生存を保持しようと決意した。われらは、平和を維持し、専制と隷従、圧迫と偏狭を地上から永遠に除去しようと努めてゐる国際社会において、名誉ある地位を占めたいと思ふ。われらは、全世界の国民が、ひとしく恐怖と欠乏から免かれ、平和のうちに生存する権利を有することを確認する。

われらは、いづれの国家も、自国のことのみに専念して他国を無視してはならないのであつて、政治道徳の法則は、普遍的なものであり、この法則に従ふことは、自国の主権を維持し、他国と対等関係に立たうとする各国の責務であると信ずる。

日本国民は、国家の名誉にかけ、全力をあげてこの崇高な理想と目的を達成することを誓ふ。

第一章　天　皇

第一条　天皇は、日本国の象徴であり日本国民統合の象徴であつて、この地位は、主権の存する日本国民の総意に基く。

第二条 皇位は、世襲のものであつて、国会の議決した皇室典範の定めるところにより、これを継承する。

第三条 天皇の国事に関するすべての行為には、内閣の助言と承認を必要とし、内閣が、その責任を負ふ。

第四条 天皇は、この憲法の定める国事に関する行為のみを行ひ、国政に関する権能を有しない。

② 天皇は、法律の定めるところにより、その国事に関する行為を委任することができる。

第五条 皇室典範の定めるところにより摂政を置くときは、摂政は、天皇の名でその国事に関する行為を行ふ。この場合には、前条第一項の規定を準用する。

第六条 天皇は、国会の指名に基いて、内閣総理大臣を任命する。

② 天皇は、内閣の指名に基いて、最高裁判所の長たる裁判官を任命する。

第七条 天皇は、内閣の助言と承認により、国民のために、左の国事に関する行為を行ふ。

一 憲法改正、法律、政令及び条約を公布すること。
二 国会を召集すること。
三 衆議院を解散すること。
四 国会議員の総選挙の施行を公示すること。
五 国務大臣及び法律の定めるその他の官吏の任免並びに全権委任状及び大使及び公使の信任状を認証すること。
六 大赦、特赦、減刑、刑の執行の免除及び復権を認証すること。
七 栄典を授与すること。
八 批准書及び法律の定めるその他の外交文書を認証すること。
九 外国の大使及び公使を接受すること。
十 儀式を行ふこと。

第八条 皇室に財産を譲り渡し、又は皇室が、財産を譲り受け、若しくは賜与することは、国会の議決に基かなければならない。

第二章 戦争の放棄

第九条 日本国民は、正義と秩序を基調とする国際平和を誠実に希求し、国権の発動たる戦争と、武力による威嚇又は武力の行使は、国際紛争を解決する手段としては、永久にこれを放棄する。

② 前項の目的を達するため、陸海空軍その他の戦力は、これを保持しない。国の交戦権は、これを認めない。

第三章 国民の権利及び義務

第一〇条 日本国民たる要件は、法律でこれを定める。

第一一条 国民は、すべての基本的人権の享有を妨げられない。この憲法が国民に保障する基本的人権は、侵すことのできない永久の権利として、現在及び将来の国民に与へられる。

第一二条 この憲法が国民に保障する自由及び権利は、国民の不断の努力によつて、これを保持しなければならない。又、国民は、これを濫用してはならないのであつて、常に公共の福祉のためにこれを利用する責任を負ふ。

第一三条 すべて国民は、個人として尊重される。生命、自由及び幸福追求に対する国民の権利については、公共の福祉に反しない限り、立法その他の国政の上で、最大の尊重を必要とする。

第一四条 すべて国民は、法の下に平等であつて、人種、信条、性別、社会的身分又は門地により、政治的、経済的又は社会的関係において、差別されない。

② 華族その他の貴族の制度は、これを認めない。

③ 栄誉、勲章その他の栄典の授与は、いかなる特権も伴はない。栄典の授与は、現にこれを有し、又は将来これを受ける者の一

代に限り、その効力を有する。

第一五条 公務員を選定し、及びこれを罷免することは、国民固有の権利である。

② すべて公務員は、全体の奉仕者であつて、一部の奉仕者ではない。

③ 公務員の選挙については、成年者による普通選挙を保障する。

④ すべて選挙における投票の秘密は、これを侵してはならない。選挙人は、その選択に関し公的にも私的にも責任を問はれない。

第一六条 何人も、損害の救済、公務員の罷免、法律、命令又は規則の制定、廃止又は改正その他の事項に関し、平穏に請願する権利を有し、何人も、かかる請願をしたためにいかなる差別待遇も受けない。

第一七条 何人も、公務員の不法行為により、損害を受けたときは、法律の定めるところにより、国又は公共団体に、その賠償を求めることができる。

第一八条 何人も、いかなる奴隷的拘束も受けない。又、犯罪に因る処罰の場合を除いては、その意に反する苦役に服させられない。

第一九条 思想及び良心の自由は、これを侵してはならない。

第二〇条 信教の自由は、何人に対してもこれを保障する。いかなる宗教団体も、国から特権を受け、又は政治上の権力を行使してはならない。

② 何人も、宗教上の行為、祝典、儀式又は行事に参加することを強制されない。

③ 国及びその機関は、宗教教育その他いかなる宗教的活動もしてはならない。

第二一条 集会、結社及び言論、出版その他一切の表現の自由は、これを保障する。

② 検閲は、これをしてはならない。通信の秘密は、これを侵してはならない。

第二二条 何人も、公共の福祉に反しない限り、居住、移転及び職業選択の自由を有する。

② 何人も、外国に移住し、又は国籍を離脱する自由を侵されない。

第二三条 学問の自由は、これを保障する。

第二四条 婚姻は、両性の合意のみに基いて成立し、夫婦が同等の権利を有することを基本として、相互の協力により、維持されなければならない。

② 配偶者の選択、財産権、相続、住居の選定、離婚並びに婚姻及び家族に関するその他の事項に関しては、法律は、個人の尊厳と両性の本質的平等に立脚して、制定されなければならない。

第二五条 すべて国民は、健康で文化的な最低限度の生活を営む権利を有する。

② 国は、すべての生活部面について、社会福祉、社会保障及び公衆衛生の向上及び増進に努めなければならない。

第二六条 すべて国民は、法律の定めるところにより、その能力に応じて、ひとしく教育を受ける権利を有する。

② すべて国民は、法律の定めるところにより、その保護する子女に普通教育を受けさせる義務を負ふ。義務教育は、これを無償とする。

第二七条 すべて国民は、勤労の権利を有し、義務を負ふ。

② 賃金、就業時間、休息その他の勤労条件に関する基準は、法律でこれを定める。

③ 児童は、これを酷使してはならない。

第二八条 勤労者の団結する権利及び団体交渉その他の団体行動をする権利は、これを保障する。

第二九条 財産権は、これを侵してはならない。

② 財産権の内容は、公共の福祉に適合するやうに、法律でこれ

を定める。

③　私有財産は、正当な補償の下に、これを公共のために用ひることができる。

第三〇条　国民は、法律の定めるところにより、納税の義務を負ふ。

第三一条　何人も、法律の定める手続によらなければ、その生命若しくは自由を奪はれ、又はその他の刑罰を科せられない。

第三二条　何人も、裁判所において裁判を受ける権利を奪はれない。

第三三条　何人も、現行犯として逮捕される場合を除いては、権限を有する司法官憲が発し、且つ理由となつてゐる犯罪を明示する令状によらなければ、逮捕されない。

第三四条　何人も、理由を直ちに告げられ、且つ、直ちに弁護人に依頼する権利を与へられなければ、抑留又は拘禁されない。又、何人も、正当な理由がなければ、拘禁されず、要求があれば、その理由は、直ちに本人及びその弁護人の出席する公開の法廷で示されなければならない。

第三五条　何人も、その住居、書類及び所持品について、侵入、捜索及び押収を受けることのない権利は、第三十三条の場合を除いては、正当な理由に基いて発せられ、且つ捜索する場所及び押収する物を明示する令状がなければ、侵されない。

②　捜索又は押収は、権限を有する司法官憲が発する各別の令状により、これを行ふ。

第三六条　公務員による拷問及び残虐な刑罰は、絶対にこれを禁ずる。

第三七条　すべて刑事事件においては、被告人は、公平な裁判所の迅速な公開裁判を受ける権利を有する。

②　刑事被告人は、すべての証人に対して審問する機会を充分に与へられ、又、公費で自己のために強制的手続により証人を求める権利を有する。

③　刑事被告人は、いかなる場合にも、資格を有する弁護人を依頼することができる。被告人が自らこれを依頼することができないときは、国でこれを附する。

第三八条　何人も、自己に不利益な供述を強要されない。

②　強制、拷問若しくは脅迫による自白又は不当に長く抑留若しくは拘禁された後の自白は、これを証拠とすることができない。

③　何人も、自己に不利益な唯一の証拠が本人の自白である場合には、有罪とされ、又は刑罰を科せられない。

第三九条　何人も、実行の時に適法であつた行為又は既に無罪とされた行為については、刑事上の責任を問はれない。又、同一の犯罪について、重ねて刑事上の責任を問はれない。

第四〇条　何人も、抑留又は拘禁された後、無罪の裁判を受けたときは、法律の定めるところにより、国にその補償を求めることができる。

第四章　国　会

第四一条　国会は、国権の最高機関であつて、国の唯一の立法機関である。

第四二条　国会は、衆議院及び参議院の両議院でこれを構成する。

第四三条　両議院は、全国民を代表する選挙された議員でこれを組織する。

②　両議院の議員の定数は、法律でこれを定める。

第四四条　両議院の議員及びその選挙人の資格は、法律でこれを定める。但し、人種、信条、性別、社会的身分、門地、教育、財産又は収入によつて差別してはならない。

第四五条　衆議院議員の任期は、四年とする。但し、衆議院解散の場合には、その期間満了前に終了する。

第四六条　参議院議員の任期は、六年とし、三年ごとに議員の半数を改選する。

第四七条　選挙区、投票の方法その他両議院の議員の選挙に関する事項は、法律でこれを定める。

第四八条　何人も、同時に両議院の議員たることはできない。

第四九条　両議院の議員は、法律の定めるところにより、国庫から相当額の歳費を受ける。

第五〇条　両議院の議員は、法律の定める場合を除いては、国会の会期中逮捕されず、会期前に逮捕された議員は、その議院の要求があれば、会期中これを釈放しなければならない。

第五一条　両議院の議員は、議院で行つた演説、討論又は表決について、院外で責任を問はれない。

第五二条　国会の常会は、毎年一回これを召集する。

第五三条　内閣は、国会の臨時会の召集を決定することができる。いづれかの議院の総議員の四分の一以上の要求があれば、内閣は、その召集を決定しなければならない。

第五四条　衆議院が解散されたときは、解散の日から四十日以内に、衆議院議員の総選挙を行ひ、その選挙の日から三十日以内に、国会を召集しなければならない。

②　衆議院が解散されたときは、参議院は、同時に閉会となる。但し、内閣は、国に緊急の必要があるときは、参議院の緊急集会を求めることができる。

③　前項但書の緊急集会において採られた措置は、臨時のものであつて、次の国会開会の後十日以内に、衆議院の同意がない場合には、その効力を失ふ。

第五五条　両議院は、各〻その議員の資格に関する争訟を裁判する。但し、議員の議席を失はせるには、出席議員の三分の二以上の多数による議決を必要とする。

第五六条　両議院は、各〻その総議員の三分の一以上の出席がなければ、議事を開き議決することができない。

②　両議院の議事は、この憲法に特別の定のある場合を除いては、出席議員の過半数でこれを決し、可否同数のときは、議長の決するところによる。

第五七条　両議院の会議は、公開とする。但し、出席議員の三分の二以上の多数で議決したときは、秘密会を開くことができる。

②　両議院は、各〻その会議の記録を保存し、秘密会の記録の中で特に秘密を要すると認められるもの以外は、これを公表し、且つ一般に頒布しなければならない。

③　出席議員の五分の一以上の要求があれば、各議員の表決は、これを会議録に記載しなければならない。

第五八条　両議院は、各〻その議長その他の役員を選任する。

②　両議院は、各〻その会議その他の手続及び内部の規律に関する規則を定め、又、院内の秩序をみだした議員を懲罰することができる。但し、議員を除名するには、出席議員の三分の二以上の多数による議決を必要とする。

第五九条　法律案は、この憲法に特別の定のある場合を除いては、両議院で可決したとき法律となる。

②　衆議院で可決し、参議院でこれと異なつた議決をした法律案は、衆議院で出席議員の三分の二以上の多数で再び可決したときは、法律となる。

③　前項の規定は、法律の定めるところにより、衆議院が、両議院の協議会を開くことを求めることを妨げない。

④　参議院が、衆議院の可決した法律案を受け取つた後、国会休会中の期間を除いて六十日以内に、議決しないときは、衆議院は、参議院がその法律案を否決したものとみなすことができる。

第六〇条　予算は、さきに衆議院に提出しなければならない。

②　予算について、参議院で衆議院と異なつた議決をした場合に、法律の定めるところにより、両議院の協議会を開いても意見が一致しないとき、又は参議院が、衆議院の可決した予算を受け

取つた後、国会休会中の期間を除いて三十日以内に、議決しないときは、衆議院の議決を国会の議決とする。

第六一条　条約の締結に必要な国会の承認については、前条第二項の規定を準用する。

第六二条　両議院は、各〻国政に関する調査を行ひ、これに関して、証人の出頭及び証言並びに記録の提出を要求することができる。

第六三条　内閣総理大臣その他の国務大臣は、両議院の一に議席を有すると有しないとにかかはらず、何時でも議案について発言するため議院に出席することができる。又、答弁又は説明のため出席を求められたときは、出席しなければならない。

第六四条　国会は、罷免の訴追を受けた裁判官を裁判するため、両議院の議員で組織する弾劾裁判所を設ける。

②　弾劾に関する事項は、法律でこれを定める。

第五章　内　　閣

第六五条　行政権は、内閣に属する。

第六六条　内閣は、法律の定めるところにより、その首長たる内閣総理大臣及びその他の国務大臣でこれを組織する。

②　内閣総理大臣その他の国務大臣は、文民でなければならない。

③　内閣は、行政権の行使について、国会に対し連帯して責任を負ふ。

第六七条　内閣総理大臣は、国会議員の中から国会の議決で、これを指名する。この指名は、他のすべての案件に先だつて、これを行ふ。

②　衆議院と参議院とが異なつた指名の議決をした場合に、法律の定めるところにより、両議院の協議会を開いても意見が一致しないとき、又は衆議院が指名の議決をした後、国会休会中の期間を除いて十日以内に、参議院が、指名の議決をしないときは、衆議院の議決を国会の議決とする。

第六八条　内閣総理大臣は、国務大臣を任命する。但し、その過半数は、国会議員の中から選ばれなければならない。

②　内閣総理大臣は、任意に国務大臣を罷免することができる。

第六九条　内閣は、衆議院で不信任の決議案を可決し、又は信任の決議案を否決したときは、十日以内に衆議院が解散されない限り、総辞職をしなければならない。

第七〇条　内閣総理大臣が欠けたとき、又は衆議院議員総選挙の後に初めて国会の召集があつたときは、内閣は、総辞職をしなければならない。

第七一条　前二条の場合には、内閣は、あらたに内閣総理大臣が任命されるまで引き続きその職務を行ふ。

第七二条　内閣総理大臣は、内閣を代表して議案を国会に提出し、一般国務及び外交関係について国会に報告し、並びに行政各部を指揮監督する。

第七三条　内閣は、他の一般行政事務の外、左の事務を行ふ。

一　法律を誠実に執行し、国務を総理すること。

二　外交関係を処理すること。

三　条約を締結すること。但し、事前に、時宜によつては事後に、国会の承認を経ることを必要とする。

四　法律の定める基準に従ひ、官吏に関する事務を掌理すること。

五　予算を作成して国会に提出すること。

六　この憲法及び法律の規定を実施するために、政令を制定すること。但し、政令には、特にその法律の委任がある場合を除いては、罰則を設けることができない。

七　大赦、特赦、減刑、刑の執行の免除及び復権を決定すること。

第七四条　法律及び政令には、すべて主任の国務大臣が署名し、内閣総理大臣が連署することを必要とする。

第七五条　国務大臣は、その在任中、内閣総理大臣の同意がなければ、訴追されない。但し、これがため、訴追の権利は、害されない。

第六章　司　法

第七六条　すべて司法権は、最高裁判所及び法律の定めるところにより設置する下級裁判所に属する。

② 特別裁判所は、これを設置することができない。行政機関は、終審として裁判を行ふことができない。

③ すべて裁判官は、その良心に従ひ独立してその職権を行ひ、この憲法及び法律にのみ拘束される。

第七七条　最高裁判所は、訴訟に関する手続、弁護士、裁判所の内部規律及び司法事務処理に関する事項について、規則を定める権限を有する。

② 検察官は、最高裁判所の定める規則に従はなければならない。

③ 最高裁判所は、下級裁判所に関する規則を定める権限を、下級裁判所に委任することができる。

第七八条　裁判官は、裁判により、心身の故障のために職務を執ることができないと決定された場合を除いては、公の弾劾によらなければ罷免されない。裁判官の懲戒処分は、行政機関がこれを行ふことはできない。

第七九条　最高裁判所は、その長たる裁判官及び法律の定める員数のその他の裁判官でこれを構成し、その長たる裁判官以外の裁判官は、内閣でこれを任命する。

② 最高裁判所の裁判官の任命は、その任命後初めて行はれる衆議院議員総選挙の際国民の審査に付し、その後十年を経過した後初めて行はれる衆議院議員総選挙の際更に審査に付し、その後も同様とする。

③ 前項の場合において、投票者の多数が裁判官の罷免を可とするときは、その裁判官は、罷免される。

④ 審査に関する事項は、法律でこれを定める。

⑤ 最高裁判所の裁判官は、法律の定める年齢に達した時に退官する。

⑥ 最高裁判所の裁判官は、すべて定期に相当額の報酬を受ける。この報酬は、在任中、これを減額することができない。

第八〇条　下級裁判所の裁判官は、最高裁判所の指名した者の名簿によつて、内閣でこれを任命する。その裁判官は、任期を十年とし、再任されることができる。但し、法律の定める年齢に達した時には退官する。

② 下級裁判所の裁判官は、すべて定期に相当額の報酬を受ける。この報酬は、在任中、これを減額することができない。

第八一条　最高裁判所は、一切の法律、命令、規則又は処分が憲法に適合するかしないかを決定する権限を有する終審裁判所である。

第八二条　裁判の対審及び判決は、公開法廷でこれを行ふ。

② 裁判所が、裁判官の全員一致で、公の秩序又は善良の風俗を害する虞があると決した場合には、対審は、公開しないでこれを行ふことができる。但し、政治犯罪、出版に関する犯罪又はこの憲法第三章で保障する国民の権利が問題となつてゐる事件の対審は、常にこれを公開しなければならない。

第七章　財　政

第八三条　国の財政を処理する権限は、国会の議決に基いて、これを行使しなければならない。

第八四条　あらたに租税を課し、又は現行の租税を変更するには、法律又は法律の定める条件によることを必要とする。

第八五条　国費を支出し、又は国が債務を負担するには、国会の議決に基くことを必要とする。

第八六条 内閣は、毎会計年度の予算を作成し、国会に提出して、その審議を受け議決を経なければならない。

第八七条 予見し難い予算の不足に充てるため、国会の議決に基いて予備費を設け、内閣の責任でこれを支出することができる。

② すべて予備費の支出については、内閣は、事後に国会の承諾を得なければならない。

第八八条 すべて皇室財産は、国に属する。すべて皇室の費用は、予算に計上して国会の議決を経なければならない。

第八九条 公金その他の公の財産は、宗教上の組織若しくは団体の使用、便益若しくは維持のため、又は公の支配に属しない慈善、教育若しくは博愛の事業に対し、これを支出し、又はその利用に供してはならない。

第九〇条 国の収入支出の決算は、すべて毎年会計検査院がこれを検査し、内閣は、次の年度に、その検査報告とともに、これを国会に提出しなければならない。

② 会計検査院の組織及び権限は、法律でこれを定める。

第九一条 内閣は、国会及び国民に対し、定期に、少くとも毎年一回、国の財政状況について報告しなければならない。

第八章　地　方　自　治

第九二条 地方公共団体の組織及び運営に関する事項は、地方自治の本旨に基いて、法律でこれを定める。

第九三条 地方公共団体には、法律の定めるところにより、その議事機関として議会を設置する。

② 地方公共団体の長、その議会の議員及び法律の定めるその他の吏員は、その地方公共団体の住民が、直接これを選挙する。

第九四条 地方公共団体は、その財産を管理し、事務を処理し、及び行政を執行する権能を有し、法律の範囲内で条例を制定することができる。

第九五条 一の地方公共団体のみに適用される特別法は、法律の定めるところにより、その地方公共団体の住民の投票においてその過半数の同意を得なければ、国会は、これを制定することができない。

第九章　改　正

第九六条 この憲法の改正は、各議院の総議員の三分の二以上の賛成で、国会が、これを発議し、国民に提案してその承認を経なければならない。この承認には、特別の国民投票又は国会の定める選挙の際行はれる投票において、その過半数の賛成を必要とする。

② 憲法改正について前項の承認を経たときは、天皇は、国民の名で、この憲法と一体を成すものとして、直ちにこれを公布する。

第一〇章　最　高　法　規

第九七条 この憲法が日本国民に保障する基本的人権は、人類の多年にわたる自由獲得の努力の成果であつて、これらの権利は、過去幾多の試錬に堪へ、現在及び将来の国民に対し、侵すことのできない永久の権利として信託されたものである。

第九八条 この憲法は、国の最高法規であつて、その条規に反する法律、命令、詔勅及び国務に関するその他の行為の全部又は一部は、その効力を有しない。

② 日本国が締結した条約及び確立された国際法規は、これを誠実に遵守することを必要とする。

第九九条 天皇又は摂政及び国務大臣、国会議員、裁判官その他の公務員は、この憲法を尊重し擁護する義務を負ふ。

第一一章　補　則

第一〇〇条　この憲法は、公布の日から起算して六箇月を経過した日から、これを施行する。

② この憲法を施行するために必要な法律の制定、参議院議員の選挙及び国会召集の手続並びにこの憲法を施行するために必要な準備手続は、前項の期日よりも前に、これを行ふことができる。

第一〇一条　この憲法施行の際、参議院がまだ成立してゐないときは、その成立するまでの間、衆議院は、国会としての権限を行ふ。

第一〇二条　この憲法による第一期の参議院議員のうち、その半数の者の任期は、これを三年とする。その議員は、法律の定めるところにより、これを定める。

第一〇三条　この憲法施行の際現に在職する国務大臣、衆議院議員及び裁判官並びにその他の公務員で、その地位に相応する地位がこの憲法で認められてゐる者は、法律で特別の定をした場合を除いては、この憲法施行のため、当然にはその地位を失ふことはない。但し、この憲法によつて、後任者が選挙又は任命されたときは、当然その地位を失ふ。

大日本帝国憲法（明治憲法）

［一八八九（明治二二）・二・十一発布］
［一八九〇（明治二三）・十一・二九施行］

告文

皇朕レ謹ミ畏ミ
皇祖
皇宗ノ神霊ニ誥ケ白サク皇朕レ天壌無窮ノ宏謨ニ循ヒ惟神ノ宝祚ヲ承継シ旧図ヲ保持シテ敢テ失墜スルコト無シ顧ミルニ世局ノ進運ニ膺リ人文ノ発達ニ随ヒ宜ク
皇祖
皇宗ノ遺訓ヲ明徴ニシ典憲ヲ成立シ条章ヲ昭示シ内ハ以テ子孫ノ率由スル所ト為シ外ハ以テ臣民翼賛ノ道ヲ広メ永遠ニ遵行セシメ益々国家ノ丕基ヲ鞏固ニシ八洲民生ノ慶福ヲ増進スヘシ茲ニ皇室典範及憲法ヲ制定ス惟フニ此レ皆
皇祖
皇宗ノ後裔ニ貽シタマヘル統治ノ洪範ヲ紹述スルニ外ナラス而シテ朕カ躬ニ逮テ時ト倶ニ挙行スルコトヲ得ルハ洵ニ
皇祖
皇宗及我カ
皇考ノ威霊ニ倚藉スルニ由ラサルハ無シ皇朕レ仰テ
皇祖
皇宗及
皇考ノ神祐ヲ禱リ併セテ朕カ現在及将来ニ臣民ニ率先シ此ノ憲章ヲ履行シテ愆ラサラムコトヲ誓フ庶幾クハ
神霊此レヲ鑒ミタマヘ

憲法発布勅語

朕国家ノ隆昌ト臣民ノ慶福トヲ以テ中心ノ欣栄トシ朕カ祖宗ニ承クルノ大権ニ依リ現在及将来ノ臣民ニ対シ此ノ不磨ノ大典ヲ宣布ス

惟フニ我カ祖我カ宗ハ我カ臣民祖先ノ協力輔翼ニ倚リ我カ帝国ヲ肇造シ以テ無窮ニ垂レタリ此レ我カ神聖ナル祖宗ノ威徳ト並ニ臣民ノ忠実勇武ニシテ国ヲ愛シ公ニ殉ヒ以テ此ノ光輝アル国史ノ成跡ヲ貽シタルナリ朕我カ臣民ハ即チ祖宗ノ忠良ナル臣民ノ子孫ナルヲ回想シ其ノ朕カ意ヲ奉体シ朕カ事ヲ奨順シ相与ニ和衷協同シ益ミ我カ帝国ノ光栄ヲ中外ニ宣揚シ祖宗ノ遺業ヲ永久ニ鞏固ナラシムルノ希望ヲ同クシ此ノ負担ヲ分ツニ堪フルコトヲ疑ハサルナリ

朕祖宗ノ遺烈ヲ承ケ万世一系ノ帝位ヲ践ミ朕カ親愛スル所ノ臣民ハ即チ朕カ祖宗ノ恵撫慈養シタマヒシ所ノ臣民ナルヲ念ヒ其ノ康福ヲ増進シ其ノ懿徳良能ヲ発達セシメムコトヲ願ヒ又其ノ翼賛ニ依リ与ニ倶ニ国家ノ進運ヲ扶持セムコトヲ望ミ乃チ明治十四年十月十二日ノ詔命ヲ履践シ茲ニ大憲ヲ制定シ朕カ率由スル所ヲ示シ朕カ後嗣及臣民及臣民ノ子孫タル者ヲシテ永遠ニ循行スル所ヲ知ラシム

国家統治ノ大権ハ朕カ之ヲ祖宗ニ承ケテ之ヲ子孫ニ伝フル所ナリ朕及朕カ子孫ハ将来此ノ憲法ノ条章ニ循ヒ之ヲ行フコトヲ愆ラサルヘシ

朕ハ我カ臣民ノ権利及財産ノ安全ヲ貴重シ及之ヲ保護シ此ノ憲法及法律ノ範囲内ニ於テ其ノ享有ヲ完全ナラシムヘキコトヲ宣言ス

帝国議会ハ明治二十三年ヲ以テ之ヲ召集シ議会開会ノ時ヲ以テ此ノ憲法ヲシテ有効ナラシムルノ期トスヘシ

将来若此ノ憲法ノ或ル条章ヲ改定スルノ必要ナル時宜ヲ見ルニ至ラハ朕及朕カ継統ノ子孫ハ発議ノ権ヲ執リ之ヲ議会ニ付シ議会ハ此ノ憲法ニ定メタル要件ニ依リ之ヲ議決スルノ外朕カ子孫及臣民ハ敢テ之カ紛更ヲ試ミルコトヲ得サルヘシ

朕カ在廷ノ大臣ハ朕カ為ニ此ノ憲法ヲ施行スルノ責ニ任スヘク朕カ現在及将来ノ臣民ハ此ノ憲法ニ対シ永遠ニ従順ノ義務ヲ負フヘシ

御名御璽

明治二十二年二月十一日

内閣総理大臣 伯爵 黒田清隆
枢密院議長 伯爵 伊藤博文
外務大臣 伯爵 大隈重信
海軍大臣 伯爵 西郷従道
農商務大臣 伯爵 井上馨
司法大臣 伯爵 山田顕義
大蔵大臣 兼内務大臣 伯爵 松方正義
陸軍大臣 伯爵 大山巌
文部大臣 子爵 森有礼
逓信大臣 子爵 榎本武揚

大日本帝国憲法

第一章 天皇

第一条 大日本帝国ハ万世一系ノ天皇之ヲ統治ス

第二条 皇位ハ皇室典範ノ定ムル所ニ依リ皇男子孫之ヲ継承ス

第三条 天皇ハ神聖ニシテ侵スヘカラス

第四条 天皇ハ国ノ元首ニシテ統治権ヲ総攬シ此ノ憲法ノ条規ニ依リ之ヲ行フ

第五条 天皇ハ帝国議会ノ協賛ヲ以テ立法権ヲ行フ

第六条 天皇ハ法律ヲ裁可シ其ノ公布及執行ヲ命ス

第七条 天皇ハ帝国議会ヲ召集シ其ノ開会閉会停会及衆議院ノ解

散ヲ命ス
第八条　天皇ハ公共ノ安全ヲ保持シ又ハ其ノ災厄ヲ避クル為緊急ノ必要ニ由リ帝国議会閉会ノ場合ニ於テ法律ニ代ルヘキ勅令ヲ発ス
② 此ノ勅令ハ次ノ会期ニ於テ帝国議会ニ提出スヘシ若議会ニ於テ承諾セサルトキハ政府ハ将来ニ向テ其ノ効力ヲ失フコトヲ公布スヘシ
第九条　天皇ハ法律ヲ執行スル為ニ又ハ公共ノ安寧秩序ヲ保持シ及臣民ノ幸福ヲ増進スル為ニ必要ナル命令ヲ発シ又ハ発セシム但シ命令ヲ以テ法律ヲ変更スルコトヲ得ス
第一〇条　天皇ハ行政各部ノ官制及文武官ノ俸給ヲ定メ及文武官ヲ任免ス但シ此ノ憲法又ハ他ノ法律ニ特例ヲ掲ケタルモノハ各〻其ノ条項ニ依ル
第一一条　天皇ハ陸海軍ヲ統帥ス
第一二条　天皇ハ陸海軍ノ編制及常備兵額ヲ定ム
第一三条　天皇ハ戦ヲ宣シ和ヲ講シ及諸般ノ条約ヲ締結ス
第一四条　天皇ハ戒厳ヲ宣告ス
② 戒厳ノ要件及効力ハ法律ヲ以テ之ヲ定ム
第一五条　天皇ハ爵位勲章及其ノ他ノ栄典ヲ授与ス
第一六条　天皇ハ大赦特赦減刑及復権ヲ命ス
第一七条　摂政ヲ置クハ皇室典範ノ定ムル所ニ依ル
② 摂政ハ天皇ノ名ニ於テ大権ヲ行フ

第二章　臣民権利義務

第一八条　日本臣民タルノ要件ハ法律ノ定ムル所ニ依ル
第一九条　日本臣民ハ法律命令ノ定ムル所ノ資格ニ応シ均ク文武官ニ任セラレ及其ノ他ノ公務ニ就クコトヲ得
第二〇条　日本臣民ハ法律ノ定ムル所ニ従ヒ兵役ノ義務ヲ有ス
第二一条　日本臣民ハ法律ノ定ムル所ニ従ヒ納税ノ義務ヲ有ス
第二二条　日本臣民ハ法律ノ範囲内ニ於テ居住及移転ノ自由ヲ有ス
第二三条　日本臣民ハ法律ニ依ルニ非スシテ逮捕監禁審問処罰ヲ受クルコトナシ
第二四条　日本臣民ハ法律ニ定メタル裁判官ノ裁判ヲ受クルノ権ヲ奪ハルヽコトナシ
第二五条　日本臣民ハ法律ニ定メタル場合ヲ除ク外其ノ許諾ナクシテ住所ニ侵入セラレ及捜索セラルヽコトナシ
第二六条　日本臣民ハ法律ニ定メタル場合ヲ除ク外信書ノ秘密ヲ侵サルヽコトナシ
第二七条　日本臣民ハ其ノ所有権ヲ侵サルヽコトナシ
② 公益ノ為必要ナル処分ハ法律ノ定ムル所ニ依ル
第二八条　日本臣民ハ安寧秩序ヲ妨ケス及臣民タルノ義務ニ背カサル限ニ於テ信教ノ自由ヲ有ス
第二九条　日本臣民ハ法律ノ範囲内ニ於テ言論著作印行集会及結社ノ自由ヲ有ス
第三〇条　日本臣民ハ相当ノ敬礼ヲ守リ別ニ定ムル所ノ規程ニ従ヒ請願ヲ為スコトヲ得
第三一条　本章ニ掲ケタル条規ハ戦時又ハ国家事変ノ場合ニ於テ天皇大権ノ施行ヲ妨クルコトナシ
第三二条　本章ニ掲ケタル条規ハ陸海軍ノ法令又ハ紀律ニ牴触セサルモノニ限リ軍人ニ準行ス

第三章　帝国議会

第三三条　帝国議会ハ貴族院衆議院ノ両院ヲ以テ成立ス
第三四条　貴族院ハ貴族院令ノ定ムル所ニ依リ皇族華族及勅任セラレタル議員ヲ以テ組織ス
第三五条　衆議院ハ選挙法ノ定ムル所ニ依リ公選セラレタル議員ヲ以テ組織ス

第三六条　何人モ同時ニ両議院ノ議員タルコトヲ得ス
第三七条　凡テ法律ハ帝国議会ノ協賛ヲ経ルヲ要ス
第三八条　両議院ハ政府ノ提出スル法律案ヲ議決シ及各〻法律案ヲ提出スルコトヲ得
第三九条　両議院ノ一ニ於テ否決シタル法律案ハ同会期中ニ於テ再ヒ提出スルコトヲ得ス
第四〇条　両議院ハ法律又ハ其ノ他ノ事件ニ付各〻其ノ意見ヲ政府ニ建議スルコトヲ得但シ其ノ採納ヲ得サルモノハ同会期中ニ於テ再ヒ建議スルコトヲ得ス
第四一条　帝国議会ハ毎年之ヲ召集ス
第四二条　帝国議会ハ三箇月ヲ以テ会期トス必要アル場合ニ於テハ勅命ヲ以テ之ヲ延長スルコトアルヘシ
第四三条　臨時緊急ノ必要アル場合ニ於テ常会ノ外臨時会ヲ召集スヘシ
② 臨時会ノ会期ヲ定ムルハ勅命ニ依ル
第四四条　帝国議会ノ開会閉会会期ノ延長及停会ハ両院同時ニ之ヲ行フヘシ
② 衆議院解散ヲ命セラレタルトキハ貴族院ハ同時ニ停会セラルヘシ
第四五条　衆議院解散ヲ命セラレタルトキハ勅命ヲ以テ新ニ議員ヲ選挙セシメ解散ノ日ヨリ五箇月以内ニ之ヲ召集スヘシ
第四六条　両議院ハ各〻其ノ総議員三分ノ一以上出席スルニ非サレハ議事ヲ開キ議決ヲ為スコトヲ得ス
第四七条　両議院ノ議事ハ過半数ヲ以テ決ス可否同数ナルトキハ議長ノ決スル所ニ依ル
第四八条　両議院ノ会議ハ公開ス但シ政府ノ要求又ハ其ノ院ノ決議ニ依リ秘密会ト為スコトヲ得
第四九条　両議院ハ各〻天皇ニ上奏スルコトヲ得
第五〇条　両議院ハ臣民ヨリ呈出スル請願書ヲ受クルコトヲ得
第五一条　両議院ハ此ノ憲法及議院法ニ掲クルモノヽ外内部ノ整理ニ必要ナル諸規則ヲ定ムルコトヲ得
第五二条　両議院ノ議員ハ議院ニ於テ発言シタル意見及表決ニ付院外ニ於テ責ヲ負フコトナシ但シ議員自ラ其ノ言論ヲ演説刊行筆記又ハ其ノ他ノ方法ヲ以テ公布シタルトキハ一般ノ法律ニ依リ処分セラルヘシ
第五三条　両議院ノ議員ハ現行犯罪又ハ内乱外患ニ関ル罪ヲ除ク外会期中其ノ院ノ許諾ナクシテ逮捕セラルヽコトナシ
第五四条　国務大臣及政府委員ハ何時タリトモ各議院ニ出席シ及発言スルコトヲ得

第四章　国務大臣及枢密顧問

第五五条　国務各大臣ハ天皇ヲ輔弼シ其ノ責ニ任ス
② 凡テ法律勅令其ノ他国務ニ関ル詔勅ハ国務大臣ノ副署ヲ要ス
第五六条　枢密顧問ハ枢密院官制ノ定ムル所ニ依リ天皇ノ諮詢ニ応ヘ重要ノ国務ヲ審議ス

第五章　司　法

第五七条　司法権ハ天皇ノ名ニ於テ法律ニ依リ裁判所之ヲ行フ
② 裁判所ノ構成ハ法律ヲ以テ之ヲ定ム
第五八条　裁判官ハ法律ニ定メタル資格ヲ具フル者ヲ以テ之ニ任ス
② 裁判官ハ刑法ノ宣告又ハ懲戒ノ処分ニ由ルノ外其ノ職ヲ免セラルヽコトナシ
③ 懲戒ノ条規ハ法律ヲ以テ之ヲ定ム
第五九条　裁判ノ対審判決ハ之ヲ公開ス但シ安寧秩序又ハ風俗ヲ害スルノ虞アルトキハ法律ニ依リ又ハ裁判所ノ決議ヲ以テ対審ノ公開ヲ停ムルコトヲ得
第六〇条　特別裁判所ノ管轄ニ属スヘキモノハ別ニ法律ヲ以テ之

ヲ定ム

第六一条 行政官庁ノ違法処分ニ由リ権利ヲ傷害セラレタリトスルノ訴訟ニシテ別ニ法律ヲ以テ定メタル行政裁判所ノ裁判ニ属スヘキモノハ司法裁判所ニ於テ受理スルノ限ニ在ラス

第六章 会計

第六二条 新ニ租税ヲ課シ及税率ヲ変更スルハ法律ヲ以テ之ヲ定ムヘシ

② 但シ報償ニ属スル行政上ノ手数料及其ノ他ノ収納金ハ前項ノ限ニ在ラス

③ 国債ヲ起シ及予算ニ定メタルモノヲ除ク外国庫ノ負担トナルヘキ契約ヲ為スハ帝国議会ノ協賛ヲ経ヘシ

第六三条 現行ノ租税ハ更ニ法律ヲ以テ之ヲ改メサル限ハ旧ニ依リ之ヲ徴収ス

第六四条 国家ノ歳出歳入ハ毎年予算ヲ以テ帝国議会ノ協賛ヲ経ヘシ

② 予算ノ款項ニ超過シ又ハ予算ノ外ニ生シタル支出アルトキハ後日帝国議会ノ承諾ヲ求ムルヲ要ス

第六五条 予算ハ前ニ衆議院ニ提出スヘシ

第六六条 皇室経費ハ現在ノ定額ニ依リ毎年国庫ヨリ之ヲ支出シ将来増額ヲ要スル場合ヲ除ク外帝国議会の協賛ヲ要セス

第六七条 憲法上ノ大権ニ基ツケル既定ノ歳出及法律ノ結果ニ由リ又ハ法律上政府ノ義務ニ属スル歳出ハ政府ノ同意ナクシテ帝国議会之ヲ廃除シ又ハ削減スルコトヲ得ス

第六八条 特別ノ須要ニ因リ政府ハ予メ年限ヲ定メ継続費トシテ帝国議会ノ協賛ヲ求ムルコトヲ得

第六九条 避クヘカラサル予算ノ不足ヲ補フ為ニ又ハ予算ノ外ニ生シタル必要ノ費用ニ充ツル為ニ予備費ヲ設クヘシ

第七〇条 公共ノ安全ヲ保持スル為緊急ノ需用アル場合ニ於テ内外ノ情形ニ因リ政府ハ帝国議会ヲ召集スルコト能ハサルトキハ勅令ニ依リ財政上必要ノ処分ヲ為スコトヲ得

② 前項ノ場合ニ於テハ次ノ会期ニ於テ帝国議会ニ提出シ其ノ承諾ヲ求ムルヲ要ス

第七一条 帝国議会ニ於テ予算ヲ議定セス又ハ予算成立ニ至ラサルトキハ政府ハ前年度ノ予算ヲ施行スヘシ

第七二条 国家ノ歳出歳入ノ決算ハ会計検査院之ヲ検査確定シ政府ハ其ノ検査報告ト倶ニ之ヲ帝国議会ニ提出スヘシ

② 会計検査院ノ組織及職権ハ法律ヲ以テ之ヲ定ム

第七章 補則

第七三条 将来此ノ憲法ノ条項ヲ改正スルノ必要アルトキハ勅命ヲ以テ議案ヲ帝国議会ノ議ニ付スヘシ

② 此ノ場合ニ於テ両議院ハ各〻其ノ総員三分ノ二以上出席スルニ非サレハ議事ヲ開クコトヲ得ス出席議員三分ノ二以上ノ多数ヲ得ルニ非サレハ改正ノ議決ヲ為スコトヲ得ス

第七四条 皇室典範ノ改正ハ帝国議会ノ議ヲ経ルヲ要セス

② 皇室典範ヲ以テ此ノ憲法ノ条規ヲ変更スルコトヲ得ス

第七五条 憲法及皇室典範ハ摂政ヲ置クノ間之ヲ変更スルコトヲ得ス

第七六条 法律規則命令又ハ何等ノ名称ヲ用キタルニ拘ラス此ノ憲法ニ矛盾セサル現行ノ法令ハ総テ遵由ノ効力ヲ有ス

② 歳出上政府ノ義務ニ係ル現在ノ契約又ハ命令ハ総テ第六十七条ノ例ニ依ル

日本国憲法論

《検印省略》

2000年4月30日　第1版第1刷発行
2001年3月10日　第1版第2刷発行
2003年4月10日　第1版第3刷発行

編著者　小林昭三
　　　　土居靖美

発行者　中村忠義

発行所　嵯峨野書院

〒615-8045　京都市西京区牛ヶ瀬南ノ口町39　電話(075)391-7686　振替01020-8-40694

創栄図書印刷・兼文堂

ISBN4-7823-0303-3

著者紹介（＊印は編者，執筆順）

＊小林昭三　［こばやし　しょうぞう］　（序章）
現　在　早稲田大学名誉教授
主　著　『比較憲法学・序説』（成文堂，平成11年）

＊土居靖美　［どい　やすみ］　（第１章）
現　在　京都教育大学名誉教授
主　著　『アメリカ憲法と司法審査基準の研究』（嵯峨野書院，昭和60年）

東　　裕　［ひがし　ゆたか］　（第２章）
現　在　苫小牧駒澤大学教授
主　著　『近代憲法の洗練と硬直』（共著，成蹊堂，平成14年）

山崎博久　［やまざき　ひろひさ］　（第３章・第４章第１節）
現　在　北陸大学助教授
主　著　『現代行政国家と政策過程』（共著，早稲田大学出版部，平成６年）

八木秀次　［やぎ　ひでつぐ］　（第４章第２節）
現　在　高崎経済大学助教授，慶應義塾大学講師
主　著　『論戦布告』（徳間書店，平成11年）

池田　実　［いけだ　みのる］　（第５章）
現　在　山梨大学助教授
主　著　『近代憲法への問いかけ——憲法学の周縁世界』（共著，成蹊堂，平成11年）

野畑健太郎　［のはた　けんたろう］　（第６章）
現　在　和歌山県立医科大学教授
主　著　『各国憲法制度概説〔増補改訂版〕』（共著，政光プリプラン，平成14年）

下條芳明　［しもじょう　よしあき］　（第７章）
現　在　九州産業大学助教授
主　著　『東南アジア諸国憲法における人権保障』（土居靖美編著，嵯峨野書院，平成11年）

吉田直正　［よしだ　なおまさ］　（第８章・第９章）
現　在　国士舘大学講師
主　著　『プラクティス 法学実践教室Ⅰ・Ⅱ』（共著，成文堂，平成14年）

齋藤康輝　［さいとう　こうき］　（第10章）
現　在　日本大学講師
主　著　『増補 ゼミナール憲法』（共著，南窓社，平成10年）

索　引

ス

セ